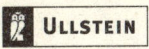

Das Buch

Thomas Roths Beitragsreihe *Russisches Tagebuch* war ein großer Fernseherfolg. Drei Wochen lang berichtete der ARD-Korrespondent Tag für Tag live aus immer neuen, unbekannten Winkeln des größten Landes der Welt. Seine 26 000 Kilometer lange Reise führte ihn und sein Team von Lawrentija, dem östlichsten Punkt Russlands am Eismeer, über die vulkanische Halbinsel Kamtschatka und die ehemalige GULAG-Stadt Magadan bis nach Sibirien und von dort über Sankt Petersburg und Königsberg zurück nach Moskau. Eine Reise durch elf Zeitzonen, voller ungeahnter Abenteuer und beeindruckender Begegnungen. Eine Reise durch ein Land, dessen Mythos von jeher die westliche Welt fasziniert. Thomas Roth schildert die imposante und vielfältige Natur Russlands und berichtet zugleich vom mühsamen Alltag der dort lebenden Menschen, der oft geprägt ist von Armut, Korruption und bürokratischer Willkür. Und nicht zuletzt wirft er auch einen Blick auf die aktuelle politische Situation dieses durch seine Weite so schwer regierbaren Landes.

Der Autor

Thomas Roth, geboren 1951, studierte in Heidelberg und war freier Autor, Moderator und Redakteur des *Weltspiegels*, bevor er von 1988 bis 1991 als Korrespondent und Studioleiter des ARD-Büros »Südliches Afrika« nach Johannesburg ging. 1991 wurde er Korrespondent des ARD-Studios Moskau. 1995 wechselte er als Programmdirektor des WDR-Hörfunks nach Köln, kehrte aber 1998 als ARD-Studioleiter nach Moskau zurück.

Thomas Roth

Russisches Tagebuch

Eine Reise von den Tschuktschen bis zum
Roten Platz

Ullstein

Besuchen Sie uns im Internet:
www.ullstein-taschenbuch.de

Umwelthinweis:
Dieses Buch wurde auf chlor- und säurefreiem Papier gedruckt.

Ullstein Verlag
Ullstein ist ein Verlag des Verlagshauses Ullstein Heyne List GmbH & Co. KG.
1. Auflage Juli 2003
© 2003 by Ullstein Heyne List GmbH & Co. KG
© 2002 by Econ Ullstein List Verlag GmbH & Co. KG / List Verlag
Umschlaggestaltung: Thomas Jarzina, Köln (nach einer Vorlage von
Hauptmann und Kampa Werbeagentur, München–Zürich)
Titelabbildung: WDR
Satz: Franzis print & media GmbH
Druck und Bindearbeiten: Elsnerdruck, Berlin
Printed in Germany
ISBN 3-548-36449-7

*Meinen wunderbaren Töchtern
Frances und Natascha.*

Inhalt

1. Das Abenteuer beginnt 9
2. Eishauch im Sommer 23
3. Land aus Feuer 61
4. Agenten, Gold und GULAG 77
5. In den Klauen der Macht 103
6. Endlose Schienen 123
7. Chinesischer Drache 141
8. Russischer Buddha 161
9. Das Altai und Larissas Flucht 179
10. Angriff aus dem Weltraum 203
11. Tatarischer Sommer 215
12. Alte Liebe Sankt Petersburg 233
13. Heimkehr aus Tschetschenien 245
14. Schmuggler, Bernstein und eine versinkende Flotte 255
15. Ankunft in Moskau 271

Epilog 277
Danksagung 285

1.

Das Abenteuer beginnt

Der Offizier blickt düster und misstrauisch. Wir sind zwar mit ihm verabredet, doch er macht eher den Eindruck, als wäre es ihm am liebsten, wir wären gar nicht erst gekommen oder würden zumindest sofort wieder verschwinden. Das hier ist ein Ort, zu dem Zivilisten unter keinen Umständen Zutritt haben. Normalerweise. Und Journalisten schon gar nicht. Erst recht nicht mit dieser Masse an verdächtigem Gepäck. Eineinhalb Tonnen Metallkisten, Kameras, Lichtkoffer, Computer und andere Elektronik. Darunter eine komplette Satellitenschüssel, modernste Telefone, mit denen man von jedem beliebigen Ort dieser Welt an jeden anderen beliebigen Ort dieser Welt anrufen kann. Mit anderen Worten: Verdächtiges Spionagegerät. Und das ausgerechnet hier auf dem bewachten Militärflughafen der Stadt Chabarowsk im Südosten Russlands unweit der chinesischen Grenze.

Der Offizier tritt unbehaglich von einem Fuß auf den andern: »Keiner bewegt sich weg von hier, und das dort drüben geht euch nichts an, klar?!« Dort drüben? Flach auf das Feld geduckt stehen »dort drüben« russische Kampfbomber. Sie sehen aus wie giftige Hornissen mit nach vorn stehenden Stacheln. Daneben mächtige, grau gestrichene Transportflugzeuge. Auf dem Heckruder prangt jeweils ein roter Stern. Die riesigen Flügel legen sich wie mächtige Arme über die Flugzeugrümpfe und geben den grauen Maschinen ein Aussehen wie vorsintflutliche Wesen, die sich in einer Herde zusammendrängen. Alles in allem ein Respekt einflößender, wenn nicht gar bedrohlicher Anblick. Auf den ersten Blick. Auf den zweiten sieht es schon etwas anders aus. Die Wiesen rund um die Startbahn machen einen verdächtig verwilderten Eindruck. Das letzte Mähen muss schon eine ganze Weile her sein. Die Flughafengebäude und der hochragende Kontrollturm könnten eine Renovierung und einen frischen Anstrich nicht schlecht vertragen. Aber noch mehr irritieren die im Feld herumstehenden Hubschrauber. Fast an jedem fehlt irgendein für den Flug wichtiges Teil. Die Rotoren zum Beispiel. Entweder ist ihnen der große Rotor abhanden gekommen oder hinten am Schwanz der kleine. Bei einigen ragt die Achse, die den großen Rotor antreiben müsste, wie ein Stumpf aus dem Kabinendach. Sie sehen aus wir viel zu groß geratene, kaputtgegangene Spielzeuge. Andere stehen schief und schräg auf dem Feld, die Räder schon etwas in den weichen Boden eingesackt. Der Tarnanstrich ist stellenweise längst abgeblättert. Nein, zumindest dieser Teil der gewiss noch zu Zeiten der Sowjetunion gebauten »ruhmreichen« Luftflotte wird keine Einsätze mehr fliegen können. Der Militärflughafen macht den eher traurigen Eindruck eines Schrottplatzes, den schon länger niemand mehr aufgeräumt hat.

»Das alles interessiert uns sowieso nicht, wirklich nicht!«, sage ich zu dem Offizier, der das natürlich nicht glaubt. Aber es ist wirklich so. Und selbst wenn es mich doch interessieren würde, warum sollte ich unsere Reise bereits zu Beginn gefährden? – Sie ist für sich genommen schon abenteuerlich genug. Rund 25 000 Kilometer vom äußersten Nordosten Russlands bis zum westlichsten Punkt, der russischen Exklave Kaliningrad, dem früheren Königsberg, möchten wir zurücklegen – in nur gut drei Wochen. So jedenfalls der Plan, an dem wir seit Monaten gearbeitet haben. Welcher Teufel hat mich eigentlich geritten, ein solches Unternehmen auch nur ernsthaft ins Auge zu fassen, geschweige denn, es dann auch noch in die Tat umzusetzen? Noch nie hat jemand etwas Ähnliches probiert. Und das aus gutem Grund. Entweder war eine solche Reise wegen der vielen militärischen Sperrgebiete überhaupt nicht möglich – das galt bis in die frühen neunziger Jahre. Das Grenzgebiet Russlands, und dazu zählt praktisch der gesamte Nordosten dieses unermesslich weiten Landes, war sowieso gesperrt und selbst für normale russische Bürger nur mit Sondergenehmigung zu betreten. Bis heute muss immerhin der Zutritt für Journalisten noch sorgfältig mit dem Verteidigungsministerium »abgestimmt« werden. Andernfalls geht man das Risiko ein, bereits auf dem Flughafen oder spätestens bei den Dreharbeiten gestoppt zu werden. Dann muss man unzählige Fragen beantworten, lange Diskussionen führen und kommt im günstigsten Fall mit einem erheblichen Zeitverlust davon. Aber es gibt noch einen zweiten Grund, der bislang jeden von einer solchen Reise quer durch Russland abgehalten hat: Die schlichte Überzeugung, dass ein derartiges Unternehmen gar nicht gelingen *kann*.

»Du glaubst doch nicht im Ernst, dass ein Flugzeug dort oben ausgerechnet dann ankommt, wenn du es willst oder geplant hast!«, sagte mir ein Freund und tippte sich mit dem Finger viel sagend an die Stirn, als ich ihm von der Idee erzählte, einmal quer von Ost nach West durch Russland zu reisen und von unterwegs Reiseberichte per Satellitenschüssel für die ARD zu senden. »Und hast du überhaupt ans Wetter gedacht? Das ändert sich da doch innerhalb von 30 Minuten. Dann sitzt du da mit deinem ganzen Schrott und schon ist dein wunderschöner Plan futsch. Deine Sendungen kannst du dann vergessen, es sei denn, du sendest das, was die Leute am wenigsten interessiert: Eine Dokumentation über dich, deine Mannschaft und eure eineinhalb Tonnen Ausrüstung in Ruhestellung. Nach dem Motto: Liebe Zuschauer, schon den dritten Tag sitzen wir jetzt hier fest ... Nee, nee, du hast sie wohl nicht alle!« Das Letztere hatte ich mir im Laufe meines Berufslebens immer wieder mal anhören müssen. Trotzdem hat so manches »verrückte« Projekt geklappt. Also – warum nicht auch diesmal. Die Idee war einfach zu schön. Gerade auf einer Reise von Ost nach West erhält man ein besonders dichtes Bild von der ungeheuren Vielfalt Russlands: Kulturell, geographisch und klimatisch. Elf Zeitzonen. Eine Reise, die streckenweise entlang der klassischen Lebensader Russlands, der Transsibirischen Eisenbahn, führt. Vorbei am Baikalsee, durch die großen Kohlegebiete Russlands, die südlichen Ausläufer des Ural und schließlich hinein in den europäischen Teil. Durchqueren der islamischen Republik Tatarstan und über die »nördliche Hauptstadt« Russlands, Sankt Petersburg, bis nach Kaliningrad. Andererseits: Das Ganze würde unter erheblichem Zeitdruck stattfinden müssen, unter genauester Abstimmung mit dem Programm der ARD, den *Tagesthemen*, dem *Morgenmagazin* und dem *Weltspiegel*. Was aber wäre, wenn das Wetter plötzlich mal umschlüge, oder gerade kein Flugbenzin vorhanden wäre, oder wir sonstwie hängen blieben, weil irgendein »örtlicher Administrator« oder ein paar Geheimdienstler der Meinung sind, dass unser Unternehmen schlicht und einfach suspekt ist? Ich lebe lange genug in Russland, um zu wissen, dass solche Szenarien nicht nur denkbar, sondern wahrscheinlich sind.

Vielleicht war es ja wirklich ein völlig verrückter Plan! Trotzdem ließ mich die Idee einfach nicht mehr los. Zumal ich vor Jahren schon eine ähnliche Erfahrung gemacht hatte. Damals wollte ich mit einem Schiff durch die Seen und Flusssysteme Russlands von Nord nach Süd, genauer, vom Weißen Meer zum Schwarzen Meer fahren – eine Reise, aus der dann das erste »Russische Tagebuch« in der ARD wurde. Auch damals hatte sich so manch einer zunächst kopfschüttelnd an die Stirn getippt. Nur – am Ende war das Unternehmen wirklich zustande gekommen und wir schipperten in knapp vier Wochen quer durchs europäische Russland: Vom Weißen Meer durch den Weißmeerkanal in den Onegasee, dann über verschiedene Seen und Flüsse in die Wolga, kurz hinter Wolgograd dann in den Wolga-Don-Kanal und von dort durch den Don ins Asowsche Meer. Eine Reise, die mir und erfreulicherweise auch vielen Zuschauern lange im Gedächtnis haften blieb. Auch diese Reise war nicht ganz einfach gewesen, aber gemessen am jetzigen Vorhaben war sie wirklich fast ein Kinderspiel.

»Nehmen Sie bitte sofort die Kamera da weg!«, ruft der Offizier energisch, blickt noch finsterer und bearbeitet meinen russischen Kollegen Igor Butz, Producer und Chefplaner dieser Reise. Ich war selbst daran schuld. Nicht weil ich den Militärflugplatz und die maroden Flugzeuge oder Hubschrauber darauf auf Zelluloid bannte. Mich interessierte nur ein einziges Flugzeug, nämlich »unseres«. Das wollte ich unseren Zuschauern zeigen. Deshalb hatte Wolodja, einer unserer beiden Kameramänner, die Kamera aufgebaut und filmte unser Reisegefährt. Auf Zuruf des Offiziers nimmt Wolodja die Kamera wieder vom Stativ herunter. Ich schaue ihn an und er zwinkert mir beruhigend zu. Was wir brauchten, ist schon »im Kasten«. Doch so leicht lässt sich der Offizier nicht besänftigen. Er will wissen, was Wolodja bereits gedreht hat. Also führen wir es ihm vor. Durch das Okular unserer großen Fernsehkamera lässt sich das zurückgespulte Videomaterial betrachten. Und richtig: Wolodja hatte tatsächlich nur »unser« Flugzeug von außen und innen gedreht. Mehr wollten wir ja auch gar nicht. Der Offizier bleibt skeptisch, lässt sich schließlich aber doch von unseren harmlosen Absichten überzeugen. Etwas später wird sich noch deutlicher zeigen warum.

Was ist das eigentlich für eine Maschine, »unser« Flugzeug? Der Typ ist in Russland nichts Besonderes. Es ist die Transportversion einer Antonow 74. Kein ganz kleiner Flieger. Durch die geöffnete Heckklappe lassen sich ohne Probleme zwei russische Ladas hineinfahren und noch gut drei Tonnen Ausrüstung dazu. Die beiden Düsentriebwerke sind oben an die Flügel montiert. Das verleiht der Antonow stabilere Flugeigenschaften und kürzere Start- und Landewege. Also ein praktisches Flugzeug der robusten russischen Sorte, nicht gerade von moderner Elektronik überladen, was mich beruhigt. Warum? Ganz einfach. Ich weiß, dass die russischen Piloten dieses Flugzeug wirklich perfekt beherrschen. Trotz ihres gegenteiligen Rufs im Ausland sind russische Flugzeugführer zumindest meiner Erfahrung nach wirklich gute Piloten. Vor allem dann, wenn sie einen Maschinentyp fliegen, den sie selbst seit Jahren in- und auswendig kennen. Natürlich dürfen sie auch ausländische Flugzeuge steuern, allerdings nur nach entsprechender Ausbildung. Dennoch sind mir die russischen Maschinen lieber, weil ich dann sicher weiß, dass die Piloten und – noch wichtiger – die Techniker und Ingenieure damit viele Jahre Erfahrung haben. Zu Zeiten der Sowjetunion wurden hier im Land sowieso nur russische Maschinen geflogen. Heute ist das anders. Die Fluggesellschaft Aeroflot und ihre Tochter- oder russischen Konkurrenzgesellschaften haben längst auch amerikanische Boeings oder europäische Airbusse dazugekauft. Nicht, dass mich der Anblick einer ausländischen Maschine an diesem Tag beunruhigt hätte. Aber die Antonow ist mir durchaus lieber. Schon gar bei solch einer Reise mit all ihren Unwägbarkeiten. Unser Flugzeug hat aber dennoch etwas Besonderes: Es gehört dem russischen Ministerium für Zivil- und Katastrophenschutz. Dieses Ministerium hat in Russland einen besonderen Ruf: »Wenn irgendwo was wirklich klappt, dann ist das bei denen!«, sagte mir ein Freund. Damit hat er zweifellos Recht. Das Unglück ist nur, dass dieses Ministerium immer erst dann seine Fähigkeiten unter Beweis stellen kann, wenn bereits eine Katastrophe – vom Hochwasser bis zum Erdbeben – passiert ist. Schade eigentlich. Man wünschte es sich gelegentlich auch im Alltag herbei. Man muss nur einmal miterlebt haben, wie so manch ein städtischer Rettungsdienst versucht, im Winter zusammengebrochene Heizungssysteme oder geplatzte Heizungsrohre wieder zu flicken. Nicht selten wird das entstandene Übel verschlimmbessert oder es geschieht schicksalhaft so, dass das geborstene Rohr kurz nach dem Abrücken des oft abenteuerlich ausgerüsteten Kommandos umso stärker spritzt und selbstverständlich umgehend wieder einfriert. Die verdienstvolle Truppe ist dann allerdings bereits über alle Berge und »repariert« anderswo. Die russischen Bürger nehmen all das häufig mit bewundernswertem Gleichmut hin, der mir noch immer nicht ausreichend gegeben ist.

Das Ministerium für Zivil- und Katastrophenschutz hat freilich damit nichts gemeinsam. Vor allem gibt es einen sehr entscheidenden Unterschied zu den gefürchteten städtischen Diensten: Das Ministerium gehört im weitesten Sinne zum Militär, ist deshalb entsprechend organisiert und, was für unsere Reise von zentraler Bedeutung sein könnte, es bekommt für seine Flugzeuge noch dort eine Landegenehmigung, wo andere gar nicht erst anzufragen brauchen – im militärischen Grenzgebiet. Genau dazu zählt aber der Nordosten Russlands gegenüber von Alaska, die Halbinsel Tschukotka und die Küste entlang der Beringstraße. Und eben dort wollen wir unsere Reise beginnen.

Als wir unsere Reise planten, wussten wir also, dass dieses Ministerium zu Recht als sehr gut organisiert galt, aber vermietete es auch Flugzeuge? Offiziell natürlich nicht. Inoffiziell war das Verhandlungssache. Und so kam es nach erheblichem telefonischem Verhandlungsvorlauf und einigen Besprechungen zu der etwas merkwürdigen Situation, dass ich in Moskau nicht weit vom ARD-Büro mit meinem russischen Kollegen Igor im Auto vor dem Ministerium für Katastrophenschutz saß. »Unser Mann« drinnen erfuhr über Handy, dass wir draußen auf ihn warteten, und nach etwa zehn Minuten kam er heraus, setzte sich zu uns ins Auto und zückte einen bis ins Letzte ausgefeilten Vertrag, der jeder ordentlichen deutschen Firma alle Ehre gemacht hätte. An dem Vertrag war wirklich nichts auszusetzen. Er garantierte uns das Flugzeug, die Flugstrecke, die Mannschaft. Einzige Einschränkung: Im Falle des Auftretens von »höherer Gewalt« könne sich natürlich alles ändern, meinte unser »Katastrophenschützer«. Da zögerte ich dann doch. In Kenntnis des Landes und seiner Gepflogenheiten inklusive zahlreicher einer »höheren Gewalt« ähnlichen Erschütterungen war es für mich durchaus vorstellbar, dass infolge unvorhersehbarer »Naturgewalten« plötzlich irgendjemand aus der politischen Bürokratie das uns in Aussicht gestellte Flugzeug selbst brauchte oder glaubte, es zu brauchen oder ganz einfach haben wollte. Was dann? Auf einmal hatte ich das Szenario vor Augen, dass wir gerade samt Flugzeug an der Beringstraße gegenüber von Alaska saßen und dieser unbekannte, von mir imaginierte ominöse Dritte plötzlich dringend das Flugzeug für sich beanspruchte, und zwar so umgehend, dass uns keine Wahl blieb, als es wieder abzugeben. Ein Schreckensszenario, aber ein denkbares. Die Reise, die wir vorhaben, ist wahrlich nichts für überlegte und ausschließlich rational vorgehende Menschen, dachte ich mir. Und so griff ich zu einer von mir in Russland oft angewendeten Art der Entscheidungsfindung, die einem allerdings eine gewisse Risikobereitschaft abverlangt. Es ist die berühmte Antwort »aus dem Bauch«. Ich befragte ihn also. Er aber blieb stumm. Dann verstand ich, dass das die Antwort war. Mein Bauch wollte sich raushalten. Das durfte ich ihm natürlich nicht gestatten. Also interpretierte ich sein nachhaltiges Schweigen einfach umgekehrt: »Wenn du dich raushältst, heißt das doch zumindest, dass du nicht Alarm schlägst, oder?« Gesagt, getan. Ich unterschrieb den Vertrag, zugegeben etwas eingeengt durch das vorstehende Lenkrad meines Dienstwagens. Denn wir saßen ja immer noch im Auto, erwartungsvoll angeblickt von dem wirklich sehr netten »Katastrophenschützer«. So viel sei jetzt schon verraten: Ich habe diese Unterschrift nie bereut, was auch immer uns später während unserer Reise passierte.

Der Rest war Routine. Igor zückte unseren mitgebrachten Stempel samt Stempelkissen und schon prangte der wunderbar Respekt einflößende Abdruck »ARD-Studio Moskau« auf dem Vertrag. Schwungvoll unterschrieb ich über die kaum trockene Stempelfarbe hinweg. Das ist nun wirklich ein gültiger Ratschlag: Stempel sind in Russland immer von Nutzen. Möglichst groß, möglichst mit einem beeindruckenden Symbol drauf und natürlich mit einer »wichtigen« Schrift. Das hilft nicht immer, aber immer öfter. Vielleicht nicht unbedingt in Moskau, aber die Chancen draußen in der Provinz werden zumindest durch einen beeindruckenden Stempel nicht geringer. Diese Erfahrung habe ich im Lauf der Jahre in Russland oft machen dürfen. Der Stempel gehört deshalb zur journalistischen Grundausrüstung.

Nach der Unterzeichnung des Vertrags schlugen die Wogen der ziemlich komplizierten Reisevorbereitungen über uns zusammen: Die Reiseroute musste nun im Detail geplant und die ersten Vorausteams losgeschickt werden. Es galt Absprachen mit den ARD-Redaktionen zu treffen und die nötige Ausrüstung zu beschaffen. Ein haargenauer Organisationsplan musste erstellt werden, der an jedem Punkt die Zeitunterschiede von der jeweiligen Ortszeit zu Moskau, zu Deutschland und zur GMT, der Greenwich Mean Time festhält. Und nicht zuletzt mussten wir Leitungen und Satellitenzeiten buchen, um später pünktliche Übertragungen zu gewährleisten. Ein Psychologe hätte angesichts unserer Geschäftigkeit konstatiert: »Typischer Fall von Verdrängung durch Arbeit.« Da ich aber andererseits irgendwo mal gelesen hatte, dass »Verdrängung« im psychologischen Sinn durchaus auch etwas Gutes und Nützliches, ja sogar Gesundes sein kann, entschloss ich mich, dieser Strategie konsequent zu folgen. Vielleicht war diese Haltung überhaupt das wichtigste Element bei der Reisevorbereitung. Jedenfalls denke ich das im Nachhinein.

Unser Offizier auf dem Militärflugplatz von Chabarowsk hatte sich mittlerweile etwas beruhigt. Vielleicht war er wirklich zu der Überzeugung gekommen, dass uns die eventuell sogar vorhandenen militärischen Geheimnisse einfach nicht interessierten. Wahrscheinlicher war natürlich, dass es solche Geheimnisse, um die er sich sorgte, dort gar nicht gab, außer, dass im Prinzip alles, was in Russland mit Militär zu tun hat, sowieso irgendwie geheim ist. Aber das ist andererseits wiederum mehr eine Haltung als Realität. Freilich eine sehr fest gefügte, nach dem Muster: Verboten ist sowieso alles, es kommt nur darauf an, wie man damit umgeht. Dann ist es zwar immer noch verboten, unterliegt aber einem schleichenden Aufweichungsprozess, der von außen auf die unterschiedlichste Weise befördert werden kann. Übrigens entgegen der landläufigen Meinung nicht nur mit Geld oder dem probaten »Wässerchen«: Helfen kann gelegentlich auch ein gut platziertes Gespräch über die Familie, Kinder oder Enkelkinder. Im Zuge einer solchen Unterhaltung kann in Russland ein vorher durchaus harsch ausgesprochenes Verbot eine Art galoppierende Schwindsucht entwickeln und selbst anfangs finstere Vertreter der Staatsmacht können sich in durchaus verständnisvolle und angenehme Gesprächspartner verwandeln. Ein Prozess, der unterdessen bei unserem Offizier auf dem Militärflughafen von Chabarowsk bereits eingesetzt hatte. Wir sollten uns später von ihm herzlich verabschieden und ihn in guter Erinnerung behalten – bis heute.

Inzwischen ist auch die Mannschaft unserer Antonow 74 eingetroffen, angeführt von einem Piloten wie aus dem Bilderbuch. Ein hoch gewachsener, schlanker Mann mit leicht verwitterten Gesichtszügen. Um die blauen Augen kleine Falten, freundlich lächelnd und mit einer angenehm souveränen Ausstrahlung. Jewgeni Borissowitsch Abramow ist 58 Jahre alt und längst pensioniert. Das bedeutet in Russland aber nicht, dass er nicht weiterarbeitet. Das würde die zu geringe Rente nicht erlauben. Außerdem ist er ein wirklich leidenschaftlicher Pilot. Also hat er nach der Pensionierung beim Ministerium für Zivil- und Katastrophenschutz angeheuert. Das braucht Piloten wie ihn. »Ich bin schon fast überall geflogen. Selbst in Afrika: Im

Sudan, in Angola und in Mosambik. Da waren schon ein paar *gorjatschie totschki*, ein paar ›heiße Orte‹ dabei«, sagt Jewgeni Borissowitsch lächelnd. Er meint jene Kriegs- und Krisengebiete Afrikas, in denen der Kalte Krieg zwischen der westlichen und der sowjetischen Welt stellvertretend ausgetragen wurde und die dortigen Befreiungsbewegungen von Großmächten jeweils Unterstützung oder massive Bekämpfung erfuhren. Von sowjetischen oder amerikanischen Beratern unterstützt, mit sowjetischen oder amerikanischen Waffen versorgt. Oder mit Waffen aus europäischen, auch deutschen Rüstungskonzernen. All das hat viele dieser Länder und ihre Bevölkerung ruiniert.

Ob er selbst auch Bomber geflogen habe, frage ich unseren Piloten. »Nein«, sagt Jewgeni Borissowitsch, »ich war nur bei friedlichen Missionen dabei!« Ich beschließe, es ihm für den Augenblick einfach zu glauben. Warum sollten wir ausgerechnet jetzt eine Diskussion darüber führen. Vielleicht kommen wir ja noch im Zuge unserer Reise dazu …

Das für uns angenehme an Jewgeni Borissowitsch ist unter anderem, dass er sich von dem gewaltigen Chaos, das wir rund um das Heck seiner Antonow angerichtet haben, nicht im Geringsten beeindrucken lässt. Eineinhalb Tonnen Gerät, Metallkisten, Zelte, Rucksäcke, Lichtkoffer, Stative, Kameras, Proviantbehälter, aufgestapelt oder einfach nur auf den Betonplatten der Rollbahn verstreut, das ist schon ein Furcht erregender Anblick. Kaum vorstellbar, dass man da je wieder so etwas wie Ordnung hineinbringen könnte. Jewgenis Ladeingenieur setzt dem Ganzen noch die Krone auf. Er will die Ausrüstungsgegenstände auf einer von uns gelieferten Liste auch noch einzeln überprüfen und abhaken, zusätzlich versehen mit einer Gewichtsangabe. Natürlich hat er Recht. Vielleicht haben wir uns doch verkalkuliert und alles wiegt sehr viel mehr als erlaubt. Das Ergebnis wäre, dass wir trotz kräftigen Anlaufs gar nicht erst von der Rollbahn abheben, sondern stattdessen mit den Rädern unserer Antonow in der feuchten Wiese dahinter versacken. Diese Schreckensvision beschleicht mich und ruft eine ganz konkrete Erinnerung aus meiner Zeit als Korrespondent im südlichen Afrika wach. Aus Angola waren damals bewaffnete Guerillas der südwestafrikanischen Befreiungsorganisation SWAPO nach Namibia eingedrungen. Es kam zu Kämpfen zwischen den Guerillas und der südafrikanischen Armee, die Namibia zu dieser Zeit noch als Kolonie besetzt hielt. Mein Fernsehteam und ich landeten mit einer gecharterten Cessna auf einer provisorischen »runway« im Busch im Norden Namibias. Aus irgendeinem Grunde funktionierten die Bremsen der Maschine nicht und wir krachten mit hoher Geschwindigkeit in die Büsche und Bäume hinter der Landebahn. Wie durch ein Wunder war niemand von uns damals ernsthaft verletzt worden. Der Schock war trotzdem nicht gering. Die Erinnerung daran verfolgt mich bis heute noch, immer dann, wenn ich in einem Flugzeug aus irgendeinem Grund das Gefühl habe, dass die Rollbahn bei Start oder Landung vielleicht doch zu kurz sein könnte. Und dieses Gefühl habe ich öfter.

»Zuerst die großen Kisten mit der Satellitenantenne!«, die kräftige Stimme meines Kollegen Mischa Falin, Toningenieur und heimlicher Ladespezialist unserer Truppe, ruft mich in die Realität zurück. Auf Mischa ist Verlass, und der Ladeingenieur hat mit ihm und unserem deutschen Techniker Jürgen Fischer einen Kompromiss gefunden, wie der gesamte Ladevorgang unter Berücksichtigung der Liste doch noch vereinfacht werden kann. Außerdem hatte Jürgen vor Beginn unserer Reise in Moskau sowieso alle Stücke einzeln gewogen und die Summe des Gewichts addiert. Auf ihn und seine Berechnungen ist unter allen Umständen Verlass. Die Rollbahn wird schon nicht zu kurz sein. Meine »afrikanischen Ängste« verflüchtigen sich wieder. Ich packe mit meinem Radiokollegen Frank Aischmann eine Kiste an. Gemeinsam schleppen wir sie über die heruntergelassene Heckklappe der Antonow ins Innere der Maschine. Das Motto ist klar: »Verdrängung durch Arbeit!«

2.

Eishauch im Sommer

Lichtblitze zucken von der Erde herauf. Hunderte kleiner Spiegel scheinen über die riesige Ebene verteilt. Dazwischen schlängelt sich ein stellenweise kilometerbreites, gleißendes Band – der Amur, Grenzfluss zwischen China und Russland. Für viele Russen das Ende der Zivilisation. Dahinter beginnt das dunkle und unverständliche Asien. Erst im 19. Jahrhundert hat die zaristische Armee, angeführt von verwegenen Kosakenverbänden, die Grenze des russischen Reiches bis hierher vorgeschoben. Viele kleine Seen und Teiche, in denen sich die Sonnenstrahlen brechen, sprenkeln das Sumpfgebiet entlang des Amur. Von oben ein faszinierender Anblick. Die Stadt Chabarowsk legt sich um die Mündung des Ussuri, der in den Amur fließt und diesen gewaltigen Strom Asiens verstärkt.

Von Moskau aus kommend waren wir nach sieben Flugstunden in Chabarowsk gelandet, um unsere Antonow 74 und Flugkapitän Jewgeni Borissowitsch Abramow zu treffen. Ein großer Teil der sperrigen Ausrüstung war schon eine Woche länger unterwegs. Wir hatten sie in Moskau auf die transsibirische Eisenbahn in einen eigens gemieteten Waggon geladen, den wir in Chabarowsk glücklicherweise unversehrt in Empfang nehmen konnten. Auch das eine der vielen kleinen Sorgen: Wird der Transport klappen? Was, wenn die Ausrüstung unterwegs einfach verschwindet, weil sie irgendjemand glaubt »brauchen« oder »verkaufen« zu können? Ich muss es bekennen: Auch nach mehr als sieben Jahren Erfahrung in Russland fehlt mir immer noch das vollständige Vertrauen in russische »Dienstleistungen« dieser Art. Es ist trotzdem ein Vorurteil, denn ich habe noch nicht ein einziges Mal eine schlechte Erfahrung in dieser Richtung gemacht. Schon gar nicht mit der russischen »Schelesnaja Doroga«, der russischen Eisenbahn. Sie fährt tatsächlich wie ein eisernes Uhrwerk – egal ob von Moskau nach Murmansk oder quer durch Sibirien bis nach Wladiwostok. Aber davon später, wenn wir den Nordosten Russlands und die Halbinsel Tschukotka hinter uns haben. Eine knappe Woche lang werden wir dann auf der »Transsib« reisen.

Immerhin hatte es nach der Landung in Chabarowsk noch dafür gereicht, uns einen kurzen Nachmittag lang an das sandige Ufer des Amur zu legen und den russischen Schönheiten, die sehr selbstbewusst entlang der holprigen Uferpromenade Richtung Flussstrand schlenderten, hinterherzuschauen. Es war schon verblüffend, wie wenig auf dieser Seite die Grenze zu China zu spüren war. Und das, obwohl das andere Flussufer nach ein paar Kilometern bereits nicht mehr zu Russland, sondern zu China gehört. Den »russischen« Eindruck verstärkt noch das so genannte Stalinempire der Stadtarchitektur, jene pseudoklassizistische Bauweise, die sich in allen größeren Städten Russlands findet. Gewaltsam der jeweils örtlichen Kultur aufgepfropft, diente sie Stalin und der Partei als architektonisch imperiale Vereinheitlichung der Sowjetkultur. Man muss ihr allerdings zugute halten, dass sie immer noch ansehnlicher war und ist als alles, was danach von

Chruschtschow bis Breschnew als sozialistische Bauweise das Sowjetvolk beglückt hat. Der Amur jedenfalls wirkte lange als imperiale und kulturelle Grenze zwischen Russland und China. Dass sie inzwischen viel durchlässiger ist und was das auf der russischen Seite auslösen kann, werden wir im Zuge unserer Reise noch erleben.

Einstweilen fliegen wir mit unserer Antonow von Chabarowsk aus Richtung Norden. Wir haben es uns gemütlich gemacht, was nicht schwierig ist, denn in der Maschine gibt es fünf Sitzreihen, erst dann beginnt der mächtige Laderaum, den wir mit unseren Gerätschaften voll gestellt haben. Mischa und der Ladeingenieur hatten am Ende doch noch alles verstauen können, was wirklich nicht einfach war. Routine sollten wir darin erst im Zuge unserer Reise bekommen. Wohin beispielsweise die beiden Generatoren stellen, die uns den Strom liefern sollen? Wohin mit den sechs Benzinkanistern, damit sie auch wirklich sicher stehen? Sie sind zwar nur halb voll, damit die Benzindämpfe im Innern der Kanister während des Flugs noch genug Volumen zum Ausdehnen finden und die Behälter nicht zum Platzen bringen. Dennoch bedarf das Laden der Kanister ganz besonderer Sorgfalt. Wenn es gegen etwas in einem Flugzeug so gut wie kein wirksames Mittel gibt, dann ist es Feuer oder gar eine Explosion. Natürlich hätten wir die Kanister auch leer mitnehmen können. Nur – keiner von uns wollte sich darauf verlassen, ob es da oben an der Beringstraße auch wirklich Benzin für die Generatoren gibt. Und ohne den Strom der Generatoren funktioniert keine Satellitenschüssel, lassen sich die Akkus der Kameras nicht wieder aufladen. Die Schneideeinheit, um einen Film fertig zu stellen, funktioniert ebenfalls nicht im Handbetrieb. Kurz: Ohne Generatoren und das nötige Benzin wären wir aufgeschmissen. Also haben wir nicht nur die Generatoren, sondern auch Benzin dabei. Sicher ist sicher. Aber eben nur dann, wenn die Kanister auch sicher geladen und unter den Ladenetzen verzurrt sind. Auch das ist eine kleine Wissenschaft für sich. Denn wenn eineinhalb Tonnen während des Flugs ins Rutschen geraten, kann auch das gefährlich werden. Doch unsere »Katastrophenschützer« sind natürlich keine Anfänger. Große Ladungen in schwierige Gebiete zu fliegen ist ihr Job und von dem verstehen sie etwas. Gefahr droht uns von einem ganz anderen Teil des Flugzeugs, doch davon ahnen wir zu diesem Zeitpunkt nicht das Geringste und das ist auch gut so.

Eine Stewardess haben wir zwar nicht an Bord, aber einer der Bordingenieure hat tatsächlich von der Fluggesellschaft »Aeroflot« kleine Essensrationen organisiert, die er uns nun reicht. Und heißes Wasser für Tee oder Kaffee. Welch ein Luxusflug! Ich sitze im Übrigen sogar an einem kleinen Tisch, auf dem wir später unsere Schneideeinheit platzieren werden, um während der Flüge Filme zu schneiden, wenn die Zeit am Boden zu knapp wird. Es handelt sich um einen bedeutsamen Tisch, wie mir Dima, der Funker der Antonow, erklärt: »Hier saß vor ein paar Monaten Putin, als wir den Auftrag bekamen, ihn in den Nordosten zu fliegen. Der saß da ganz bescheiden und schaute zum Fenster raus!« Dima grinst stolz. Mir gefällt der Gedanke auch nicht gerade schlecht. »Sehen Sie, Herr Präsident, Sie entkommen uns nicht!«, sage ich mir einigermaßen selbstzufrieden und räkele mich bequem im Sitz. Doch kurz darauf beunruhigt mich schon wieder etwas anderes. Es ist der nette Dima, mit dem ich mich gerade unterhalten habe, der mich leicht irritiert. Nein, gelernter Funker sei er nicht. Aber das sei nicht schlimm. Er habe sich alles Nötige beibringen lassen, das sei schließlich kein Hexenwerk. Eigentlich sei er mehr »so was« wie ein Bauingenieur gewesen, bevor er bei den Katastrophenschützern angeheuert habe. Ich versuche mich mit dem Gedanken zu beruhigen, dass Dima mit seinem eher fragwürdigen Bauingenieurs-Hintergrund ja immerhin unsere Antonow nicht mitgebaut hat. Das haben ja hoffentlich gelernte Flugingenieure und Techniker getan. Und die Maschine macht auch einen guten Eindruck. Jedenfalls bis jetzt. Und immerhin ist Dima auch nicht der Navigator, der vorne bei unserem Piloten Jewgeni Borissowitsch sitzt. Der wird sein Handwerk bestimmt richtig gelernt haben. Zur Sicherheit schaue ich zum Fenster hinaus. Wir fliegen Richtung Sonnenaufgang, also nach Osten. Immerhin die Richtung, in die wir auch wollen. Also alles in Ordnung. Wie zum Beweis seiner Fähigkeiten reicht mir Dima seinen Kopfhörer. »*Musika!*«, ruft er strahlend in den Fluglärm. Tatsächlich, aus dem Kopfhörer ertönt wirklich wunderbare Musik. Tschaikowskys Klavierkonzert Nummer eins, eines meiner Lieblingskonzerte, das bei der Uraufführung noch einen regelrechten Skandal in der russischen Gesellschaft auslöste. Dima hat eine Radiostation gefunden, die dieses Konzert gerade ausstrahlt. Tschaikowsky im Ohr, nur leicht von anderen Funkgeräuschen gestört, schaue ich hinunter auf die karger werdende Landschaft. Die dichten Wälder der Provinz Kolyma waren mittlerweile von den flachen, strauchartigen Gewächsen der Tundra abgelöst worden. Wir fliegen zu hoch, um einzelne Rentiere zu erkennen. Sie fressen sich im kurzen Sommer mit Kräutern, Büschen und Gräsern voll, um den kommenden harten Winter zu überstehen. Ein Winter, der hier rund acht Monate dauert. Und in dem es zeitweise nie hell wird. Jetzt im kurzen Sommer wird es umgekehrt kaum dunkel. Gegen Mitternacht dämmert es für eine Stunde, gleich darauf folgt der Sonnenaufgang. Diese »weißen Nächte« verleihen einem das Gefühl einer zauberhaften

Zeitlosigkeit. Eine Erfahrung, die ich beispielsweise im Winter am nördlichen Ural draußen in der Tundra beim Naturvolk der Nenzen gemacht habe. Selbst im härtesten Winter bei Temperaturen bis zu minus 50 Grad leben sie in ihren Zelten. Die Rentiere finden im tiefsten Schnee noch die Reste von Büschen und Sträuchern, die sie mit ihren Hufen freischarren, um sie zu fressen. Und das alles in finsterer Nacht. Gegen Mittag setzt dann so etwas wie eine kurze Dämmerung ein, für ein bis zwei Stunden Zwielicht, an Sonnentagen etwas heller, dann versinkt alles wieder in der Dunkelheit. Nur die Geräusche der Rentiere und ab und zu das nähere oder fernere Heulen der Wölfe ist zu hören. Oder das laute Knarren der Schritte im fest gefrorenen Schnee, wenn jemand das Zelt aus zusammengenähten Rentierhäuten verlässt. In der Mitte des Zeltes brennt ein Feuer in einem kleinen eisernen Ofen, auf dem das Wasser für den Tee köchelt. Oder ein rußiger Topf hängt an einer Kette, die an einem eisernen Dreifuß festgemacht ist, über dem offenen Feuer. Es ist ein einfaches Leben, wie die Nenzen es schon vor hunderten von Jahren geführt haben.

Leider ist das Klavierkonzert von Tschaikowsky inzwischen zu sehr von Funkstörgeräuschen überlagert. Ich gebe Dima den Kopfhörer zurück. Dabei sehe ich, dass an seinem kleinen Funkertischchen eine Morsetaste angebracht ist. Na also. Jewgeni Borissowitsch hat bereits den Landeanflug eingeleitet. Wir sind im Begriff, die erste Station unserer Reise zu erreichen. Unter uns die tiefblaue Beringstraße, jene Meerenge, die Russland und das amerikanische Alaska trennt. Ein paar Seemeilen vor der russischen Küste liegt bereits die erste kleine amerikanische Insel. Vor rund 150 Jahren gehörte das damals bekannte Alaska zu Russland. Das ist noch zurückzuführen auf Zar Peter den

Großen. Er, selbst eine Abenteurer- und Seefahrernatur, beauftragte seinerzeit den dänischen Kapitän Vitas Bering, die russische nordöstliche Küste zu erkunden. Peter I. wollte herausfinden lassen, ob es nicht vielleicht doch eine Landbrücke zwischen Russland und dem amerikanischen Kontinent gibt. Die erste, fünf Jahre dauernde Expedition von Vitas Bering und seiner Mannschaft passierte zwar im August 1728 unter großen Opfern die Meerenge, aber die Mannschaft war sich dessen nicht bewusst. Nebel verhinderte, dass sie den amerikanischen Kontinent zu Gesicht bekam. Erst als Bering, diesmal im Auftrag der Zarin Anna Iwanowna, 1733 zur Großen Nordischen Expedition aufbrach, sollte es ihm gelingen, den knapp 80 Kilometer breiten Seeweg zwischen Russland und Alaska zu erkunden. Und in der Folge setzte Russland sogar seinen Fuß auf den amerikanischen Kontinent. Russische Abenteurer, Pelztierjäger und Robbenfänger siedelten in Alaska, andere fanden den Weg bis nach Kalifornien. Eine russisch-amerikanische Handelskolonie wurde auf der Halbinsel Alaska gegründet. Sie nahm die administrativen Aufgaben in diesem Gebiet wahr. Doch die Kolonie blieb für den russischen Staat ein enormes Zuschussgeschäft, der durch sie verursachte Schuldenberg wuchs ständig weiter. Der für die russischen Feudalverhältnisse sogar in Maßen reformorientierte Zar Alexander II., der allerdings später einem Bombenattentat russischer Revolutionäre zum Opfer fallen sollte, traf schließlich eine verhängnisvolle Entscheidung – zumindest aus heutiger Sicht. Er verkaufte 1867 Alaska an die USA für rund sieben Millionen Dollar. Keine kleine Summe für jene Zeit. Trotzdem war es ein schlechtes Geschäft. Ende des 19. Jahrhunderts wurde nämlich auch in dieser Gegend Gold gefunden, wie schon zuvor in Kalifornien. Doch nun hatte Russland nichts mehr davon.

Unter uns taucht die kleine Siedlung Lawrentija auf. Sie liegt am Rande einer Bucht, die zugleich den östlichsten Hafen Russlands darstellt. Er kann auch noch von etwas größeren Frachtschiffen und, was das Wichtigste ist, von kleineren Tankern angesteuert werden. Nur sie sind in der Lage, in ausreichenden Mengen den Brennstoff für den Winter heranzubringen. Im Anflug sehe ich, dass gerade ein Tanker mit orangegelb gestrichenem Rumpf in der Bucht liegt. Später erzählen uns Bewohner von Lawrentija, dass sie monatelang auf ihn gewartet und schon Angst hatten, dass er vor dem Winter vielleicht gar nicht mehr kommt. Das Heizöl in den Vorratsbunkern der Siedlung war bereits bis auf wenige Tonnen aufgebraucht. Der Tanker hat die Bunker jetzt wieder aufgefüllt. Ein Glück für die Einwohner von Lawrentija, denn in kaum sechs Wochen beginnt die Bucht zuzufrieren, dann kann hier ein halbes Jahr lang sowieso kein Schiff mehr einfahren.

Am Rande von Lawrentija, dicht neben den Häusern, liegt auch der östlichste Flughafen Russlands. Die Landebahn ist gerade so lang, dass sie für unsere Antonow noch reicht. Nach der Landung erzählt mir Jewgeni Borissowitsch: »Du musst es unbedingt schaffen, gleich ganz am Anfang der Landebahn aufzusetzen, und der Wind muss richtig stehen. Sonst hast du keine Chance und landest im Meer.« Da waren sie wieder, meine »afrikanischen Ängste«. Aber diesmal Gott sei Dank erst nach der Landung und nicht schon vorher. Dazu war der Blick auf die azurblaue Beringstraße, die Russland von den USA trennt, einfach zu aufregend.

Lawrentija ist das, was man, zurückhaltend ausgedrückt, eine heruntergekommene Sowjetsiedlung nennen kann. Kleine flache Häuser, die ersten davon in den späten dreißiger Jahren gebaut. Immer wieder zwischen den

Häusern Ruinenfelder: Zusammengebrochene oder halb abgerissene Behausungen, deren Bruchstücke auf einen Haufen geschoben worden sind und wohl seit Jahren schon so herumliegen. Die Fenster von anderen Häusern sind mit Brettern vernagelt, die Haustüren hängen schief in den Angeln oder liegen auf dem Boden und verrotten. Einst gab es hier sogar ein Hotel, die »Gostiniza Sewer«, das »Gasthaus Nord«. Aber das war einmal. Nur an der aufgepinselten Inschrift ist das noch zu erkennen. An dem Gebäude fehlen größtenteils die Fensterscheiben, am Holzvorbau des Eingangsbereichs sind sie eingeschlagen. Gäste werden hier schon lange nicht mehr bewirtet. Wer soll hier heutzutage schon vorbeikommen und wie eigentlich auch, außer mit den sehr selten hier landenden Flugzeugen? In der Stadt selbst gibt es nur eine einzige befestigte Straße, und deren Asphaltdecke ist an vielen Stellen aufgebrochen. Der Rest sind staubige Schotterwege. Die größeren Steinhäuser und sowjetischen Wohnblocks stehen auf Betonstelzen. Der im Sommer nur oberflächlich aufgeweichte Dauerfrostboden ist im Winter beinhart gefroren. Die Temperaturunterschiede von im Sommer bis zu plus 15 und im Winter bis zu minus 50 Grad würden direkt auf die Erde gebaute Häuser unter solche Spannungen setzen, dass sie bald Risse bekämen und am Ende auseinander platzten. Um das zu vermeiden, werden sie auf Betonstelzen gebaut. 1500 Menschen lebten in Lawrentija noch vor wenigen Jahren. Jetzt sind es noch knapp 1000, und auch von denen würden die meisten versuchen, so schnell wie möglich die Siedlung zu verlassen, wenn sie das Geld dazu hätten und sich anderswo in Russland eine Bleibe organisieren könnten. Doch das gelingt nur wenigen. Wer kann, versucht wenigstens bei Verwandten unterzukommen. Was hat sie denn überhaupt hierher verschlagen? Zu Sowjetzeiten war es, abgesehen von dem harten Klima, durchaus attraktiv, hier zu arbeiten. Die so genannte Nordzulage steigerte den Lohn um etwa das Dreifache, man blieb einige Jahre, sparte das Geld an und ging später wieder zurück. Bis zur Sowjetisierung lebten in dieser Region seit mehreren tausend Jahren ausschließlich Eingeborene als Jäger, Fischer und Walfänger. Sie nährten sich von dem, was sie in der Natur vorfanden. Der Ehrgeiz kommunistischer »Nationalitätenpolitik« bestand darin, die Eingeborenen vom Volk der Tschuktschen zu »zivilisieren« und zu Sowjetbürgern umzuformen. Das zog eine komplette Veränderung ihrer Lebenswelt und vieler ihrer Lebensgewohnheiten nach sich – im Positiven wie im Negativen. Sie erhielten Schulbildung im Geiste des Kommunismus, erlernten Berufe. Doch sie handelten sich einen entscheidenden Nachteil ein, der heute bei den Naturvölkern einen großen Teil der Misere des russischen Nordens ausmacht: Die Abhängigkeit der Eingeborenen verschob sich von der Natur auf den Sowjetstaat, seine Siedlungen, seine Kolchosen, seine Infrastruktur. Seitdem all das entweder ganz zusammengebrochen ist oder nur noch mehr schlecht als recht funktioniert, ist den Menschen beides entzogen: Das traditionelle Leben in der Natur mit den entsprechenden jahrhundertealten Überlebenstechniken einerseits und die gesicherte Versorgung wie zu Sowjetzeiten üblich andererseits. In dieser Zwickmühle leben die Menschen dort oben heute. Lawrentija, das war auch noch in anderer Hinsicht ein Außenposten der Sowjetunion, denn es lag direkt gegenüber den USA, der »anderen Supermacht«. Wegen seiner militärischen Einrichtungen – vor allem Abhöranlagen, angeblich sogar geheimen Raketenschächten – war es aus der Sicht der sowjetischen Militärs strategisch wichtiges Gebiet und musste entsprechend versorgt werden. Das gilt zwar womöglich in den Augen mancher russischer Strategen immer noch, nur ist es längst nicht mehr so bedeutsam wie zur Zeit des Kalten Krieges. Lawrentija hat sich auch in dieser Hinsicht in eine vergessene Siedlung verwandelt. Der Kalte Krieg ist vorbei, hier entscheidet sich längst nichts mehr. Die Politik ist über die Menschen und den Ort hinweggegangen. Und Moskau ist rund 9000 Kilometer entfernt. Das ist weit. Zu weit.

Über die Siedlung hinweg dröhnt ein merkwürdiges, stampfendes Geräusch. Schnell finden wir heraus, wo es herkommt: aus dem Maschinenhaus direkt neben dem Flughafen. Vor dem ziemlich heruntergekommenen Gebäude liegen mehrere eiserne Ungetüme. Ausgediente und längst verrostete Dieselaggregate. Im Hof verstreut sind rostige Eisenteile, ausgediente Ventile, Kolbenstangen, faulende Holzkisten und verbogene Kaminrohre. Ein Trümmerfeld. Drinnen arbeiten zwei Maschinisten, die mein Kollege Frank Aischmann vom ARD-Radio interviewt. Sie sitzen vor ihrem vorsintflutlichen Schaltpult, das für jeden deutschen Elektriker ein echtes Abenteuer wäre. Oder ein Grund zum Davonlaufen. »Hätte ich das Geld«, sagt der eine Maschinist, Wassili Maryschew, verdrossen, »ich wäre sofort im Flugzeug Richtung russisches Mutterland. Die lassen uns doch hier hängen!« Deutlicher kann man es nicht sagen. Dass sein Dieselaggregat überhaupt noch läuft, hängt schlicht und einfach damit zusammen, dass die beiden Mechaniker, wie sie meinem Kollegen ins Mikrofon sagen, »aus Scheiße Bonbons machen«. Das letzte Ersatzteil kam vor acht Jahren hier an und dann war Schluss. Für Lawrentija ist das wirklich gefährlich. Die »Dieselnaja« produziert nicht nur Strom für die Häuser und den kleinen Flughafen, sondern auch für das Heizwerk. Gibt es keinen Strom mehr, dann fallen auch die Pumpen im Heizwerk aus, und die Heiztrassen frieren im Winter binnen Minuten zu. Dann wird es mehr als eng für alle. Dass sie dann per Flugzeug gerettet würden, daran glaubt hier keiner. Immerhin sagt Wassili, dass es ihnen schon besser ginge als früher. Sie bekämen ihr Gehalt inzwischen nur noch mit zwei Monaten Verspätung. Ab Mitte der neunziger Jahre gab es lange überhaupt keins, stattdessen wurden Lebensmittel zugeteilt wie im Krieg. Die Rationen waren nicht üppig. So gab es zum Beispiel 500 Gramm Zucker im Monat. Butter hätten sie vor ein paar Monaten nach knapp fünf Jahren wieder zum ersten Mal gesehen und gegessen. Ein Feiertag sei das gewesen. Selbst bei mehr als bescheidenen Ansprüchen: Das Leben hier draußen ist teuer. Ein Blick in den kleinen, nicht gerade opulent bestückten Laden von Lawrentija lässt mich ungläubig staunen. Eine Flasche Cola kostet hier fast zehn Mark. Auch sonst ist alles rund 200 Prozent teurer als zum Beispiel in Moskau, und Moskau ist ein teures Pflaster verglichen mit dem übrigen Russland. Alles muss mit dem Schiff oder einem Flugzeug hierher transportiert werden; das macht sich bei den Preisen bemerkbar. Wer heutzutage hier wohnt, sitzt in der Falle. Und die Bewohner von Lawrentija haben kein Instrument in der Hand, mit dem sie politischen Druck erzeugen könnten.

Wir haben unser Flugzeug entladen und das Basislager mit den Generatoren und der Sendeanlage auf einem Hügel über der Siedlung aufgebaut. Ein Teil der Mannschaft wird in den mitgebrachten Zelten schlafen, der andere Teil kommt in einer Wohnung unter, die Wassili Wassiljewitsch, der »Administrator«, am ehesten wohl mit »Bürgermeister« übersetzt, für uns organisiert hat. Von hier oben ist Lawrentija am besten zu überblicken. Am Heizwerk steigt beständig schwarzer Rauch aus den drei Kaminen. Kräftiger Wind hat eingesetzt und droht unsere Zelte wegzublasen. Die Temperatur ist auf etwa plus fünf Grad gesunken; sobald die Sonne von den Wolken verdeckt ist, wird es empfindlich kühl. Unten auf der Hauptstraße trägt ein angeheiterter Mann seine völlig betrunkene Frau auf dem Rücken nach Hause. Alkohol ist das, was vielen hier noch bleibt, wenn das Leben sonst nicht mehr viel hergibt. Entsprechend ist der Gesundheitszustand der Menschen auf der russischen Halbinsel Tschukotka. Die Lebenserwartung der Tschuktschen liegt statistisch bei 43 Jahren. Alkohol, Vitaminmangel und das Zusammenbrechen der hiesigen staatlichen Gesundheitsversorgung haben die Ureinwohner regelrecht ruiniert. Ebenso empörend wie absurd ist unter diesen Umständen, dass der frisch gewählte Gouverneur Tschukotkas, Roman Abramowitsch, zu den reichsten Männern Russlands zählt. Natürlich lebt er hauptsächlich in Moskau. Gelegentlich fliegt er mit seinem Privatjet nach Anadyr, der Hauptstadt Tschukotkas, um sein politisches Amt auszuüben. Abramowitsch, ein junger Mann von 35 Jahren, gehörte zum Jelzinclan und ist im Zuge der so genannten Privatisierung russischen Staatsvermögens auf dem Energiesektor in den neunziger Jahren enorm reich geworden. Diese Privatisierung war in Wirklichkeit ein cleverer Raubzug einiger weniger skrupelloser Männer, denen von ihren Kumpanen in der Regierung oder im Apparat des Präsidenten die Filetstücke der russischen Industriemonopole zugeschanzt wurden. Nicht selten waren aber auch Betrug und Gewalt im Spiel, Konkurrenten wurden von Auftragskillern erschossen. Es entstand die Klasse der »Oligarchen«, die nun ihrerseits Jelzin mit Geld und zahlreichen Manipulationen den Rücken stärkten, als der 1996 eigentlich keine Chance mehr hatte, noch einmal zum russischen Präsidenten gewählt zu werden. Den Meinungsumfragen zufolge hatte er ein halbes Jahr vor der Wahl gerade noch vier Prozent der Bevölkerung hinter sich. Als er es mit Hilfe der Oligarchen und dem von ihnen und dem Präsidentenapparat »organisierten« Geld – das letztlich aus den Kassen des russischen Staates stammte – dennoch schaffte, wurden seine Unterstützer entsprechend belohnt. Roman Abramowitsch gehörte zu diesem Kreis. Heute kontrolliert er über seine Aktienanteile das bedeutende Ölunternehmen Sibneft. Als er Tschukotka als Gouverneur übernahm, hat er es gleich für bankrott erklären lassen. Abramowitsch ist Gouverneur in einem Gebiet, das doppelt so groß ist wie Deutschland, und in dem noch rund 78 000 Menschen leben. Vor zehn Jahren waren es noch hunderttausend mehr. Es gehört zur zynischen Seite der Entwicklung im Russland der letzten zehn Jahre, dass einer der reichsten Männer des Landes einem Armenhaus vorsteht, dessen Bevölkerung langsam vor sich hinstirbt. Würde er nur einen Bruchteil seines Vermögens oder einen Teil des Gewinns seines überaus ertragreichen Unternehmens Sibneft investieren, könnte er leicht die Lebensverhältnisse der Bevölkerung von Tschuchotka dramatisch verbessern. Bis jetzt hat sich Abramowitschs Hilfe auf einzelne soziale Maßnahmen und Sozialprogramme beschränkt, die am Gesamtproblem nichts ändern. Obwohl es absurd klingt, muss man aber fairerweise sagen, dass er mit seinen Maßnahmen bereits erheblich mehr getan hat, als sein Vorgänger im Amt. Auch das ist eine der Absonderlichkeiten der russischen Entwicklung in den letzten Jahren. Dennoch, wenn sich nicht etwas Entscheidendes tut, ist Tschukotka ein »verlorenes Land«. Das ist in Lawrentija schon deutlich genug zu sehen. Außerhalb von Lawrentija wird es noch deutlicher.

Am nächsten Morgen gehen wir hinüber zu dem kleinen Flughafen. Auch das Gebäude, in dem der Kontrolleur der Flugbewegungen seinen Dienst tut, hat schon erheblich bessere Tage gesehen. Auf der kleinen Terrasse vor dem winzigen Kontrollzentrum sind vier alte verrostete Scheinwerfer angebracht, in denen die Glühbirnen fehlen. Die Technik, die den Funkverkehr regelt, ist immerhin etwa auf dem Stand der sechziger Jahre. Ausnahme: das Faxgerät, durch das die Wettermeldungen hereinkommen. »Eigentlich wissen wir selbst viel besser, welches Wetter wir hier haben. Aber geflogen werden darf erst, wenn wir per Fax das Flugwetter und die Erlaubnis bekommen«, sagt der Dienst tuende Beamte. »Die Kontrollstation sitzt etwa 800 Kilometer weiter westlich. Die sagen uns dann, ob wir hier schönes Wetter haben oder nicht. Und erst dann kann ich die Genehmigung erteilen. Das ist zwar absurd, aber so ist es halt geregelt!« Es ist wirklich absurd, aber nicht untypisch. Wenn irgendjemand in einer Behörde mal eine Verordnung herausgegeben hat, dann ist die schwer wieder zu ändern. Und warum ändern, wenn die bestehende Regelung doch schon 20 Jahre Gültigkeit hat? Das gilt erst recht hier oben im Grenzgebiet, in dem neben der Zivilverwaltung auch die Grenztruppen etwas zu sagen haben. Also warten wir. Wir wollen mit einem Hubschrauber an den nun wirklich östlichsten Punkt Russlands fliegen – zum Kap Deschnew. Von dort müsste man das etwa 80 Kilometer entfernte Alaska sehen können. Nach einer Stunde piepst das Faxgerät, und die Wettermeldung von der 800 Kilometer weiter westlich liegenden Kontrollstation kommt herein. Sie schreiben uns, was wir längst wissen: Bei uns ist schönes Wetter, also dürfen wir fliegen.

Der Hubschrauber, in den wir einsteigen, ist nicht mehr der jüngste. Doch russische Hubschrauber mit ihrer veralteten Technik sind (meistens) unverwüstlich. Sie haben außerdem den Vorteil, dass sie im Prinzip leicht zu reparieren sind, wenn man sich mit ihnen auskennt, und das tut der Mechaniker hier. Bei modernerem Fluggerät hätte er eher ein Problem. Er müsste daran ausgebildet werden, bräuchte die entsprechenden neuen Ersatzteile, wäre auf eine regelmäßige Versorgung damit angewiesen. Wer aber soll die garantieren? Also bleibt alles wie es ist und das ist in diesem Fall auch besser so. Dennoch bin ich immer etwas unruhig, wenn ich in einen solchen Hubschrauber einsteige. Als wir in der Luft sind, schaue ich aus dem kleinen runden Fenster. Es lohnt sich, denn der Blick auf die Küste entlang der Beringstraße ist wirklich beeindruckend. Steil fallen die graubraunen Felsen direkt ab ins Meer. Langsam hereinrollende, blaugrünliche Wellen brechen sich an den rissigen Felswänden. Der vom Land auf das Meer hinaus wehende Wind treibt weiße Wolkenbäusche vor sich her und drückt sie über den Rand der Steilküste, so dass sie sich regelrecht ins Meer ergießen und über dem Wasser verfliegen. Plötzlich spritzt direkt unter uns eine Fontäne aus dem Wasser und ein glänzender grauer Rücken wälzt sich wie in Zeitlupe aus den Wogen heraus, um dann wieder abzutauchen – ein Wal. Wir kreisen eine Weile über ihm, doch dann verschwindet er wie ein grauer Schatten in der Tiefe. In diesem Jahr sind die Wale später dran als sonst. Normalerweise schwimmen sie Anfang Juli durch die Beringstraße und eröffnen so die kurze Saison der Waljagd. Doch der Winter war extrem hart, das Eis ist spät geschmolzen, das Wasser war zu kalt, deshalb ziehen die Wale erst jetzt, ein paar Wochen später als sonst, durch die Beringstraße. Unser Hubschrauber wird vom Wind gerüttelt, da wir dichter an die Küste und damit an die Fallwinde heranfliegen. »Das muss es sein«, denke ich mir, »dieses Gefühl von Freiheit beim Anblick schroffer Küsten und azurblauen Meeres, das die Abenteurer, Entdecker und Seefahrer antreibt und sie immer wieder hinausfahren lässt, statt irgendwo gemütlich in den Städten der Zivilisation zu bleiben und es sich gut gehen zu lassen!« Dann fällt unser Hubschrauber in ein Luftloch, sackt ein paar Meter nach unten und ich werde blitzartig sehr unsentimental. Von wegen »Freiheit«. Mich beschleicht der Gedanke, dass ich vielleicht doch keine so rechte Entdeckernatur bin. Oder erst wieder nach der sicheren Landung. Dann umso lieber.

Hinter dem nächsten Felsvorsprung schiebt es sich nach vorne, das Kap Deschnew, der östlichste Punkt Russlands, benannt nach seinem Entdecker Semjon Iwanowitsch Deschnew. Er war rund 100 Jahre früher als Vitas Bering an dieser Stelle. Mit 60 Mann, darunter 25 Kosaken, drang er bis zur Meerenge vor, trieb Handel mit den Eingeborenen der Sankt-Lorenz-Insel, die heute zu den USA gehört. An dem später nach ihm benannten Kap errichtete er eine Art Turm aus Walfischskelett. Von seiner Mannschaft blieben am Ende der Expedition nur noch zwölf Mann übrig, die sich gemeinsam mit ihm zu Fuß nach Süden durchschlugen. Der Rest kam um, viele von ihnen in einem schweren Sturm. Heute steht an der Stelle, an der Deschnew damals das Walskelett aufrichtete, eine kleine Betonstatue, die an ihn erinnert. Eigentlich wollten wir hier mit dem Hubschrauber kurz landen, um uns das Kap aus der Nähe anzusehen. Doch die Fallwinde, die über der Küste dunkle Wolken zusammengetrieben haben, sind zu gefährlich. Also umfliegen wir das Kap. Vor uns eröffnet sich plötzlich der Blick auf eine löchrige weiße Fläche auf dem Meer – Packeis, das aus dem nördlichen Polarmeer kommend ans Ufer treibt. Auf einer kleinen Landzunge erblicken wir eine winzige Siedlung. Wir beschließen dort zu landen, zumal die Piloten in der Siedlung noch einen Auftrag zu erledigen haben – aber davon später.

Auf der Landzunge sehe ich ihn von oben zum ersten Mal: den Müll des Nordens. Als hätte es sie vom Himmel geregnet, liegen überall Unmengen leerer rostbrauner Benzinfässer herum. Niemand hat sie je weggeräumt, aufgestapelt oder gar vergraben. Dazwischen ausgebleichte Walfischknochen. Besonders bizarr die riesigen weißen Kieferknochen und Teile des mächtigen Rückgrats. Ein abenteuerlicher Anblick. Offenbar haben sich die Bewohner der kleinen Siedlung daran längst gewöhnt. Die Fässer nach Gebrauch wieder abzutransportieren ist zu teuer. Also bleiben sie liegen. Ebenso die Walfischknochen.

Als wir aus dem Hubschrauber steigen, weht uns vom Meer ein Eishauch entgegen. Das am Ufer aufgestaute Packeis hat die Temperatur mitten im kurzen Sommer fast bis auf null Grad absinken lassen. Im böigen Wind stellt sich das dichte Fell der an den Häusern der kleinen Siedlung liegenden Schlittenhunde immer wieder auf. In der Siedlung namens Intschoun leben rund 400 Tschuktschen. Die einzige Arbeit, die es hier noch gibt, liefert die Natur: Fischerei und Walfang. »Wir hatten dort hinten früher eine Kolchose, in der Silberfüchse gezüchtet wurden«, sagt einer der Männer, die am Ufer stehen und eines der kleinen wendigen Boote reparieren, mit denen sie auf Waljagd fahren. »Aber das ist schon lange vorbei.« Er zeigt ans andere Ende des Dorfes, wo eine halb verfallene Plattform auf einem Holzgerüst mit kleinen Ställen steht. Sie war mir schon vom Hubschrauber aus aufgefallen. Ich konnte mir den Zweck der Plattform nicht erklären. Es gab also früher, zu Zeiten der Sowjetunion, durchaus so etwas wie ein Arbeitsprogramm für die Tschuktschenbevölkerung von Intschoun. Die Männer, die zumeist abgerissene Kleidung tragen, sind verbittert. »Was sollen wir hier noch? Hier gibt es nichts mehr. Keine Kleider, kein Baumaterial, keine Farbe zum Anstreichen, nichts!«, meint einer der Älteren und spuckt auf den Boden. Und Obst hätten sie schon lange nicht mehr gesehen. »Die Kinder wissen gar nicht was das ist, Trauben, Melonen, die haben gar keine Ahnung, wie so was aussieht!« Die andern nicken. Dann komme ich auf ein anderes Thema zu sprechen – die Wale. Ob sie denn wüssten, dass Wale unter Artenschutz stünden und eigentlich gar nicht gejagt werden dürften? »Na und!«, ruft einer der Jüngeren. »Wir haben hier schon immer so gelebt, seit vielen hundert Jahren. Alles, was im Meer schwimmt und am Ufer kreucht oder fleucht – *eto nascho*! Das gehört uns und das jagen wir auch, selbst wenn wir dafür ins Gefängnis kommen. Dort kann es auch nicht schlimmer sein als hier!« Kein Widerspruch in der Runde. Stattdessen nochmals Zustimmung. Ich beginne die Männer zu verstehen. Für sie ist Artenschutz eine völlig abstrakte Frage. Es geht um ihr eigenes Überleben: Entweder der Wal oder wir – also muss der Wal dran glauben. Von einem Wal lebt das Vierhundert-Einwohner-Dorf Intschoun etwa eine Woche lang, sagen sie. Das war hier immer so und warum sollten sie das ändern, zumal sie keine Alternative haben. Wer das ändern will, muss ihnen grundsätzlich eine andere Art der Versorgung anbieten und die Kosten dafür aufbringen. Das hat aber bislang niemand getan. Von der Ausrottung bedroht werden die Wale aber letztlich nicht von den Walfängern von Intschoun, die mit viel Glück in der kurzen Saison fünf, vielleicht zehn Wale töten. Eine wirkliche Gefahr stellen für die Tiere die großen internationalen Walfänger dar. Per Echolot werden die Wale aufgespürt, erlegt und in den schwimmenden Fischfabriken noch auf dem Meer verarbeitet. Die japanische Fischereiindustrie hat diese Art Wale zu fangen, perfektioniert. Den Sensoren und Echoloten der schwimmenden Fischfabriken entgeht kein Wal und kein anderer Fisch, auf den sie aus sind. Einen Wal zu fangen und zu töten ist für die Tschuktschen hingegen noch ein unmittelbarer und durchaus gefährlicher Kampf Mann gegen Tier. Sie besitzen keine schwimmenden Fischfabriken, kein Echolot und keine andere Elektronik. Wenn sie einen Wal jagen wollen, dann fahren sie mit vier oder fünf der kleinen wendigen Boote mit starkem Außenbordmotor hinaus. Der Motor ist die einzige moderne Ausstattung neben einem schwerkalibrigen Schnellfeuergewehr. Oft liegen die Walfänger stunden-, im schlimmsten Fall tagelang draußen und warten. Allein das ist eine körperliche Anstrengung. Auf dem Meer ist es kalt, das Wasser hat jetzt im Sommer eine Temperatur von etwa vier bis fünf Grad. Keiner der Fischer besitzt eine moderne Polarausrüstung gegen die unangenehme feuchte Kälte. Haben sie Glück und sichten einen Wal, nähern sie sich ihm vorsichtig und versuchen ihn einzukreisen. Dann kommt der entscheidende Augenblick – der erste Wurf mit der speerartigen Harpune aus einer Entfernung von zwei bis drei Metern. An der Harpune ist mit einem Seil ein großer bunter Ballon befestigt, der den Wal zu orten helfen soll. Denn geht der erste Wurf daneben und gelingt es dem Wal abzutauchen, besteht so gut wie keine Chance, ihn erneut auszumachen und das ganze Warten und das ganze teure Benzin für die Bootsmotoren waren umsonst. Die Außenbordmotoren, erzählen uns die Fischer von Intschoun, haben sie von einem Besuch bei Verwandten am anderen Ufer der Beringstrasse, von dem amerikanischen Alaska mitgebracht. Das ist seit einigen Jahren möglich. Ich hatte mich schon über die starken und relativ neu aussehenden Motoren gewundert. Jetzt erklärte sich ihre Herkunft.

Der erste Wurf ist der wichtigste, aber zugleich auch der gefährlichste. Der Harpunier befindet sich in Reichweite der gewaltigen Schwanzflosse, die ihn aus dem Boot ins Meer fegen und dabei schwer verletzen kann. »Das Meer ist kalt und legt sich wie eine eiserne Klammer um deinen Brustkorb«, erzählt einer der Männer. »Wenn du nicht sofort rausgeholt wirst, bist du verloren!« Von möglichen Verletzungen gar nicht zu reden. Wer kann auf hoher See einen Verletzten angemessen versorgen? Aber selbst in der Siedlung gäbe es im Notfall keinen Arzt. Und auch wenn es hier einen geben würde, allein die Fahrt zurück zur Siedlung kann Stunden dauern. Nein, wer da draußen schwerer verletzt wird, hat wenig Chancen zu überleben. Jeder der Walfänger weiß das. Es ist das Gesetz der Natur. Gelingt es, den Wal zu »markieren«, eröffnen die Jäger aus ihren schwerkalibrigen Gewehren das Feuer auf ihn. Dem kann er in der Regel nicht mehr entgehen. Ist der Wal schließlich getötet, vertäuen die Walfänger ihre Boote hintereinander und die starken Motoren schleppen den normalerweise fünf bis acht Tonnen schweren Wal in einer Bootskarawane ans nächste Ufer, wo er nach allen Regeln der Kunst zerlegt wird. Rote Schlieren aus Blut ziehen wie dräuende Wolken durch das Wasser am Ufer und verwandeln es in einen tiefroten See. Direkt unter der zähen, ledrigen Haut, der Schwarte des Wals, liegt eine dicke weiße Fettschicht, die wie eine Platte abgenommen werden kann, wenn man die dazu nötige Technik kennt. Die Jäger schneiden Handgriffe in die Haut, mit deren Hilfe sie große glitschige Stücke davon abnehmen und in Säcke stecken, die sie mit ihren Booten zurück ins Dorf transportieren. Dort wird das Walfleisch verteilt. Wer die erste Harpune geworfen hat, erwirbt zugleich das Recht zu bestimmen, ob das Walfleisch im Dorf kostenlos verteilt wird oder ob dafür gezahlt werden muss. So ist der Brauch an der Beringstraße. Alleine und ohne Hilfe der anderen überlebt hier sowieso niemand. Einen Wal gar allein zu erlegen und ans Ufer zu schleppen, ist unmöglich. Also wird ein Jäger immer so entscheiden, dass auch er beim nächsten Mal auf seine Kosten kommt, wenn es ihm nicht gelingen sollte, die Harpune zuerst zu werfen.

An der Beringstraße werden seit rund 3000 Jahren Wale gejagt, wie Wissenschaftler herausgefunden haben. Die Frage des Artenschutzes hat sich hier draußen nie gestellt. Sie wurde erst zum Thema, als die Industrieländer Techniken entwickelten, die sie plötzlich in die Lage versetzten, den Wal und andere Tierarten des Meeres massenhaft existentiell zu bedrohen oder gar auszurotten. »Man muss die Menschen hier verstehen«, sagt uns ein russischer Walforscher und Tierschützer, den wir später die Küste weiter abwärts interviewen. »Es nützt nichts, hier radikal auf dem Artenschutz zu beharren. Man muss den Menschen eine andere Lebensgrundlage geben, dann kann man auch über den Erhalt der Wale sprechen. Aber sie brauchen eine Alternative!« Er hat Recht.

Viele Häuser der Siedlung Intschoun sind in einem erbärmlichen Zustand. Die wenigen Russen, die hier früher lebten, haben Intschoun längst verlassen, hier wohnen nur noch Tschuktschen. Falls die Holzhäuser jemals ein Farbanstrich geziert hat, zu sehen ist er nicht mehr. Vieles müsste ausgebessert werden, doch woher das Holz nehmen? Hier in der Gegend wächst kein Baum, und schon gar nicht auf der sandigen Landzunge. Allenfalls Büsche und Sträucher der Tundra. Das Holz müsste hierher gebracht werden – aber wie? Und wer sollte den Transport bezahlen? Kaum einer hat hier noch Geld. Vor manchen Häusern liegen die abgeschlagenen Köpfe von Walrössern und Robben, die hier ebenfalls gejagt werden. Schlittenhunde, die jetzt im kurzen Sommer »frei« haben, kauen auf den ihnen hingeworfenen Knochen herum. Andere liegen träge in der für sie sommerlichen Wärme von vier oder fünf Grad plus. An Holzgestellen oder direkt an den Häuserwänden hängt das Fleisch der letzten Jagd zum Trocknen. Eine andere Möglichkeit zum Konservieren des Fleisches haben die

Tschuktschen im Sommer nicht, denn dazu müssten die Kühlschränke funktionieren. Das tun sie aber nicht, weil es hier keinen Strom gibt. Anders als in Lawrentija besitzt der Ort keine »Dieselnaja«, die Strom erzeugen könnte. Früher gab es hier mal eine, doch die ist längst kaputt. Ein Teil der Blechtonnen, die überall herumliegen, stammt noch aus dieser Zeit. Der andere Teil enthielt Treibstoff für den einzigen Traktor der Siedlung oder für die Außenbordmotoren der Boote. Sollte es eines Tages auch keinen Treibstoff mehr geben, käme das einer Katastrophe gleich. Dann blieben nur noch die Schlittenhunde.

In einem der Häuser lebt Irina, Tschuktschin, 27 Jahre alt, vier Kinder, mit dem fünften geht sie gerade unübersehbar schwanger. Als ich in das Haus eintrete, schlägt mir ein schwer erträglicher Geruch entgegen. Durch die kleinen Fensterscheiben fällt nur ein fahles Licht ins Haus, das aus drei Zimmern besteht: Küche, Schlaf- und Wohnzimmer und die kleine Werkstatt ihres Mannes, der gerade in Lawrentija ist. In seiner Freizeit schnitzt er kunstvolle kleine Figuren aus Walfischknochen, die er in Lawrentija verkauft. Von dort nimmt sie jemand mit in den Süden, um sie an Touristenshops weiterzuverkaufen. In Chabarowsk habe ich solche und ähnliche Figuren gesehen. Jetzt weiß ich, wo sie herkommen. Mein russischer Kollege Igor und ich kaufen Irina einige Figuren für je 200 Rubel ab: Irina ist glücklich. Endlich ist ein bisschen Geld im Haus. Wie war der letzte Winter? »*Nitschewo*, nicht schlimm«, sagt Irina, »wir hatten genug Kohle, um zu heizen.« Sie deutet auf die Feuerstelle in der Küche. Vor dem kleinen eisernen Herd liegt Asche. Der Herd heizt das ganze Haus, aber wenn es richtig kalt wird, halten sie sich nur noch in der Küche auf. Nein, in Lawrentija wolle sie nicht leben, hier sei es viel schöner. Hier kenne sie alle, meint Irina. Dennoch hat sie zusätzlich einen anderen Grund. Sie hat tatsächlich einmal einige Zeit in Lawrentija gewohnt. Dort lebte sie nicht nur vergleichsweise anonym, dort hungerte sie sogar. In Lawrentijas teurem kleinen Laden konnte sie sich nichts kaufen. Mit Wal- oder Robbenfleisch hat sie niemand versorgt. Also kehrte sie nach Intschoun zurück, wo sie, ihr Mann und das kleine Dorf wieder in der Lage waren, sich wie ihre Vorfahren von der Natur zu ernähren. So »drifteten« sie wieder zurück – immer näher an das Leben ihrer Vorfahren heran. Das ist, wenn überhaupt, ihre einzige Überlebenschance. Man wird bescheiden in dieser Gegend.

Als wir am Strand entlanggehen, stoßen wir auf die stinkenden Überreste des letzten erlegten Wals. Bizarr ragen die riesigen Knochen aus dem zusammengesunkenen und mit Seetang bedeckten ausgeweideten Körper des Tieres. Möwen haben sich darauf niedergelassen und hacken auf dem Aas herum. Wale sind wie Zeugnisse aus einer anderen, vergangenen Welt. Jedenfalls dann, wenn man ihren Anblick aus der Nähe nicht gewohnt ist. Für die Tschuktschen sind sie ganz einfach Nahrungslieferanten. Und das auch nur zwei Monate im Jahr. Denn dann ziehen sie wieder nach Süden. Was bleibt, ist die Jagd nach Robben und Walrössern.

Das Packeis hat sich inzwischen auf den Strand geschoben. Es schillert tiefgrün oder azurblau, je nachdem, wie das Sonnenlicht drauffällt. Wie von unsichtbarer Hand wird es hin und her geschoben. Manche Schollen sind bis zu 15 Meter lang und haben sich zu bizarren Formen zurechtgerieben. Etwas weiter draußen treibt der Wind die riesigen Schollen wie kleine Segelschiffe vor sich her. Für die Bewohner von Intschoun hat das aus dem nördlichen Polarmeer hierher getriebene Packeis eine fatale Wirkung: Es versperrt den Fischern und Walfängern den Weg hinaus auf das Meer. Eigentlich wollten die Männer, die ich am Strand getroffen habe, heute rausfahren zur Waljagd. Doch daraus wird nun nichts. Sie müssen warten, bis der Wind und die Strömung das Eis weitertreibt und den Ausgang zum Meer wieder frei gibt. Selbst wenn sich eine kleine Gasse bilden würde, wäre es im Moment zu riskant, wieder hinauszufahren, denn die Eisschollen können sich jederzeit wieder zusammenschieben. Dann wären die Fischer vom Ufer abgeschnitten. Also heißt es warten. In den letzten Minuten hat sich das Wetter wiederum verändert. Leichter Nieselregen hat eingesetzt und vom Land her treiben Nebelschwaden auf die Siedlung zu – wir müssen zurück zum Hubschrauber, wenn wir nicht Gefahr laufen wollen, wegen fehlender Sicht nicht mehr von hier wegzukommen. Ein letztes Mal führt uns der Weg vorbei an den Unmengen von Treibstofffässern, die noch viele Jahre liegen bleiben werden. Der Müll des Nordens, um den sich niemand mehr kümmert, schon gar nicht der Staat, der sich längst verabschiedet hat. Aber wenn schon die Menschen hier vergessen werden, warum sollte sich dann jemand ausgerechnet um den Müll kümmern?

Als wir zurück zum Hubschrauber kommen, erwartet uns überraschend dann doch noch ein erfreulicher Anblick. Zahlreiche Kinder und ihre Eltern haben sich um den Hubschrauber versammelt. Die Kinder tragen kleine Taschen oder Plastiktüten. Eines hat sogar einen kleinen, ziemlich abgeschabten Koffer in der Hand. Alle schauen erwartungsvoll auf den Piloten, der vor dem Hubschrauber steht und seinerseits auf uns wartet: Das war der »Auftrag«, von dem die Hubschrauberbesatzung gesprochen hatte und den sie noch zu erledigen hatte. Sie werden 15 der Kinder im Hubschrauber mitnehmen und nach Lawrentija fliegen. Von dort fliegen sie dann später weiter in den russischen

Süden ans Schwarze Meer, um in einem Sanatorium für sechs Wochen Sonne zu genießen, Wärme und Vitamine zu tanken. Als ich sehe, mit welch leuchtenden Augen die Kinder in den Hubschrauber einsteigen, obwohl dem einen oder anderen sicher bang ums Herz ist, beginne ich mich mit dem aus meiner Sicht traurigen Alltag hier wenigstens ein bisschen zu versöhnen. Das sei ein spezielles Programm des Gouverneurs Abramowitsch, erzählt mir der Lehrer, der die Kinder ans Schwarze Meer begleitet. Ganz früher unter den Sowjets habe es das auch gegeben. Dann sei die neue Zeit gekommen und alles sei zusammengebrochen. Nach fast zehn Jahren gebe es nun dank des neuen Gouverneurs zum ersten Mal wieder diese Möglichkeit. Roman Abramowitsch sei ein guter Gouverneur. Vielleicht stimmt das sogar im Vergleich zu seinen Vorgängern, denke ich mir und versuche den Gedanken zu unterdrücken, dass er nur deshalb so unermesslich reich wurde, weil er sich in den neunziger Jahren clever und skrupellos am Raubzug der Privatisierung beteiligt hat. Und die Ölraffinerien, die er sich durch geschickte Manöver unter den Nagel gerissen hat, waren letztlich doch von der russischen Bevölkerung unter gewaltigen Opfern geschaffen worden – die heute nichts mehr davon hat. Was mich an diesem Sonderprogramm für die Kinder der Siedlung Intschoun stört, ist, dass es wie ein Almosen daherkommt. Was aber, wenn der Gouverneur morgen keine Lust mehr dazu hat, ein solches Programm zu finanzieren? Oder wenn er findet, dass Tschukotka und die Tschuktschenkinder doch zu weit von Moskau entfernt sind und er ganz einfach wegbleibt samt seiner Finanzierung des Programms?

Wir sitzen alle zusammen dicht gedrängt im Hubschrauber, als er von der Landzunge abhebt und Sand und Staubwolken aufwirbelt. Die Heizung des Hubschraubers bläst warme Luft in die Kabine. Trauben von Kindern im Alter zwischen fünf und zehn Jahren hängen an den kleinen runden Bullaugen und versuchen einen Blick auf ihre Siedlung zu erhaschen. Die Mütter und Väter auf der Landzunge werden immer kleiner und verschwinden schließlich ganz, als der Hubschrauber sich leicht nach vorne neigt und schnell landeinwärts fliegt.

Intschoun, das ist ein Stück vergessenes Russland mit einem ausgeschlachteten Wal am vom Packeis glänzenden Ufer. Intschoun, das bedeutet ein Leben ohne wirkliche Zukunft, wenn sich nicht irgendjemand ernsthaft dafür einsetzt, den Menschen eine Perspektive zu eröffnen, die den immer weiter in die Vergangenheit driftenden Alltag weniger bedrohlich und deshalb lebenswerter macht. Intschoun ist ein Beispiel dafür, welch zynische Verhältnisse mancherorts im postsowjetischen Russland herrschen. Geschaffen durch eine Entwicklung, die den Wölfen der Privatisierung in den großen städtischen Zentren und vor allem in Moskau saftige Fleischstücke hingeworfen hat und die Menschen an der Peripherie vergisst und mehr oder weniger hilflos zurücklässt. Ich sollte auf dieser Reise noch mehr Beispiele dafür finden.

Zurück in Lawrentija beginnt für uns die eigentliche Arbeit. Das in Intschoun gedrehte Filmmaterial muss gesichtet und die erste »Seite« des »Russischen Tagebuchs« für die *Tagesthemen* geschrieben, das heißt als Film geschnitten, betextet und schließlich nach Hamburg überspielt werden. Das ist die Stunde der Wahrheit für unsere russischen Kollegen mit der *tarelka*, der Satellitenschüssel. Eine kleine russische Firma hat sich, natürlich gegen Bezahlung, bereit erklärt, zwei ihrer Ingenieure und ihre Ausrüstung mit auf die Reise zu schicken. Das war ein hohes Risiko – für sie wie für uns. Noch nie hat jemand am östlichsten Punkt Russlands versucht, Filme nach irgendwohin, also auch nicht nach Deutschland zu überspielen, geschweige denn live in eine Sendung zu schalten. Das aber ist eine der Grundideen des »Russischen Tagebuchs«: Nicht nach dem Ende einer Reise daraus einen mehrteiligen Fernsehfilm zu machen, sondern möglichst täglich das Tagebuch fortzuschreiben, direkt nach Deutschland zu »liefern« und es den Zuschauern zu zeigen. Ganz bewusst in einem Nachrichtenmagazin wie den *Tagesthemen*, das von den Medienkritikern in der Regel nach wie vor als das beste tägliche Nachrichtenmagazin im deutschen Fernsehen bewertet wird. Zu Recht, wie ich finde. Es spricht zusätzlich für die Qualität der *Tagesthemen*-Redaktion, dass sie den Mut hat, eine solche Reihe wie das »Russische Tagebuch« als Sommerprojekt in ihr Programm aufzunehmen. Der Bericht über Lawrentija und Intschoun ist sicher keine weltbewegende Nachricht. Aber es ist ein Blick auf Russland, der den Hintergrund zum Verständnis für viele Nachrichten aus diesem Land liefern kann. Zumindest dann, wenn man nicht so sehr am Moskauer »Staatstheater«, sondern am Leben der normalen Bevölkerung in den verschiedenen Regionen Russlands interessiert ist. Moskau ist bestenfalls die Spitze des russischen Eisberges. Eine bedeutende Stadt natürlich, denn dort wird im wesentlichen jene Politik gemacht, die zum Teil fatale Auswirkungen auf das gesamte Land hat. Das war schon zu Zeiten der Sowjetunion so, trotz angeblicher Autonomie der »Sozialistischen Sowjetrepubliken«, aus denen allesamt unabhängige Staaten geworden sind – nach dem Zusammenbruch der UdSSR im Jahr 1991. Im Grunde hat Russland heute ein ähnliches Problem. Es muss die gelegentlich auseinander strebenden Provinzen zusammenhalten und, mindestens so wichtig, eine ökonomische Entwicklung in Gang setzen, die die gewaltigen wirtschaftlichen Unterschiede zwischen dem Zentrum Moskau und den Provinzen allmählich wenn nicht aufhebt, so doch für die Menschen erträglicher macht. Davon wird die Zukunft Russlands langfristig abhängen. Das »Russische Tagebuch« ist letztlich nichts anderes als der Versuch, den gegenwärtigen Stand dieser Entwicklung zu beschreiben. Allerdings immer konsequent aus der Sicht derer, die es vor allem betrifft – der normalen russischen Bevölkerung. Ein Unterfangen, das nicht überall auf Gegenliebe stößt. Vor allem nicht bei den etablierten russischen Politikern und ihrer Lobby im In- und Ausland. Dazu gehören durchaus auch deutsche Wirtschaftsunternehmen, in deren Investitionsinteresse es liegt, ein möglichst positives Bild der Verhältnisse in Russland zu zeichnen. Ein Bild des beginnenden Wohlstands und der Sicherheit. Die Wirklichkeit ist, trotz einiger vorsichtiger Anzeichen der langsamen Besserung, für viele immer noch sehr anders. Der übergroßen Mehrheit der Bevölkerung ist es natürlich nicht gelungen, ein Stück vom Wohlstandskuchen abzubekommen. Das wäre auch nicht im Interesse jener Minderheit der »Wölfe« und der korrupten Staatsfunktionäre gewesen. Denn dann wäre ihr Kuchenstück sehr viel kleiner ausgefallen und es hätte für die Villa in Nizza, die schwarzen Konten in der Schweiz, in Luxemburg, New York oder auf den Antillen nicht mehr gereicht. Man schätzt, dass im Jahr rund 50 Milliarden Dollar Russland schwarz verlassen – wenn es nicht noch erheblich mehr ist. Ein winziger Bruchteil dieses Geldes könnte zum Beispiel der Halbinsel Tschukotka und ihren Menschen wenn nicht Wohlstand, so doch wenigstens ein Stück Sicherheit bringen. Noch aber ist es nicht so weit. Damit wir uns recht verstehen: Ich bin der Überzeugung, dass nur die soziale (!) Marktwirtschaft Russlands Probleme auf die Dauer lösen kann. Es kann aber nicht um den Preis geschehen, dass ein großer Teil der Bevölkerung unter die Armutsgrenze fällt oder gar ganz vergessen wird.

Nachdem unser Hubschrauber wieder auf dem kleinen Flughafen von Lawrentija gelandet ist, fahren wir gleich auf den Hügel über der Siedlung zu unserem Basislager. Wie schon letzte Nacht, hat das dort zurückgebliebene Team den Tag über gegen den scharfen Wind gekämpft, der von der Bucht hereinbläst und droht, unsere gesamte Ausrüstung mit sich zu reißen. Dima und Gennadi montieren an ihrer Satellitenschüssel herum und haben schon mal ein Probesignal losgeschickt. Sie senden das Signal hoch zu einem alten russischen Militärsatelliten, den sie schon vor der Reise ausfindig gemacht und getestet hatten. Der war sogar wieder zu neuem Leben erwacht, als er das Testsignal erhielt. Ein anderer, den sie ebenfalls probiert hatten, »schlief« leider einfach weiter. Von Lawrentija 36 000 Kilometer hoch ins All geschickt, sendet der wieder aufgewachte Militärsatellit das Signal nach Krasnojarsk in Zentralsibirien. Dort sitzt ein Kollege von Dimas und Gennadis Firma, kontrolliert die Qualität des Bild- und Tonsignals, um es dann erneut zu einem anderen Satelliten weiterzuleiten, diesmal zu einem erfreulicherweise ständig wachen »zivilen«. Der gibt es weiter zu einem technischen Zentrum in Moskau. Noch einmal geht es dann hoch ins All, bis der Film hoffentlich in Bild und Ton, denn nichts anderes enthält das Signal, auch in Hamburg bei den *Tagesthemen* ankommt. Insgesamt sind das rund 216 000 Kilometer mit mehrfacher »Weltraumberührung«, die zurückgelegt werden müssen. Ich kann mir nach wie vor schwer vorstellen, dass dieses Manöver klappen wird. Im Nordosten Russlands ist das Senden von solchen Signalen auch deshalb besonders problematisch, weil der Abstrahlwinkel von Dimas und Gennadis »Schüssel«

durch die hier im Norden stark abgeflachte Erdkrümmung seinerseits sehr flach ist, was die ganze Unternehmung erheblich erschwert. Gott sei Dank verstehen meine beiden russischen Kollegen eine Menge von ihrem Handwerk. Wenn jemand eine solche Überspielung trotz aller Schwierigkeiten hinbekommt, dann ganz bestimmt diese zwei. Und siehe da, zwischen dem Dröhnen der Generatoren und den im Wind knatternden Zeltbahnen ist von dem ansonsten eher stilleren Gennadi ein zufriedenes *wsjo choroscho!* zu hören, »Alles prima!« Der Kollege im zentralsibirischen Krasnojarsk bestätigt über Satellitentelefon den Eingang unseres Testsignals. Es sei noch etwas schwach, aber das werde man schon noch hinkriegen. Vorausgesetzt freilich, dass unsere Schüssel nicht doch noch vom Wind weggefegt oder ihre Justierung ständig millimeterweise verschoben wird und damit die Verbindung zu unserem Militärsatelliten verliert. Wir alle sind gespannt, was passiert. Würde die Überspielung und das anschließende Live-Schaltgespräch zu Uli Wickert und den *Tagesthemen* nicht gelingen, hätten wir elf Mann und eineinhalb Tonnen Gepäck völlig vergeblich hierher ans Ende der Welt transportiert. Ein Gedanke, den ich gar nicht erst aufkommen lassen will.

Kurioser ist die Technik sogar noch auf einem anderen Gebiet. Mein Radiokollege Frank und ich schreiben neben unserer eigentlichen Fernseh- und Radioarbeit noch ein Tagebuch dieser Reise für das Internet (www.russisches-tagebuch.de). Das Internet-Tagebuch muss natürlich ebenfalls täglich nach Deutschland gesendet werden – diesmal nicht nach Hamburg, sondern nach Köln, wo die Internet-Redaktion des WDR, die *internetschiki* arbeiten, wie wir sie in Anlehnung an den russischen Sprachgebrauch genannt haben. Sie nehmen die digital von Frank und mir fotografierten Bilder und den Text als digitales Datenpaket in Empfang, layouten die Seite ähnlich wie bei einer Zeitung, und schon ist das »Russische Tagebuch« im Internet weltweit zu lesen. Eine wunderbare Sache. Meine ältere Tochter Natascha, die als Musikerin in Kapstadt in Südafrika lebt, ist dafür besonders dankbar. Auf diese Weise kann sie ihren Vater und das »Russische Tagebuch« aus etwa 30 000 Kilometer Entfernung vom ganz anderen, dem südlichen Ende dieser Welt mitverfolgen. Das Internet als Mittel der »Familienzusammenführung« – ich staune immer noch, was durch die technische Revolution der letzten Jahre heute alles möglich ist. Wenn es denn möglich ist. Genau das ist das Problem. Frank, der sich technisch weit besser auskennt als ich, hat extra für diese Zwecke ein mit besonderen Eigenschaften ausgestattetes Satellitentelefon der allerneusten Generation mitgenommen und bei unserem Basislager auf dem Hügel über Lawrentija aufgebaut. Denn nicht nur der erste Film und der erste Radiobeitrag, auch die erste Internet-Seite des Tagebuchs muss heute noch nach Deutschland überspielt werden. Eigentlich müsste alles funktionieren – tut es aber nicht. Franks gefürchteter Gegner, der »Fehlercode 34ff«, meldet sich plötzlich auf dem Display. Wir kennen ihn schon von einem anderen Projekt, das wir im Norden Russlands vor einigen Monaten realisiert hatten. Damals hatten wir schon herausgefunden, dass dieser eigenartige »Fehlercode 34ff« an einem wieder anderen Ende der Welt zu Hause ist: in Australien. Dorthin schickt nämlich das neue Satellitentelefon sein Signal, da die entsprechende Firma einen Satelliten angemietet hat, der das Datenpaket über diesen Weg nach Deutschland schickt. Und ausgerechnet dort sitzt dieser geheimnisvolle »Fehlercode 34ff«. Ihn zu beseitigen setzt ein Telefongespräch einmal rund um die Welt voraus, die Kollegen im australischen Sydney bügeln die Sache dann aus. Als Frank diese Maßnahme ergreifen will, macht sich »Fehlercode 34ff« plötzlich davon, als ob er es ahnte, dass die Australier ihm nun auf den Pelz rücken. In den unergründlichen Tiefen der weltweiten Software gibt es noch rätselhafte Vorgänge, von denen ich absolut nichts verstehe. Ergebnis jedenfalls ist, dass wir die Tagebuchseite für das Internet nun problemlos nach Köln zu den *internetschiki* überspielen können. Einmal mehr wird mir klar, wie sich der Alltag eines Fernseh- und Radiokorrespondenten durch die technische Revolution zu verändern beginnt. Und mit einem Hauch von Nostalgie denke ich daran zurück, wie ich als junger Praktikant bei einer Zeitung in Süddeutschland gezeigt bekam, wie Teile der Zeitung noch im Bleisatz hergestellt wurden. Die Produktionshalle durchzog der süßliche Geruch flüssigen Bleis. Gemessen an der heutigen Zeit ein uraltes Handwerk. Dennoch finde ich es wirklich faszinierend, welche Möglichkeit die Digitalisierung auch für den journalistischen Beruf ermöglicht.

Neben den technischen Unwägbarkeiten macht uns noch etwas anderes auf dieser Reise zu schaffen, und es wird ein noch größeres Problem werden. Es sind die Zeitunterschiede. Ein Beispiel: Wenn es auf Tschuchotka am ersten August, also dem ersten Tag unserer Reise, zwölf Uhr mittags ist, dann stehen in Moskau die Uhren auf drei Uhr morgens, in Deutschland ist es ein Uhr nachts. Ein paar Kilometer weiter von Lawrentija entfernt über die Beringstraße hinweg, in Alaska hingegen, schreiben sie noch den 31. Juli, 13 Uhr mittags, da die Datumsgrenze dazwischen liegt. Alles klar? Da wir ohne viel Aufenthalt von Moskau aus über Chabarowsk nach Lawrentija geflogen sind und dort gleich zu arbeiten begonnen haben, fehlt dem Körper beinah ein halber Tag, den er sich gerne zurückholen würde. Das kann er aber nicht, da er dazu wenigstens so etwas wie den Anflug einer Nacht bräuchte. Die gibt es aber um diese Jahreszeit auf Tschuchotka nicht, mit Ausnahme der kurzen Dämmerung gegen Mitternacht. Die nächtliche Helligkeit wirft unsere Biorhythmen noch mehr durcheinander. Unsere Körper kompensieren das durch den überhöhten Adrenalinausstoß, den die für uns doch aufregende Arbeit mit sich bringt. Das Adrenalin wirkt wie eine Droge. Wir bewegen uns vom Körpergefühl her wie auf Ballons und können plötzlich erstaunlich lange wach bleiben. Je weiter wir im Verlauf der Reise nach Westen gelangen, desto geringer werden die Zeitunterschiede zu Deutschland. Dennoch erhalten unsere Körper bei der Reise durch die elf Zeitzonen Russlands nie eine klare Orientierung. Meiner wird etwa zur Mitte der Reise den Dienst versagen und sich für 36 Stunden in die Krankheit abmelden. Doch davon weiß ich erfreulicherweise zu diesem Zeitpunkt noch nichts. Und selbst wenn ich jetzt schon ahnen würde, was mich im Zuge dieser Reise noch erwartet: Einen Weg zurück gäbe es sowieso nicht mehr. Unsere Zuschauer und die *Tagesthemen*-Redaktion warten auf den ersten Beitrag. Außerdem fassen wir alle es zu diesem Zeitpunkt längst auch schon als eine sportliche Herausforderung auf, allen Unkenrufen zum Trotz dieses komplizierte Vorhaben zu realisieren.

Ich ziehe mich mit Ruslan, unserem Cutter, in die Wohnung zurück, die uns Wassili Wassiljewitsch zur Verfügung gestellt hat, um den *Tagesthemen*-Beitrag zu schneiden. Ruslan ist eines jener Talente, die man in Russland an den überraschendsten Orten finden kann. Ich habe ihn 1999 in der russischen Provinz Inguschetien während der Berichterstattung aus dem zweiten Tschetschenienkrieg kennen gelernt. Inguschetien ist die kaukasische Nachbarprovinz Tschetscheniens und wurde schon während des ersten Krieges von einer gewaltigen Flüchtlingswelle überschwemmt. Da die Berichterstattung aus der tschetschenischen Hauptstadt Grosny wegen der ständigen Bombardierung durch die russische Armee nicht mehr möglich war, zogen sich Teams der internationalen Fernsehsender, darunter auch wir, nach Inguschetien zurück, bauten dort so gut es ging ihre Technik auf und sendeten ihre Berichte von dort nach Europa oder in die USA. Ruslan arbeitete damals beim örtlichen Fernsehen der kleinen inguschetischen Hauptstadt Nasran. Er hatte, für Russland nicht ganz untypisch, einen Chef, der von Tuten und Blasen keine Ahnung hatte, dieses Manko aber mit einem überaus blühenden Selbstbewusstsein und der dazugehörigen Arroganz ausgeglichen hat. Als ich einmal unter extremem Zeitdruck stand und sehr schnell einen Cutter brauchte, bat ich Ruslan, für mich einen Nachrichtenfilm für die *Tagesschau* zu schneiden. Das gelang ihm in Rekordgeschwindigkeit, und wir konnten den Film gerade noch rechtzeitig für die 20-Uhr-Ausgabe der *Tagesschau* fertig stellen. Eine Sendung, die kein Korrespondent leer ausgehen lassen kann. Seitdem arbeiten Ruslan und ich zusammen.

Ruslan und seine Familie sind inzwischen nach Moskau gezogen, was wiederum eine eigene Geschichte wäre. Der Verfassung nach ist jedem russischen Staatsbürger die Bewegungs- und Siedlungsfreiheit innerhalb der Russischen Föderation garantiert. Theoretisch jedenfalls. Kommt er aus dem Kaukasus und will ausgerechnet in Moskau leben, weil es dort Arbeit gibt, sieht die Wirklichkeit schon ganz anders aus. In Ruslans Fall waren die verschlungensten Wege nötig, um an der rigiden Stadtverwaltung des Moskauer Oberbürgermeisters Luschkow vorbeizukommen. Luschkow müsste sich zwar auch an die russische Verfassung halten, in der Realität bemüht er sich aber sehr, Staatsbürger aus anderen Teilen Russlands, schon gar aus dem Kaukasus, von »seiner« Stadt fern zu halten. Das führt natürlich nur dazu, dass eine Dunkelziffer von mindestens einer Million Menschen, wenn nicht gar sehr viel mehr, »illegal« in Moskau lebt. Über ein halbes Jahr ging Ruslan kaum auf die Straße, um nicht von irgendeiner Polizeistreife aufgegriffen und umgehend in das Kriegs- und Krisengebiet Inguschetien abgeschoben zu werden. Als die Papiere »in Ordnung« waren, genoss er mit seiner Frau und den beiden kleinen Kindern mehr Bewegungsfreiheit. Trotzdem sitzt in ihm seitdem das tiefe Gefühl, allenfalls Staatsbürger zweiter Klasse zu sein.

Wie immer ist Ruslan fix beim Schneiden des Films. Die Bilder aus der kleinen Siedlung Intschoun beeindrucken auch ihn, wie später die *Tagesthemen*-Redaktion und die Zuschauer, denn die Überspielung klappt am Ende ohne Schwierigkeiten. Nur beim anschließenden Livegespräch mit Uli Wickert habe ich Probleme. Meine Kollegen müssen den Scheinwerfer festhalten, da heftige Windböen eingesetzt haben und er sonst auf mich zufliegen würde. Die Zeltbahnen knattern so laut und der Wind pfeift so kräftig an meinem kleinen Ohrhörer vorbei, dass ich den *Tagesthemen*-Moderator kaum verstehe. Die Zuschauer bemerken davon natürlich nichts, denn es gehört zur Berufsehre, derlei Pannen nach außen geschickt zu überspielen. Am Abend bedienen wir auch noch das *ARD-Morgenmagazin* (Zeitunterschied: elf Stunden!), dann geht es ans Packen. Natürlich sind wir alle stolz darauf, dass wir als erste Menschen überhaupt live vom nordöstlichen Ende der russischen Welt gesendet und den deutschen Zuschauern die dortigen Lebensumstände näher gebracht haben. Die erste Station der Reise liegt beinah schon hinter uns. Die Begegnung mit den Menschen hier war sehr bewegend. Als wir in das Flugzeug der »Katastrophenschützer« einsteigen und uns von Wassili Wassiljewitsch und seinen Helfern verabschieden, wünsche ich ihnen von ganzem Herzen alles Gute. Denn eines wissen wir alle: An ihrer Lage wird sich auf absehbare Zeit nichts ändern. Und in sechs Wochen setzt der Winter ein. Dann wird die Bucht zufrieren. Der orangegelbe Tanker ist gerade dabei, auf das offene Meer hinauszuschippern Richtung Süden. Es ist der Letzte in diesem Jahr. Zurück bleiben Lawrentija und die winzige Siedlung Intschoun.

3.
Land aus Feuer

Der Anblick ist atemberaubend. Unser Pilot Jewgeni Borissowitsch hatte mich schon »vorgewarnt«, aber es ist noch schöner, als ich mir hätte vorstellen können: Die Wolkendecke öffnete sich kurz vor unserem Einflug über der Halbinsel Kamtschatka, und wir haben glasklare Sicht auf die Vulkane, die in den unterschiedlichsten Farben schillern. Rostrot und metallisch grün ragen die Schlünde der Krater herauf. Manche, die schon länger nicht mehr aktiv und deshalb erkaltet sind, tragen Schneekappen. Andere recken sich als schwarze Schlote in den azurblauen Himmel, an den Hängen wälzt sich tiefschwarzes Lavageröll herunter, je nach Schwefel- oder Eisengehalt grünlich oder bräunlich eingefärbt. Erst am Fuß der Vulkane erblicken wir die sommerlich-grüne Vegetation. Üppige, sattgrüne Wiesen, dichte Wälder. Die Kljutschewskaja Sopka, der höchste Vulkan auf Kamtschatka, bringt es immerhin auf 4835 Meter. Von den 160 Vulkanen auf Kamtschatka sind 29 noch aktiv. Der letzte Ausbruch war vor vier Wochen. Bis zu 8000 Meter wurde die Asche in den Himmel geschleudert. Ein Teil des Flugverkehrs über Kamtschatka musste eingestellt werden, weil die Sicherheit nicht mehr garantiert werden konnte. Inzwischen hat sich »Herr Schiwelutsch«, wie der ausgebrochene Vulkan hier genannt wird, wieder beruhigt. Vor 40 Jahren war er das letzte Mal aktiv gewesen und hatte Angst und Schrecken verbreitet. Aber anders als zum Beispiel Sizilien ist Kamtschatka dünn besiedelt, am Fuß der Vulkane gibt es allenfalls ein paar kleine Dörfer und auch das nur bei denen, die nicht im Innern der Insel liegen. Bewohnt ist Kamtschatka beinah ausschließlich an den Ufern der Beringsee oder des Ochotskischen Meers, die die Halbinsel an der östlichen und der westlichen Seite umgrenzen. Das Innere der Insel ist Naturschutzgebiet mit einem reichen Wildbestand – Bären, Wölfe, Kleinwild aller Art – und einem Fischaufkommen in den klaren Flüssen, das nahezu einmalig ist in Russland. Ende Juli beginnen die Lachse in einer Art »Springprozession« die Flüsse hochzuziehen, um zu laichen. Wir hoffen, ihnen zu begegnen.

Jewgeni Borissowitsch hat das Flugzeug abgesenkt und wir fliegen noch etwas tiefer über die Vulkane hinweg. Die gerade aufgehende Morgensonne überzieht sie mit einem rötlichen Schimmer, der die Landschaft noch unwirklicher aussehen lässt. In einem der erloschenen schwarzen Schlünde hat sich Wasser angesammelt und glänzt als tiefblauer Kratersee geheimnisvoll zu uns herauf. »Na, habe ich zu viel versprochen?!«, ruft Jewgeni von seinem Pilotensitz aus durch den Fluglärm zu mir herüber. Ich versuche gerade mit der kleinen Digitalkamera Fotos für das Internet zu schießen, was in der engen Kanzel gar nicht so einfach ist. Nein, er hat nicht zu viel versprochen – zumal wir heute das Glück der völlig freien Sicht auf die Halbinsel haben, was wegen der Meeresnähe, der Erdwärme und der zum Teil noch aktiven Vulkane eher selten ist.

Als wir auf dem Flughafen Petropawlowsk-Kamtschatski landen, müssen wir natürlich unser Flugzeug erneut ausladen, eine Prozedur, die wir nun schon mit etwas mehr Routine abwickeln. Und doch erleben wir nun etwas Neues. Gerade sind wir dabei, die letzten Gepäckstücke auf dem bereitgestellten LKW zu verstauen, als vier Männer aus dem Flughafengebäude zu uns herübergestürmt kommen. Der Herr mit der besonders finsteren Miene ist offenbar ihr Anführer. Er hält mir kurz den typischen kleinen aufklappbaren Pappdeckel unter die Nase – einen in billiges rotes Plastik eingebundenen Ausweis – und klappt ihn schnell wieder zu. Alles klar, die Herren von den »Strukturen«, also dem Geheimdienst. Natürlich haben sie in Wirklichkeit kein Recht uns zu kontrollieren, da wir uns zumindest bis jetzt nichts haben zuschulden kommen lassen und auch nicht aus dem Ausland eingeflogen sind. Das zählt natürlich nicht. Warum sie uns zu durchsuchen wünschen? »*Kontrabanda!*«, stößt er mit düsterem Gesichtsausdruck zwischen den Zähnen hervor. Also »Schmuggelware« sollen wir angeblich im Gepäck haben. Natürlich ist das Unsinn. Was für Schmuggelware überhaupt? Wir kommen gerade von Lawrentija, wo es sowieso nichts gibt, geschweige denn etwas, das sich zum Schmuggeln eignete. Mein Kollege Igor und ich schauen uns kurz an: Abwarten, Ruhe bewahren. Erst pampig werden, wenn es »ganz dick« kommt. Also lassen wir die Herren gewähren. Selbstverständlich dürfen sie alle Kisten durchschauen, welche immer sie wollen. Bitte schön. Da wir ungefähr 25 davon in den unterschiedlichsten Größen dabeihaben, fällt den Herren die Auswahl schwer und sie beginnen etwas unsicher zu werden. Das ist der entscheidende Moment. Entweder kippt die Situation jetzt und es wird wirklich unangenehm oder sie suchen nach einem halbwegs gesichtswahrenden Ausweg. Natürlich ist hauptsächlicher Zweck der Übung, uns klar zu machen, dass man hier ein

Auge auf uns hat. Andererseits werden die Geheimdienstler nicht so weit gehen und unsere Reise oder jedenfalls die Station Kamtschatka gefährden. Dazu kommt es denn auch nicht. Als wir die zweite Metallkiste mit Mikrofonkabeln, Schaltern, Steckern und sonstigem für sie eher rätselhaftem Gerät öffnen, beginnen sie schon, die ersten vorsichtigen Anzeichen von Kapitulation zu zeigen. Nach der nächsten Kiste winken sie ab: »*Wsjo normalno!*, alles in Ordnung!«, sagt ihr immer noch düster blickender Anführer und streicht die Segel, nicht ohne mein Angebot, uns doch die ganze Reise über zu begleiten, mürrisch ausgeschlagen zu haben. Unsere Taktik war also richtig – erst mal abwarten und die Herren gewähren lassen. So ein paar Jahre Russland-Erfahrung machen sich in solchen Situationen wirklich bezahlt.

Zwei Fahrstunden von Kamtschatkas Hauptstadt Petropawlowsk-Kamtschatski entfernt sind Andrei und seine beiden Freunde am Ufer eines kleinen Flüsschens gerade dabei ihren japanischen Minibus auszuräumen. Fischernetze, hüfthohe Angler-Gummistiefel und zwei Schlauchboote, an die sich kleine Paddel anbringen lassen, kommen zutage. Die Jungs wollen fischen, warum nicht. Aber eine kleine Besonderheit ist natürlich doch dabei. Fischen, schon gar mit Netzen, ist hier verboten. Zu dieser Jahreszeit erst recht. Denn jetzt ziehen die Lachse die Flüsse herauf, um zu laichen. Die Lachse stehen unter Naturschutz und angeln darf sie, wenn überhaupt, nur die Fischereipolizei, von der man allenfalls Sonderlizenzen für bestimmte Zeiten und Flussabschnitte erwerben kann. Andrei und seine Freunde wissen das zwar, aber Lizenzen kosten Geld, der Fang ist kontrolliert und damit die erbeutbare Menge roten Lachskaviars äußerst begrenzt. Den aber wollen sie haben. Erstens zum Verkaufen und zweitens um ihn selbst zu essen. Im Klartext: Andrei und seine Freunde sind Wilderer. Darauf stehen natürlich schwere Strafen: »Na und«, sagt Andrei, »die wildern doch selber am meisten und uns wollen sie bestrafen! – Wenn sie mich erwischen, muss ich eine dreißigmal so hohe Strafe bezahlen, wie mir der Lachs bringt, wenn ich ihn verkaufe!« Warum sie es trotzdem tun? Weil sie Geld brauchen. Das wird uns später in der Siedlung, aus der die beiden kommen, noch deutlicher. Zunächst aber geht es darum, überhaupt etwas zu fangen. Die Jungs sind clever und ohne Frage sehr geübt. Sie schieben ihre Boote ins Wasser, rauchen noch eine Zigarette, dann geht es los. Sie paddeln bis zur Mitte des Flüsschens und lassen sich von der Strömung ein Stück treiben. Eigentlich müsste es um diese Jahreszeit sehr viel mehr Lachse geben, die flussaufwärts ziehen. Doch der Winter war hart und lang, das Wasser ist noch zu kalt. Trotzdem haben Andrei und seine Freunde bereits den ersten Lachs im Netz, das sie zwischen den beiden Schlauchbooten quer über den Fluss gespannt haben. Die Ausbeute ist am Ende nicht schlecht, obwohl sie im letzten Jahr um diese Zeit besser war. In einem guten Jahr stehen weiter oben in den Bergen sogar die Bären in den Flüssen und fangen die Lachse durch einen Streich mit der bloßen Pranke. Darauf werden sie in diesem Jahr noch ein wenig warten müssen, wenn die Lachse denn überhaupt in größeren Scharen die Flüsse heraufziehen. Die Jungs haben die Netze, die Schlauchboote und ihre Beute in ihren japanischen Minibus eingeladen und fahren zurück nach Hause in ihre kleine Siedlung, eine knappe Autostunde von Petropawlowsk-Kamtschatski entfernt.

Es ist eine trostlose Siedlung. Ein Teil der fünfstöckigen Häuser steht leer. Wer kann, versucht die Siedlung zu verlassen und Richtung Hauptstadt zu ziehen – auf der Suche nach Arbeit. Die Eingänge eines Teils der Häuser sehen aus, als hätte eine Bombe eingeschlagen. Übel riechender Müll in den Treppenhäusern, Feuchtigkeit. Seit die Menschen ausgezogen sind, verwandeln die Gebäude sich schnell in Ruinen. »Wenn du in manche Hauseingänge reingehst«, sagt eine Bewohnerin zornig, »dann musst du aufpassen, dass die Decke nicht runterkommt und dich erschlägt. Wasser kommt schon lang nicht mehr aus dem Wasserhahn, die Heizung funktioniert nicht und der Strom fällt auch immer wieder aus. Es ist schrecklich!« Kamtschatka war besonders hart von der letzten Winterkrise betroffen. Die Heizungen fielen aus, weil die zentralen Heizwerke der Gemeinden keinen Brennstoff mehr hatten. In kürzester Zeit froren die Wasserrohre ein und platzten. An ein schnelles Reparieren war nicht mehr zu denken. Seit Jahren verrottet besonders im Osten Russlands immer mehr die Infrastruktur. Natürlich müsste man die Heiztrassen vom Heizwerk zu den Siedlungen und Wohnbezirken vielerorts längst ersetzen, genauso wie die Heizungen in den Wohnungen selbst. Doch dafür hat niemand Geld. Die Wohnungen sind zwar »privatisiert«, gehören also seit Anfang der neunziger Jahre den Bewohnern. Doch für die Substanz der Häuser, also alles, was außerhalb der Wohnungen liegt samt Treppenhäusern, fühlt sich niemand so recht zuständig. Geschweige denn für die Erneuerung der Wasser- und Heizungsrohre. Ein Dilemma, das nie richtig gelöst wurde und an das in der Phase der Privatisierung überhaupt nicht gedacht wurde. Siebzig Jahre Kommunismus haben die Eigeninitiative nicht gestärkt, sondern vielmehr vermindert, wenn nicht gar völlig zum Erliegen gebracht. Zuständig für Wohnungen genauso wie für Heizwerke war der Staat. Und wenn der seinen Aufgaben nicht mehr nachkam, dann gab es keinen Ersatz. Mit dem Strom verhält es sich ähnlich. Früher hat der Staat ihn geliefert, das war immer so. Heute ist das anders. Die staatlichen Einrichtungen, die Energie und damit auch Strom produziert und über die Netze verteilt haben, wurden privatisiert und in einem Konzern zusammengefasst. Der Konzern hat die rechtliche Form einer Aktiengesellschaft, an der der Staat allerdings die Mehrheit der Anteile hält. Da der Konzern schwarze Zahlen schreiben soll, liefert er den Strom natürlich nicht mehr »umsonst«, wie früher. Realistische Strompreise kann die Mehrheit der Bevölkerung aber gar nicht bezahlen. Die Gemeinden selbst stehen häufig bei dem Stromkonzern in der Kreide, weil auch sie die aufgelaufenen Schulden für die Stromlieferungen nicht mehr bezahlen können. Also wird der Strom zumindest zeitweise abgestellt. Im Winter ist das besonders hart. Denn natürlich schließen die Menschen wo immer es geht Elektroöfen ans Stromnetz an, um die Wohnungen wenigstens ein wenig zu wärmen, wenn die Heizung aus den genannten Gründen nicht mehr funktioniert. Damit steigen die Stromkosten (und damit die Schulden) noch mehr. Manchmal braucht der Konzern gar nicht selbst den Strom abzuschalten. Die maroden Kabelnetze halten den plötzlichen Spannungsanstieg in den Haushalten gar nicht aus. Teile der Netze verschmoren, oder die Sicherungen brennen ständig durch. In solchen Fällen ist bei vielen die letzte Zuflucht die Küche. Denn dort steht ein Gasherd, der dann den ganzen Tag brennt und die Funktion der Heizung übernimmt – sofern die Gaslieferungen nicht ebenfalls eingestellt wurden. Eine weitere Gefahr besteht darin, dass in der Küche durch den ständig brennenden Herd die Luft langsam verseucht wird, wenn die Bewohner nicht ausreichend lüften. Aber ausreichend lüften, wenn draußen minus 30 oder 40 Grad herrschen, tut ebenfalls kaum jemand, weil dann die Wohnung ihre letzte Wärme verliert. Alles in allem ein fataler Teufelskreis, der spätestens im Herbst einsetzt und besonders in den nordöstlichen Gegenden Russlands sechs Monate oder mehr andauert. Rohstoffe, also Kohle, Öl oder Gas, hat Russland genug. Trotzdem frieren Zigtausende, sobald der Winter ausbricht. Spätestens im Dezember wird die Krise noch deutlicher. Es steht zu befürchten, dass die Situation mit jedem der kommenden Winter schlimmer wird, da die Infrastruktur immer weiter verfällt und der Zustand des größten Teils der russischen Wirtschaft noch immer alles andere als rosig ist.

Das alles betrifft auch die Siedlung unserer jungen Wilderer. »Hier gibt es Leute«, sagt Andrei, »die schon fünf Jahre lang kein Gehalt mehr bekommen haben. Wovon sollen die denn Lebensmittel kaufen?!« – Richtig. Wovon denn, wenn nicht zum Beispiel durch den Verkauf von Lachskaviar? Das Wildern hat sich in den kurzen Sommermonaten für viele zu einer, wenn nicht gar der einzig sicheren Einnahmequelle entwickelt. »Wenn das Gesetz sich nicht um uns kümmert und uns ein halbwegs anständiges Leben ermöglicht, dann kümmern wir uns auch nicht um das Gesetz«, meint Andrei. Für Leute wie ihn ist das eine logische Konsequenz, auch wenn ein solches Denken letztlich die Verfassung und damit die Grundfesten des Staates erschüttert. An vielen Orten Russlands hat sich eine Art Alltagsanarchie eingestellt, die schlicht und einfach das Überleben garantiert. Das Besondere an der gegenwärtigen Lage in Russland ist, dass sich aus diesem »Anarchismus« keine politische Theorie entwickelt, die dann, dem alten Marx folgend, »die Massen ergreift«. Die Massen hat lediglich der tägliche Überlebenskampf ergriffen und damit hat jeder genug zu tun. Politisch ist eher eine Art Vakuum entstanden, unterfüttert von einem Ohnmachtsgefühl, das in Russland schon lange zu Hause ist – nach dem Motto: »Was soll man tun, die da oben machen ja sowieso, was sie wollen!« Diese Haltung war schon unter dem russischen Zaren verbreitet, und unter den Kommunisten war es ebenfalls nicht sehr viel anders. Nach dem Zusammenbruch der Sowjetunion herrschte nach der ersten »Romantik«, wie es viele Russen nennen, bei vielen Orientierungslosigkeit und brutale Skrupellosigkeit bei wenigen, die mit allen möglichen Tricks und, wenn nötig, mit Gewalt ihren Teil beiseite schafften. Von politischer Agitation hatten die Menschen die Nase gestrichen voll und haben es immer noch. Die einzige Partei, die vielleicht eine Chance gehabt hätte, die Frustration aufzufangen, wäre die kommunistische Partei gewesen, wenn sie sich, ähnlich wie in Polen oder einigen anderen osteuropäischen Staaten, »sozialdemokratisiert« hätte. Das freilich ist nicht geschehen. Doch zurück in den Sowjetkommunismus will die Mehrheit der russischen Bevölkerung nach meiner Einschätzung auf keinen Fall. Was also bleibt, ist politische Orientierungslosigkeit und der tägliche Überlebenskampf. Wie bei Andrei und seinen Freunden auf Kamtschatka.

Gennadi Karpow hat vor allem eine Leidenschaft – Vulkane. Leicht vornübergebeugt sitzt er am Fenster des Hubschraubers und blickt auf die imposanten Krater. Seit fast 40 Jahren beschäftigt er sich mit ihnen. Wir fliegen in sein Paradies. Mitten hinein in die Landschaft der Vulkane. Unter ihm eröffnet sich gerade der Blick auf einen tiefblauen Kratersee. Helle Schlieren aus Sand ziehen sich von der Mündung eines kleinen Flüsschens in das Azurblau des Sees hinein und lösen sich nach 100 Metern wieder auf. Der See selbst ist so rund, als hätte jemand mit dem Zirkel einen Kreis gezogen. Hinter dem See baut sich ein tiefschwarzer Schlot auf. Als wir über ihn hinwegfliegen, schauen wir in seinen dunklen Schlund. Doch der »Kamin« des Vulkans ist mit Asche und erstarrter Lava angefüllt.

Schade. Wir hatten gehofft, von oben direkt in die blubbernde Masse glühender Lava hineinzublicken. Doch wäre der Vulkan noch aktiv, dann wäre die Hitze viel zu groß, um so dicht über ihn hinwegzufliegen. Dennoch umgibt den ausgeglühten schwarzen Kegel eine Ehrfurcht gebietende Atmosphäre. Plötzlich ist das Geheimnis der Erde zu spüren, die in ihrem Inneren das ewige Feuer flüssiger Magmamasse verbirgt. Wieso gehen wir eigentlich davon aus, dass wir so sicher und unverletzlich sind? Die Erde hat ihre eigenen Gesetze. Ich habe noch nie einen Vulkanausbruch aus nächster Nähe erlebt. Trotzdem ist selbst beim Überfliegen dieses Vulkans zu spüren, wie sehr wir letztlich den Gewalten der Natur immer noch ausgeliefert sind.
Gennadi ist Professor am Vulkanologischen Institut von Petropawlowsk-Kamtschatski. Er erklärt, dass praktisch ganz Kamtschatka Erdbebengebiet ist. Die Erde kommt hier nie zur Ruhe. Irgendwo bebt es immer. Tiefere Schichten der Erde verschieben sich gegeneinander. Magmamassen drängen nach oben. Verstärkt sich der Druck, brechen sie erbarmungslos aus der Erde hervor und verbrennen alles, was sich ihnen in den Weg stellt. Was nicht verbrennt, wird in die tödliche Masse eingebacken. Natürlich versucht man hier wie in allen Erdbebengebieten der Welt Vorkehrungen für den Fall eines Ausbruchs zu treffen. In Kamtschatkas Hauptstadt darf normalerweise nicht höher als fünf Stockwerke gebaut werden. Viele Gebäude werden von schweren Betonpfeilern zusätzlich abgestützt, die den Häusern ein klobiges, fast bunkerartiges Aussehen verleihen. Trotzdem: würde die Erde direkt unter der Hauptstadt aufbrechen, hätte Petropawlowsk-Kamtschatski keine Chance. Alle Sicherungsmaßnahmen wären umsonst.

Der Hubschrauber setzt Gennadi Karpow und sein Geologen- und Vulkanologenteam nach rund 45 Minuten Flugzeit in der Nähe eines Kratersees ab. Vor mehreren Jahren hat man hier eine Basisstation aufgebaut. Doch »Basisstation« ist vielleicht zu viel gesagt. Sie besteht in Wirklichkeit aus einer schon etwas baufälligen Bretterhütte. Davor stehen einige notdürftig gezimmerte Tische und Bänke. Kaum hat Karpows Team seine Ausrüstung aus dem Hubschrauber geladen, hebt dieser ab und verschwindet hinter dem nächsten Ausläufer eines Vulkans, um zurück in die Hauptstadt zu fliegen. Ab jetzt ist die Expedition ein Glücksspiel. Das Wetter kann sich hier auf über 1000 Metern Höhe in kürzester Zeit ändern. Feuchte Wolken setzen sich in den Bergtälern fest und versperren die Sicht. Dann heißt es unter Umständen tagelang warten, bis der Hubschrauber wieder einfliegen kann. Doch Gennadi und sein Team machen sich darüber keine Sorgen. In diesem Fall hätten sie eben etwas mehr Zeit für ihre Untersuchungen. Geld zum Forschen bekommen sie immer weniger vom Staat. Ihr Etat hat sich in den letzten Jahren um zwei Drittel reduziert. Der Staat hat keine finanziellen Mittel mehr für seine Wissenschaft, es sei denn, sie lässt sich mehr oder weniger rasch zu Geld machen, wie die Raketenforschung zum Beispiel. Doch selbst da sind die Gelder seit dem Zusammenbruch der Sowjetunion knapp geworden. Irgendwie haben Gennadi und sein Team trotzdem immer wieder Mittel und Wege gefunden, ihre Arbeit fortzuführen. Sie haben sich diesmal vorgenommen, den Kratersee bei der Basisstation näher zu untersuchen. Gennadi ist ein Mann voller Energie und Leidenschaft für seinen Forschungsgegenstand. Er ist einfach nicht zu bremsen. Der Kratersee lässt sich vom Ufer aus natürlich nur unzureichend erforschen. Deshalb haben sie zwei Schlauchboote mitgebracht, die sie aufblasen und an denen sie zwei kleine Außenbordmotoren befestigen. Langsam schippern sie in die Mitte des Kratersees. Gennadi und seine Kollegen haben Taucheranzüge angelegt. Der See ist zwar nur wenige Meter tief, aber das Wasser trotzdem ziemlich kalt. Einer von ihnen verschwindet unter Wasser und untersucht den Grund des Sees. Er kommt in kurzen Abständen immer wieder nach oben. Diesmal hält er einen dunklen Gesteinsbrocken hoch. »Da unten ist nichts, einfach gar nichts!«, ruft er Gennadi zu, der im Schlauchboot auf ihn gewartet hat. »Macht nichts«, antwortet Gennadi, »macht überhaupt nichts. Wir brauchen alles, wirklich alles. *Prekrasno* – wunderbar!«, ruft er unserer Kamera zu und hält stolz den für einen Laien ziemlich unscheinbar aussehenden Gesteinsbrocken in die Linse. Gennadi ist wirklich in seinem Element. Außerdem muss er dankbar sein für jedes Fundstück. Denn solche Ausflüge hier herauf sind teuer. Ohne Ergebnisse, und das heißt vor allem ohne Proben, zurückzukehren, kann er sich gar nicht leisten. Deshalb nehmen seine Leute alles mit, dessen sie habhaft werden können. Später werden sie die Gesteinsbrocken in ihrem Institut der Universität von Petropawlowsk-Kamtschatski analysieren. Zeit haben sie dafür dann genug.

Ein anderer Kollege hat einen Trichter ausgepackt, steckt ihn in den Hals einer Wasserflasche und hält diese umgekehrt ins Wasser. Aus dem Kratersee steigen ständig in dicken Blasen Gase auf. Er hält den Trichter den Blasen entgegen, um sie einzufangen. Die Blasen verdrängen das in die Flasche eingedrungene Wasser. Ist in der Flasche nur noch das Gas, kommt ein Stopfen drauf und die Probe ist »im Sack«. Auch sie wird später im Institut analysiert. Aus der Zusammensetzung und der Konzentration der Gase lassen sich Rückschlüsse auf die Beschaffenheit des Vulkans ziehen und darauf, was im Innern der Erde vor sich geht. Trotzdem ist das Erforschen von Vulkanen, anders als es sich der Laie vermutlich vorstellt, ein ziemlich mühsames und gelegentlich sogar gefährliches Geschäft.

Nicht weit vom Kratersee entfernt sprüht in regelmäßigen Abständen Gischt aus Erdlöchern hervor. Ein stampfendes Geräusch faucht über die Hänge – Kamtschatkas berühmte Geysire. Auch sie gehören natürlich zum Forschungsgebiet von Gennadi. Wann immer er hier oben ist, misst er die Wassertemperaturen, notiert sie akribisch und vergleicht sie später im Institut mit den Daten, die er früher erhoben hat. Auch hieraus lassen sich Rückschlüsse darüber ziehen, was sich unter der Erde tut. Die Vulkanologie ist eine noch junge Wissenschaft. Auch wenn man im Großen und Ganzen weiß, wie und warum Vulkane entstanden sind, sind sie nach wie vor ein ergiebiges Forschungsgebiet. »Es gibt bei uns Mikroorganismen«, sagt Gennadi, »die es wegen der klimatischen Besonderheiten sonst auf der ganzen Welt nicht gibt. Deshalb besuchen uns immer wieder Vulkanforscher aus der ganzen Welt, um diese Mikroorganismen zu studieren und ihre Erkenntnisse daraus zu gewinnen und sie mit uns zu teilen!« Natürlich ist Gennadi Karpow stolz darauf. Seine kleinen Augen blitzen, während er das erzählt. Für ihn ist die Vulkanwelt von Kamtschatka das Zentrum seines Lebens.

Auch für weniger wissenschaftlich, sondern mehr touristisch Interessierte ist Kamtschatka mit seinen Vulkanen und Geysiren ein lohnendes Ausflugsziel. Reiseveranstalter bieten von Petropawlowsk-Kamtschatski aus Flüge per Hubschrauber rund um die Vulkane und in das »Tal der Geysire« an. Wer Spaß an Vulkanwanderungen hat, findet hier ein wahres Paradies. Darüber hinaus ist Kamtschatka wegen seines Wildbestandes natürlich auch ein Anziehungspunkt für Jäger. Nirgendwo in Europa und Asien gibt es mehr Braunbären als auf Kamtschatka. Die Bärenjagd ist »im Prinzip« zwar verboten, findet natürlich aber trotzdem statt. Es ist das gleiche Problem wie schon bei Andrei und seinen Freunden, den Lachswilderern. Wo der Staat nicht mehr hilft und Moskau seine rund 11 000 Kilometer entfernte Region vernachlässigt, helfen sich die Menschen selbst. Im Grunde könnte Kamtschatka sehr viel besser von Japan aus versorgt werden, Tokio liegt gerade mal 2500 Kilometer entfernt, für russische Verhältnisse ein Katzensprung.

Wie nah Japan ist, sieht man alleine schon auf Kamtschatkas Straßen. Es gibt hier kaum noch russische Autos. Fast überall fahren rechtsgesteuerte japanische Automarken. Der »Ferne Osten« Russlands ist ein idealer Absatzmarkt für gebrauchte japanische Autos, die dort keiner mehr haben will. Selbst in gebrauchtem Zustand funktionieren sie immer noch besser als die meisten russischen. Und sie haben etwas, das den normalen russischen Wagen fehlt: Sie besitzen ein Minimum an luxuriöser Ausstattung, an der es die russischen Autobauer immer noch mangeln lassen. Noch profitieren die Hersteller der russischen Schigulis, Ladas und Niwas davon, dass japanische Ersatzteile in Russland bei weitem nicht überall zu bekommen sind. Russische gibt es überall. Und jeder im bekannt ruppigen Stil Auto fahrende Russe ist zugleich ein kundiger Mechaniker, der seine *maschina* und ihre sämtlichen Tücken in- und auswendig kennt. Andernfalls hätte er sein Auto schon bald nach dem Kauf bereits die längste Zeit gefahren. Bei japanischen Autos ist das anders. Sie kann schon nicht mehr jeder reparieren, obwohl die Schar kundiger russischer Mechaniker mit jedem Jahr wächst.

Wir sind inzwischen wieder am Rande von Petropawlowsk-Kamtschatski angelangt. Als Hintergrund für das Schaltgespräch nach Deutschland für das *ARD-Morgenmagazin* haben wir uns einen der schneebedeckten Vulkane ausgesucht. Der Wettergott erbarmt sich unser. Er hat nur ein paar kleine Wölkchen unterhalb des Gipfels aufgehängt, die den Umriss des Vulkans sogar noch deutlicher hervortreten lassen. Andrei und Gennadi, unsere beiden russischen Satelliteningenieure, haben in weniger als 30 Minuten ihre Schüssel aufgebaut, die Generatoren knattern aus 50 Meter Entfernung, um die Übertragung nicht mit ihrem Lärm zu stören. Als unser Techniker Jürgen Fischer schließlich die Verbindung zum *Morgenmagazin* herstellt und das Bild auch in Deutschland, genauer gesagt, im WDR in Köln zu sehen ist, von wo aus das MoMa gesendet wird, entfährt es dem Regisseur der Sendung in Köln: »Donnerwetter, ihr habt's ja schön dort!« Stimmt, das haben wir, auch wenn wir das bei der zunehmenden Erschöpfung durch die Reise selbst gar nicht mehr so richtig bemerken. Der Film über Gennadi Karpow, sein Team, die Vulkane und Kraterseen kommt gut an. Er zeigt eine faszinierende Natur und ungewöhnliche Bilder, die wir der ARD nicht allzu häufig zu bieten haben, denn auch wir kommen eher selten in diese von Moskau so weit entfernte Gegend. Insofern ist das »Russische Tagebuch« für uns wie für die Zuschauer eine Art Befreiungsschlag aus dem üblichen Korrespondentenalltag. Während der Liveübertragung vor dem Vulkan halte ich im Übrigen immer wieder Ausschau nach den Jungs von den »Strukturen«. Sie scheinen sich tatsächlich nicht mehr weiter für uns zu interessieren. Doch der Schein trügt. Schon auf der nächsten Station unserer Reise werde ich die Kollegen von diesem Verein wieder treffen. Zuvor allerdings haben wir noch eine abenteuerliche Panne zu überstehen, mit der keiner von uns gerechnet hat.

4.
Agenten, Gold und GULAG

Jewgeni Borissowitsch und seine Mannschaft hatten es sich gemütlich gemacht, während wir unseren Film drehten, und sich ein Bad in einer der heißen Quellen Kamtschatkas gegönnt. Warum auch nicht. Hauptsache, sie sind rechtzeitig wieder an unserem Flugzeug. Das sind sie aber nicht. Im Gegensatz zu uns. Flughafen Petropawlowsk-Kamtschatski: Punkt acht Uhr am nächsten Morgen stehen wir mit den beiden Lastwagen und einem japanischen Minibus am Einfahrtstor zum Flugfeld. »Nein«, meint der uniformierte Wachposten, »hier ist noch keiner gewesen. Die Mannschaften für Passagierflugzeuge kommen hier sowieso nicht durch. Die gehen durch das große Flughafengebäude da vorne!« Er zeigt in die andere Richtung. Wir sind aber kein »Passagierflugzeug«, sondern gehören zu dem weiß lackierten Flieger des Ministeriums für Katastrophenschutz, der ein paar hundert Meter weiter in Parkposition am Rand des Flugfelds steht und in der Morgensonne glänzt mit dem vierstrahligen, blau-roten Stern am Rumpf, dem Zeichen der »Katastrophenschützer«. Telefonisch können wir Jewgeni nicht erreichen. Es bleibt uns also nichts anderes übrig, als mit knurrendem Magen zu warten, denn zum Frühstück war vorher keine Zeit. Nach einer Stunde ist immer noch niemand zu sehen. Wurden sie von jemand aufgehalten? Hatten sie die Order bekommen, nicht mehr mit uns weiterzufliegen? Ich denke unwillkürlich an den so wunderbar formulierten Vertrag, den ich vor sechs Wochen in einem Auto unter etwas seltsamen Umständen vor dem Ministerium in Moskau unterschrieben hatte. »Höhere Gewalt« stand da drin. Ein Blick zum Himmel zeigt mir: von »höherer Gewalt« ist weit und breit nichts zu sehen. Nur ein strahlend blauer Morgenhimmel, heute sogar ganz ohne Wolken. War vielleicht jene andere »höhere Gewalt« am Wirken? Eines der, wie man so schön im Russischen sagt, »Gewaltministerien«, also das Innenministerium, das Verteidigungsministerium, das für Sicherheit oder gar das Außenministerium? Auch das war nicht nachzuprüfen solange hier niemand auftauchte. Also beschlossen wir erst mal zu frühstücken. Einer meiner Kollegen hatte Brot, Margarine und preisgünstigen frischen Kaviar besorgt. Wer weiß, vielleicht stammt er von unseren jungen »Fischern«, von Andrei und seinen Freunden.

Es kam, wie es kommen musste. Gerade als wir Kaviar, Brot und Margarine ausgebreitet haben und eben zu essen beginnen wollen, kommt die Crew fröhlich angefahren. Jewgeni Borissowitsch ist guter Dinge. Seine Mannschaft ebenso. Sie wirken bestens erholt. Dima, der Funker, strahlt. Der Ladeingenieur ist ebenfalls ganz entspannt. Sie hatten sich lediglich ein wenig verspätet und nun kann es losgehen. Meine Sorge bezüglich irgendeiner dubiosen »höheren Gewalt« war also umsonst.

In weniger als einer Stunde verstauen wir unsere einenhalb Tonnen Ausrüstung. Der Ladeingenieur zurrt in kürzester Zeit wieder die weitmaschigen Ladenetze fest, damit die Kästen und Kisten während des Fluges nicht ins Rutschen geraten. Als wir am gesamten Gelände des Flughafens vorbei zur Startbahn rollen, beginne ich eine Bemerkung zu verstehen, die einer der etwas finsteren Herren gemacht hatte, als er und seine Kollegen uns bei der Ankunft durchsuchten. Es gebe hier ein Kampfflugzeug der »dritten Generation«, weshalb sie alle Besucher besonders im Auge behalten müssten. Ich hatte das als eine der zahlreichen Bemerkungen eingestuft, die solche Herren eben fallen lassen, wenn sie nach irgendeiner mehr oder weniger intelligenten Ausrede suchen, um uns Ärger zu machen. Tatsächlich rollen wir an verbunkerten Hangars vorbei, vor denen silbergraue Kampfflugzeuge in Warteposition stehen. Sie stehen in Dreiecksformation. Das vorderste von ihnen könnte sofort starten. Es steht in spitzem Winkel zur Startbahn, auf der wir gerade an ihm vorbeirollen. Es geht zu schnell, als dass ich den Flugzeugtyp hätte erkennen können. Aber selbst wenn wir langsamer gewesen wären, hätte nur ein Fachmann beurteilen können, ob es sich hier um einen neuen Flugzeugtyp handelte. Beeindruckend sind diese silbergrauen Ungetüme allemal.

Petropawlowsk Kamtschatski war schon immer ein strategisch wichtiger Punkt für Russland und vor allem für die Sowjetunion. Von hier aus lässt sich der Luftraum der gesamten nördlichen Pazifikküste bis hinauf nach Alaska überwachen und es kann, wenn nötig, sofort eingegriffen werden. Im Hafen ist die pazifische U-Boot-Flotte Russlands stationiert, auch sie war ein wichtiges Instrument im Kalten Krieg und ist es aus der Sicht der russischen Militärs noch heute.

Uns soll das auf unserer Reise nicht weiter berühren. Wir fliegen Richtung Nordwesten, weg von der Halbinsel Kamtschatka, zurück auf den Kontinent zu der Stadt Magadan am Ochotskischen Meer. Eine Stadt, die in der dunkelsten Ära der Sowjetunion in den frühen dreißiger Jahren gegründet wurde. Es war die Zeit, als der »Große Terror« Stalins begann. Die Stadt hatte nur einen Zweck – sie war gedacht als Durchgangslager für am Ende rund eine Million Häftlinge, deren Strom sich in die Region der Kolyma im Nordosten Russlands ergoss. Sie wurden von Magadan aus verteilt auf die Arbeits- und Vernichtungslager dieser Region der Sowjetunion.

Beim Anflug über das Ochotskische Meer heben sich die ersten dem Kontinent vorgelagerten Inseln aus dem Wasser. Die größeren von ihnen weisen eine dichte Vegetation auf. Dahinter auf dem Festland steigen die endlosen dunklen Wälder der Kolyma empor. Der Flughafen liegt rund 50 Kilometer vor der Stadt. Die Landebahn ist umsäumt vom dichten Grün der Bäume. Dima, der Funker mit der Morsetaste, macht mich darauf aufmerksam, dass vom Flugzeug aus noch die eine oder andere Gefängnisanlage zu sehen ist. Denn noch heute gibt es in dieser Gegend Gefängnisse und Arbeitslager, die aber trotz der oft unertragbaren und unmenschlichen Zustände in den russischen Gefängnissen mit den Sklavenlagern des GULAG natürlich nicht mehr verglichen werden können. Es wäre dennoch eine weise Entscheidung der russischen Regierung gewesen, heute ganz darauf zu verzichten, vor dem Hintergrund ihrer unseligen Geschichte in dieser Gegend Strafvollzug zu betreiben. Allein schon, um sich auch symbolisch von den Gräueltaten der Vergangenheit zu distanzieren.

    Beim Landeanflug läuft alles glatt. Ruhig schweben wir ein, nur beim Aufsetzen der Räder glaube ich, ein ungewohntes Geräusch zu hören, verbunden mit einem leichten Ruck auf der rechten Seite der Maschine. Noch denke ich mir nichts dabei. Doch dann rollt unser Flugzeug nur kurz aus und bleibt plötzlich abrupt mitten auf der Landebahn stehen. Das ist nun doch sonderbar. Noch ungewöhnlicher ist, dass Dima in diesem Augenblick von seinem Platz aufspringt, zur Flugzeugtür rennt und sich an ihr zu schaffen macht. Fast zur gleichen Zeit öffnet sich die Tür zur Pilotenkanzel ruckartig und Jewgeni Borissowitsch stürzt zum Ausgang. Irgendetwas stimmt hier nicht. Sonst warten wir mit dem Aussteigen gewöhnlich, bis die Maschine an ihrer Parkposition angelangt ist. Ich gebe meinem Kameramann Sergei Sergejew ein Zeichen und wir steigen ebenfalls rasch aus. Währenddessen sehe ich, wie sich am anderen Ende des Flughafens zwei große Feuerwehrautos auf den Weg machen. Wollen die etwa zu uns? Und wenn ja, warum? Als Sergei und ich auf den Betonplatten der Rollbahn stehen, bemerken wir eine kleine Rauchwolke, die vom rechten Fahrwerk aufsteigt. Dort steht auch bereits Jewgeni Borissowitsch mit einem der Bordingenieure. Beim näheren Hinschauen wird es offenbar: Beim Aufsetzen auf die Landebahn muss einer von mehreren Reifen des rechten Fahrwerks geplatzt sein. Der Gummi hängt nur noch lose an der Felge und qualmt. Von der Innenseite der Felge steigt ebenfalls Rauch auf. Auch die Bremsscheibe muss sich überhitzt haben. In der Zwischenzeit ist eines der beiden Feuerwehrautos bei uns angekommen. Die weißen Helme mit Nackenschutz aus Leder auf dem Kopf und in voller Montur springen die Feuerwehrleute aus dem Führerhaus und beginnen ihre Schläuche auszurollen. Einer legt die Spritze in der Nähe des Fahrwerks auf den Boden. Die andern machen sich an irgendwelchen Hebeln an der Rückseite des Feuerwehrautos zu schaffen. Sergei steht mit seiner Kamera dicht neben dem Fahrwerk und filmt den geplatzten Reifen. Es ist der alte Instinkt eines Kameramanns. Erst beim Blick durch das Okular gewinnt für ihn eine Situation Realität. Ich zögere einen Moment. Soll ich ihn zurückrufen? Andererseits: Wenn es wirklich im buchstäblichen Sinn brenzlig wird, ist immer noch Zeit zu reagieren. »Was ist los?«, frage ich Jewgeni Borissowitsch, der auch in dieser Situation zeigt, was für ein erfahrener Pilot er ist. Er bewahrt die Ruhe: »Wahrscheinlich sind wir beim Aufsetzen auf die Landebahn über einen spitzen Stein gefahren und der Reifen ist deshalb geplatzt«, stellt er gelassen fest. »Und was bedeutet das?«, frage ich zurück. »Nichts Besonderes«, lächelt er, »wir müssen es halt reparieren.« Lakonischer hätte er nicht antworten können. »Besteht nicht die Gefahr, dass das Flugzeug Feuer fängt?«, meine Besorgnis konnte ich angesichts des martialischen Aufmarsches der Feuerwehr nun doch nicht unterdrücken. »Jetzt nicht mehr«, sagt der Flugkapitän und ist immer noch nicht aus der Ruhe zu bringen. Also kann es so schlimm nicht sein, beschließe ich für mich und zücke den Fotoapparat. Erst später erfahre ich, dass das natürlich doch eine sehr kritische Situation war. Das Fahrwerk kann tatsächlich in Flammen aufgehen und weil es sich unterhalb der Flügelansätze und damit nicht allzu weit von den Benzintanks befindet, kann so ein Vorfall in Windeseile zu einer echten Gefahr werden. Aber dieser Moment ist vorbei. Der Reifen kokelte und qualmte noch vor sich hin, aber eine größere Brandgefahr bestand offenbar nicht mehr. Auch wenn sie letztlich gar nicht so viel zu tun hatte, war ich beeindruckt von der Flughafenfeuerwehr. Sie kam für russische Verhältnisse überraschend schnell herangefahren. Das heißt, die Wagen hatten Sprit im Tank und eine geladene Batterie, um den Motor anzulassen. Ich habe schon erlebt, dass weder das eine noch das andere der Fall war. Allerdings nicht auf einem Flughafen. Das markanteste Ereignis, das ich diesbezüglich in Erinnerung habe, geschah im Oktober 2000 in einer potentiell brenzligeren Lage bei einer Kompanie russischer Grenzsoldaten. Sie waren an der Grenze zwischen Tadschikistan und Afghanistan stationiert. Der Bürgerkrieg zwischen den afghanischen, radikalislamistischen Taliban, und der Opposition der so genannten Nordallianz war bis an die Grenze herangerückt. Geschützdonner und das Fauchen der Raketenwerfer dröhnte bereits herüber. Die russischen Grenzler, die Tadschikistan gemeinsam mit der ziemlich desolaten tadschikischen Armee vor dem Überschwappen des gefährlichen Konflikts beschützen sollten, machten eine Alarmübung. Auf das Heulen einer Sirene hin rannten sie aus ihren Baracken heraus auf einen Tag und Nacht bereitstehenden Lastwagen, der ständig an einer ganz bestimmten Stelle geparkt und dessen Klappe am hinteren Teil der Ladefläche stets heruntergelassen war. Damit sollte den schwer bewaffneten Soldaten das Aufspringen auf den Transporter erleichtert werden. Anschließend sollte der Lastwagen davonbrausen, um sie möglichst rasch in die Stellungen zu bringen, von der aus sie sich gegen die eindringenden Taliban verteidigen konnten. Die Sirene erklang, die Soldaten rannten über den kleinen Kasernenhof und sprangen auf die Ladefläche des Lastwagens. Doch als der Lastwagen davonbrausen sollte, geschah überhaupt nichts. Im Führerhaus saß noch nicht mal ein Fahrer. Als ich den Kompaniechef fragte, warum das so sei, wo doch der Krieg schon hörbar näher rückte, sagte er lakonisch: »Geht nicht!« – »Warum?«, staunte ich ungläubig. »Erstens haben wir keinen Sprit, zweitens ist die Batterie leer und wir kriegen keinen Ersatz dafür!« Bleibt nur die Hoffnung, dass niemand das Geheimnis des ominösen Alarm-Lastwagens der gegnerischen Kriegspartei oder dem einen oder anderen Schmuggler verrät.

Auf dem Flugfeld von Magadan ist inzwischen ein Streit ausgebrochen. Ein Vertreter der Flughafenverwaltung steht neben unserem Piloten Jewgeni Borissowitsch und liefert sich mit ihm ein Wortgefecht. Dem lautstarken Gespräch entnehme ich, dass er höchst überrascht ist, nicht nur die Crew, sondern auch noch uns samt unseren eineinhalb Tonnen Gepäck anzutreffen. Dass noch ein gesamtes Fernsehteam mitkäme, habe ihm niemand gesagt. Und ohne vorherige Ankündigung und die erforderlichen Genehmigungen könne er uns unmöglich passieren lassen. Jewgeni Borissowitsch bleibt nach wie vor ganz ruhig, zuckt mit den Schultern und lässt sich von dem erbosten, überaus beleibten Herrn nicht beeindrucken. Was soll man auch tun, jetzt, wo wir bereits hier sind und unser Flugzeug dazu noch startunfähig ist. Wir beschließen jedenfalls, das Flugzeug noch auf der Rollbahn auf eigene Faust so schnell wie möglich zu entladen, was auch immer bei der Auseinandersetzung der beiden herauskommen wird. Zum Erstaunen des Fahrers, der mit seinem Flughafenbus für Passagiere herangefahren war, laden wir sein Fahrzeug mit unserer Ausrüstung so voll, dass die hinteren Reifen seines nicht mehr ganz neuen Gefährts kräftig in die Knie gehen. Doch auch ihm bleibt nichts anderes übrig, als das in Kauf zu nehmen, denn wir sollen ja so schnell wie möglich das Rollfeld verlassen, was wir denn auf diese Weise auch tun. Am Flughafengebäude angelangt erwartet uns nun schon ein anderer Vertreter des Staates, mit dem ich insgeheim schon gerechnet habe: der »Beauftragte für Sicherheit«, mit anderen Worten, ein Mitglied des Geheimdienstes. Im Gegensatz zu seinen Kollegen auf dem Flughafen von Kamtschatka ist er ein professionellerer Vertreter seines Fachs. Er bleibt nett und freundlich, registriert alle unsere Personalien, erkundigt sich danach, was wir wann und wo in dieser Region vorhaben, wo wir übernachten und wann wir laut Plan wieder weiterfliegen werden. Anschließend entlässt er uns gewissermaßen in die

Freiheit. Wir sind froh, dem Chaos zu entkommen, nicht ohne uns zuvor bei einem Mitglied der Crew erkundigt zu haben, ob denn der Flieger überhaupt so rasch repariert werden kann, wie wir es für die planmäßige Fortsetzung unserer Reise brauchen. Das sollte kein Problem sein, sie hätten alles Nötige dabei und wenn sich nichts Unvorhergesehenes ergebe, kämen wir schon rechtzeitig wieder hier weg. Mal sehen, ob er Recht hat.

Magadan ist eine künstliche Stadt, das ist sofort zu sehen. Sie ist um eine Bucht des Ochotskischen Meeres herumgebaut und wird von ihrem Hafen dominiert. Graue Wohnblocks aus den üblichen russischen Betonplatten ziehen sich treppenartig ohne jeden architektonischen Charme die Bucht hinauf. Eine Stadt wie vom Reißbrett. Ein überdimensionales Lenin-Fresko ziert eines der Gebäude, das seitlich an der Bucht steht. Vater Lenin überschaut das Ganze bestens und ihn kann auch niemand übersehen. Das war ursprünglich auch so gedacht. Niemand scheint auf den Gedanken gekommen zu sein, dieses Bildnis zu entfernen. Aber warum ausgerechnet dieses Bildnis übermalen, wo doch das ganze Land noch voller Abbilder Lenins ist? Meines Erachtens hätte es hier allerdings doch einen besonderen Anlass gegeben. Denn niemand anderes als Lenin, der ja selbst bereits alles verfolgen ließ, was er für Opposition zum Bolschewismus hielt, war einer der Gründer des GULAG. Schon zu seiner Zeit, zu Beginn der 1920er Jahre, wurden politische Häftlinge auf die Solowki-Inseln im Weißen Meer deportiert. Als Gefängnis diente dort ein ebenso altes wie berühmtes Kloster, das noch heute erhalten ist. Und schon damals gab es auch während des Bürgerkriegs Massenerschießungen von Oppositionellen oder solchen, die dazu erklärt wurden. Eine bittere Wahrheit, um die sich ein großer Teil der sowjetischen, und später auch der russischen Gesellschaft herumdrückte. Noch Gorbatschow war in den Zeiten von Perestroika und Glasnost zu einer Abrechnung mit Lenin und seiner brutalen Politik nicht bereit.

Wir haben die Leninstatuen während unserer Reise nicht gezählt, aber es waren viele. In ganz Russland stehen viele tausend davon herum. Und Lenin selbst liegt schließlich immer noch als Mumie im Mausoleum auf dem Roten Platz in Moskau. Sollte man nicht wenigstens die größten Statuen schleifen und Lenin endlich im übertragenen wie im buchstäblichen Sinne beerdigen? Nein, sagen viele Russen, Lenin und seine Monumente gehören zu unserer Geschichte. Genauso wie die noch im Überfluss vorhandenen Symbole des Kommunismus an Gebäuden, Straßen und Plätzen. Wir aus dem Westen haben der russischen Gesellschaft natürlich nicht vorzuschreiben, wie sie mit ihrer Vergangenheit umzugehen hat. Dennoch ist mir dieses betonte Ignorieren unheimlich. Genauso wie die Maßnahmen des russischen Präsidenten Putin, der für die Armee als offizielle Fahne wieder die rote Fahne und als Russlands Hymne wieder die alte, für Stalin komponierte Hymne einführte – mit neuem Text. Man wolle die Gesellschaft nicht spalten, sondern versöhnen, ließ der Präsident verlauten. Versöhnen mit wem? Mit den Opfern des Stalinismus, die bekanntlich in die Millionen gingen?

Auf einem Hügel über der Stadt Magadan steht ein beeindruckendes Denkmal mit dem Namen »Gesicht des Schmerzes«. Es ist den Häftlingen des GULAG gewidmet. Jenen, die darin umkamen ebenso wie denen, die ihn überlebten. Enthüllt wurde das Denkmal erst im Jahre 1996 und zustande kam es auf Betreiben des damaligen russischen Präsidenten Jelzin, der eine Initiative von Künstlern und Kulturschaffenden unterstützte und für das Projekt auch persönliches Geld zur Verfügung stellte. Der international bekannte Bildhauer Ernst Neiswestny bekam den Auftrag und fertigte die über acht Meter hohe Skulptur. Sie ist beeindruckend. Der riesige Betonkopf symbolisiert das Elend und das unendliche Leid jener, die in die Sklavenmaschine des GULAG hineingezogen wurden. Aus dem rechten Auge der Skulptur fließen Tränen in Form von Frauen- und Kinderköpfen die steinerne Wange herunter. Das linke Auge symbolisiert eine Glocke, die jenen ähnelt, die die Wächter der Lager läuteten, wenn einer der Häftlinge entlaufen war oder wenn im Lager zum Appell gerufen wurde. Auf der Rückseite der Skulptur krümmt sich ein Menschenleib qualvoll um ein Kreuz. Am Fuß des Kreuzes kniet eine junge Frau, die ihre Hände aus Entsetzen vor ihr Gesicht geschlagen hat. Am Hang vor der Skulptur stehen in steinernen Buchstaben die Namen der größeren Lager der Kolyma.

Das System des GULAG hat niemand besser und künstlerisch bedeutsamer beschrieben als der Schriftsteller und frühere Dissident Alexander Solschenizyn, der selbst jahrelang als politischer Häftling gefangen gehalten wurde. Er kam selbst aus Gründen in den GULAG, die durchaus typisch waren: Im letzten Kriegsjahr des Zweiten Weltkrieges fand der sowjetische Geheimdienst in seiner Feldpost abfällige Bemerkungen über Stalin. Solschenizyn stand damals mit seiner Flakbatterie in Ostpreußen und war bereits jahrelang im unmittelbaren Fronteinsatz. Doch das hat ihm nicht geholfen. Die Bemerkungen reichten aus, um ihn zu acht Jahren Straflager zu verurteilen. Auf diese Weise lernte er Sondergefängnisse und den GULAG persönlich kennen. Diese Erfahrung hat er in seinem Buch *Ein Tag im Leben des Iwan Denissowitsch* verarbeitet. 1962 mit Billigung Chruschtschows als Beitrag zur Bewältigung der stalinistischen Vergangenheit erschienen, löste der Kurzroman weltweit Beachtung und in der Sowjetunion heftige Diskussionen aus. Es war überhaupt der erste, mit offizieller Genehmigung abgedruckte, literarische Versuch in der Sowjetunion, die Vorkommnisse in einem der Lager aus der Stalinzeit zu beschreiben und öffentlich zu diskutieren. Solschenizyns Held Iwan Denissowitsch Schuchow schildert einen Tag im Lagerleben im Januar 1951. Ins Lager gekommen war er wie zahllose andere Häftlinge auf absurd-alltägliche Weise. Zurückgekehrt aus deutscher Kriegsgefangenschaft wurde er angeklagt, er habe sich lediglich gefangen nehmen lassen, um später mit einem Auftrag des deutschen Geheimdienstes in die Sowjetunion zurückzukehren. Ein Zitat aus dem Roman: »Welcher Art dieser Auftrag gewesen war, dahinter konnte weder Schuchow noch der Untersuchungsrichter kommen ... Schuchows Überlegungen waren einfach: Unterschreibst du nicht, ist es dein Tod, unterschreibst du, dann lebst du noch ein paar Jährchen. Also unterschrieb er.« Unzähligen Kriegsgefangenen erging es damals ähnlich. Stalins tödliches Misstrauen lebte sich in diversen Säuberungs- und Verfolgungskampagnen aus, denen zigtausende Sowjetbürger zum Opfer fielen. Solschenizyn wurde gleich mehrfach verfolgt. Er wurde zwar 1956, also drei Jahre nach Stalins Tod, offiziell »rehabilitiert«, aber als er den ersten Teil eines seiner Hauptwerke, den »Archipel GULAG«, 1973 im Ausland veröffentlichte, wurde er von der Sowjetmacht ausgebürgert. Die hatte unter Breschnew längst wieder den Weg der Unterdrückung der Wahrheit und der Inhaftierung so genannter Dissidenten eingeschlagen. Aus heutiger Sicht, fast 30 Jahre später, erscheint es als ein ebenso absurder wie zwar kurzfristig wirksamer, aber letztlich hilfloser Versuch, der Wahrheit ihre Stimme zu nehmen. Doch damals herrschte die Zeit des Kalten Krieges, die ihre eigene Logik entwickelte – übrigens auf beiden Seiten des damaligen »Eisernen Vorhangs«.

Tamara Sergejewna, heute fast 70 Jahre alt, hat die Zeit des GULAG noch selbst miterlebt. Sogar als Häftling. Sie hatte Medizin studiert und wurde 1949 wegen einiger kritischer Bemerkungen zu mehreren Jahren Waldarbeit verurteilt. In der Folgezeit rehabilitiert, durfte sie als Lehrerin arbeiten. Heute ist sie Rentnerin und erhält umgerechnet rund 100 Mark Rente im Monat. Ihr Bruder lebt in Deutschland, doch sie kann ihn nicht besuchen, da sie dafür kein Geld hat. Tamara steht zwischen den Überresten eines Lagers draußen in der Kolyma: »Mein Onkel wurde 1937 in Wladiwostok verhaftet. Angeblich war er ein japanischer Spion. Dieser Vorwurf reichte aus, um ihn für 25 Jahre im GULAG verschwinden zu lassen«, sagt sie nüchtern. Auch ihr Vater war verhaftet worden, als Tamara zwölf Jahre alt war. Dann hat sie nichts mehr von ihm gehört. Später, als sie älter war, machte sie sich auf Spurensuche. Sie fand heraus, dass er als Häftling in den GULAG, in eines der Lager in der Kolyma, eingeliefert wurde, wo er schließlich umkam. Tamara hat dieses Thema nie mehr losgelassen. Seit dieser Zeit beschäftigt sie sich damit. Sie führt heute interessierte Gruppen von Magadan aus in die ehemaligen Lager der Kolyma. Die Kolyma ist übersät von solchen Lagern und ihren Überresten, die sich wie kleine Inseln über mehr als 1000 Kilometer hinein ins Land ziehen. Es ist eine düstere Umgebung, obwohl die Sonne scheint und der Sommer sich von seiner schönsten Seite zeigt. Seiner schönsten Seite? Das bedeutet Hitze bis über 30 Grad und eine äußerst unangenehme Insektenplage. Die Luft ist erfüllt vom Sirren der Fliegen, die gnadenlos zustechen. Selbst durch ein T-Shirt hindurch. Insektenschutzmittel hatten die Häftlinge damals natürlich nicht. Also müssen sie den Stichen direkt ausgeliefert gewesen sein. Dazu kommt: Sie waren Arbeitssklaven. Das bedeutet, sie hatten schwerste körperliche Arbeit zu verrichten und schwitzten im Sommer entsprechend. Schweiß zieht die Insekten besonders an. Es muss eine Qual gewesen sein. Nur noch übertroffen von den überaus harten Wintern mit Temperaturen von minus 50 Grad und kälter. Noch schlimmer wird es hier, wenn der kalte, scharfe Wind über die Hügel der Kolyma pfeift und die Kälte noch unerträglicher macht. Tamara kennt sich wirklich gut aus. Sie war in diesem und anderen kleinen Lagern und versucht seit Jahren so viele Fakten wie möglich darüber zusammenzutragen. In ihr brennt das stille Feuer einer immer noch unbewältigten Vergangenheit und es schmerzen die Wunden in ihrer eigenen Biographie. Dennoch besucht sie die ehemaligen Lager, atmet die Atmosphäre des Schreckens und der Unterdrückung, die noch immer über solchen Orten hängt. Tamara ist auf den Dachboden einer Baracke geklettert. Durch ein größeres Loch in dem Bretterverschlag reicht sie eine angefaulte, wattierte Häftlingsjacke. Der Stoff ist zwar feucht und von Käfern und Motten angefressen. Aber die Jacke ist im Prinzip noch erhalten. Tamara stochert mit einem kleinen Ast in der Jacke herum, bis sie gefunden hat, was sie suchte. »Seht ihr, hier ist ein kleines Loch.« Sie hebt mit ihrem Stöckchen einen Stofffetzen von der Jacke ab. Darunter kommt tatsächlich eine kleine runde Öffnung zum Vorschein. »Das ist vermutlich ein Einschussloch. In der Nähe habe ich auch Patronenhülsen gefunden. Die haben sofort geschossen, wenn einer der Häftlinge versucht hat, zu entkommen. Da kannten die keine Gnade.« Tamara zuckt mit den Schultern. Sie müsste noch sehr viel mehr Zeit und natürlich auch mehr Geld haben, um ihre Recherchen in den Lagern des GULAG der Kolyma zu vertiefen. Aber daran hat außer ihr und dem Magadaner Ableger der Vereinigung »Memorial« kaum jemand Interesse. Der Staat am allerwenigsten. »Memorial« ist eine humanitäre Organisation, die eine kleine Zentrale in Moskau unterhält. Sie kümmert sich mit bewundernswerter Zähigkeit um die Opfer der Stalinschen Repressionen und Mordaktionen. Von der Öffentlichkeit jedoch wird sie kaum beachtet. Miron Markowitsch Etlis, 72 Jahre alt und ein ehemaliger GULAG-Häftling, der heute in Magadan lebt, hatte uns das dort schon bestätigt: Sie kämpfen einen vergeblichen Kampf. Alles droht im Vergessen zu versinken. Und wenn die ehemaligen Häftlinge einmal nicht mehr am Leben sind, wird kaum jemand mehr Druck machen und dafür kämpfen, dass die Gräueltaten der Vergangenheit wieder ins Gedächtnis gerufen werden. »Es geht auch darum«, hatte er meinem Kollegen Frank Aischmann kettenrauchend in seiner kleinen Magadaner Wohnung ins Mikrofon erzählt, »Denkmäler und Erinnerungsstätten zu errichten, um der Ermordeten zu gedenken.« Er will, dass man diese Zeugnisse des Gedenkens auch im Alltag wiederfindet, damit der Terror nicht allmählich aus dem kollektiven Gedächtnis der Gesellschaft gelöscht wird. Einer Gesellschaft, in der die Stalinopfer und selbst ehemalige Dissidenten nicht oder fast nicht mehr gehört werden. Manche Opfer oder deren Hinterbliebene kämpfen noch heute um Rehabilitation oder um eine Entschädigung. Eine Gesellschaft, die sich einen ehemaligen KGB-Agenten zum Präsidenten gewählt hat. Das »Komitee für Staatliche Sicherheit«, der KGB, ist der Nachfahre des NKWD, des »Volkskommisariats für innere Angelegenheiten«, des in jener Zeit ausführenden Organs des Stalinterrors. Der KGB führte diese Tätigkeiten bekanntlich nahtlos weiter und verfolgte auch in der Ära nach Stalin Dissidenten und Oppositionelle. Solschenizyn war bis zu seiner Ausweisung 1973 in den Händen von beiden, zuerst des NKWD und später des KGB. Der KGB ist heute umstrukturiert und hat wieder einen anderen Namen. Der für das Inland zuständige Teil nennt sich *Federalnaja*

Sluschba Besopastnosti oder kurz FSB. Der jetzige Präsident Putin war auf Betreiben Jelzins einige Monate Chef dieser Organisation.

Gedenkstätten errichten? Es wäre ja möglich, einige der Lager als Stätten der Mahnung draußen in den dunklen Wäldern der Kolyma bewusst zu erhalten. Doch das geschieht nicht. Sie verrotten und verfallen still vor sich hin, obwohl immer noch viel von ihnen erhalten ist. Frost und der tiefe Schnee der nach dem Fluss Kolyma benannten Gegend scheinen die Überreste gut zu konservieren. Tamara zeigt sogar die Hütten der Hunde, die den Bewachern beim Verrichten ihrer Dienste geholfen und Häftlinge gejagt haben, wenn sie versuchten zu fliehen. An einem der schief in der Landschaft stehenden, hölzernen Wachtürme hängt noch eine gusseiserne alte Eisenbahnschiene an einem Drahtseil. Tamara zeigt, wie das einfache Alarmsystem funktioniert hat. Sie schlägt mit einer Eisenstange gegen die Schiene. Es ertönt ein weit zu hörender, scharfer Klang, der die anderen Wächter sofort aufgeschreckt hat. Wenn der Häftling sich zu diesem Zeitpunkt nicht schon sehr weit vom Lager entfernt hatte, war er verloren. Und selbst dann – die Hunde spürten ihn allemal auf, wenn sie ihm auf die Fersen gesetzt wurden. Am Rand des Lagers stehen noch schwarz verkohlte Grundmauern. Große rostige Eisenstücke ragen wie Dinosaurier in die Luft. Im Herzen des ehemaligen Gebäudes sind die Überreste eines großen Schmelzofens zu sehen. »Hier war mal eine zinnverarbeitende Fabrik«, sagt Tamara. »Das Erz haben die Häftlinge dort drüben aus den Stollen geholt!« Sie zeigt auf eine brückenartige Holzkonstruktion, auf der an einigen Stellen noch die Schwellen für Schienen zu sehen sind. Sie führt auf den Berg zu und endet am Eingang eines Stollens. Aus dem Stollen, in dem noch hölzerne Stützpfeiler stehen, rinnt Wasser. Am Stolleneingang liegen noch große Eisbrocken – jetzt, mitten im Sommer. Der Eingang liegt im Schatten und wird nicht von der Sonne erwärmt. In einem der Eisbrocken ist noch ein Hammer eingefroren, dessen Stiel aus dem Eis herausragt. So viele Jahre danach überall noch Spuren der toten Häftlinge. »30 000 von ihnen haben hier in diesem Lager wie Sklaven gearbeitet«, erzählt Tamara. Wie viele hier umkamen, entweder durch das Klima, die harte Sklavenarbeit oder direkt durch Erschießung, weiß sie nicht. Überhaupt ist es immer noch schwierig, genauere Zahlenangaben zu bekommen. Wir hatten uns in dem kleinen GULAG-Museum der Stadt Magadan darum bemüht. Der Historiker, der dort arbeitet, hat uns mit einigen Zahlen und Faktenmaterial versorgt. Demnach kamen die ersten Häftlingstransporte im Jahre 1931 im Hafen der Stadt Magadan an. In Schiffen wurden sie meist von Wladiwostok aus hierher gebracht. Wie viele Menschen bereits auf dem Transport verstorben sind, ist unbekannt. Mit jedem Jahr nahm die Zahl der Häftlinge zu, proportional zu den Terrorwellen des Stalinschen Regimes. 1934 waren es bereits 29 000, 1937 kamen 70000, 1939 die erschreckende Zahl von 138 000 und 1940 schließlich 190 000. Insgesamt verschwanden im GULAG der Kolyma rund eine Million Häftlinge. Mit primitivsten Werkzeugen mussten sie eine vorgegebene Arbeitsnorm übererfüllen, die gar nicht zu erfüllen war. Als Strafen bei fehlender »Normerfüllung« gab es Nahrungsentzug, Abnahme der Winterkleidung, Prügel. Laut unserem Historiker im Museum der Stadt Magadan sind insgesamt mindestens 130 000 Häftlinge umgekommen, 12 000 davon durch Erschießungen. Diese Zahlen sind nicht zu verwechseln mit jenen, die für den gesamten GULAG der Sowjetunion, also nicht nur für den Nordosten Russlands gelten. Wie von Solschenizyn minutiös beschrieben, war der GULAG ja ein über verschiedene Teile der Sowjetunion bis nach Zentralasien sich erstreckendes »Inselsystem«, zusammengebunden durch die *Glawnoe Uprawlenije Lagerjami,* die Hauptverwaltung der Lager. Im Fernen Osten Russlands, in der Kolyma, gab sich die Organisation den die mörderische Sklavenarbeit verharmlosenden Namen »*Dalstroi*«, was in etwa »Bauorganisation im Fernen Osten« bedeutet. Eine ihrer Aufgaben war, durch die unerschlossene Kolyma eine Trasse von Magadan zu der weit im Landesinneren liegenden Stadt Jakutsk zu bauen. Deshalb entstand ein Teil der Lager entlang dieser Straße. Noch heute sind an oder oberhalb dieser »Straße des Todes« in den Bergen verlassene Friedhöfe oder Massengräber zu finden, in denen die sterblichen Überreste der Häftlinge liegen. Ein russischer Kollege, der aus dieser Gegend kommt, erzählte mir einmal in Moskau, dass er während seiner Jugend gelernt habe, sie nicht »Straße des Todes« zu nennen, sondern umgekehrt »Straße des Lebens«, da sie die Lebensader in das Land hinein sei, auf der von Lebensmitteln bis hin zu Kohle alles in die abgelegenen Siedlungen gebracht werde. Ein Beispiel für den Versuch der Auslöschung des kollektiven Gedächtnisses einer Gesellschaft, die ihre eigene Vergangenheit nicht wahrhaben will. Die Anfänge des GULAG liegen schon im Jahr 1918, sind also beileibe nicht erst eine Stalinsche Erfindung. Wie oben schon erwähnt, klebt das Blut der Häftlinge demnach bereits an den Händen von Wladimir Iljitsch Lenin. Doch aus diesem Wissen haben die Anhänger Lenins, die es heute noch gibt, bislang nicht die nötigen Schlussfolgerungen gezogen.

Was hat nun, neben dem Straßenbau, die bolschewistische Führung dazu bewogen, hunderttausende von Häftlingen ausgerechnet in die Kolyma abzutransportieren? Die Abgeschiedenheit der Gegend, die der Vertuschung der Verbrechen zupass kam, ist nur ein Faktor. Ein anderer geht auf das Jahr 1924 zurück. Zu jener Zeit erkundete eine von der bolschewistischen Regierung der Volkskommissare beauftragte Gruppe von Geologen die Kolyma, weil man dort Bodenschätze vermutete. Die Kommission wurde fündig. Gold und andere Edelmetalle kamen zum Vorschein. Später sogar Uran, das die sowjetische Regierung dann für ihre Forschungen an der Atombombe benötigte. Damit war die Grundlage für die Sklavenarbeit gelegt. Die Häftlinge hatten die neu entdeckten Goldreserven der Sowjetunion zutage zu fördern und dies mit ihrer Gesundheit oder gar mit dem Leben zu bezahlen. Gold und andere Edelmetalle können auf verschiedene Weise abgebaut werden. Die eine Methode ist, je nach Lage der Bodenschätze, Stollen in die Berge zu treiben. Eine andere, vor allem bei Gold, ist die, es aus den Flüssen zu waschen. Das geschieht noch heute in der Kolyma. Allerdings nicht mehr durch Häftlinge, sondern durch private, vom Staat lizenzierte Firmen. Sie arbeiten von etwa Mai bis Ende Oktober draußen in den kleinen Flüssen, die die Wälder des Kolymagebirges durchziehen. Danach friert alles ein und verschwindet unter einer hohen Schneedecke. Die Flüsse liegen still. Aber selbst im Sommer taut der Dauerfrostboden nur wenige Zentimeter auf. Deshalb muss unsere Goldwäscherbrigade, die wir dort draußen besuchen, den Boden am Rande des Flüsschens mit schwerem Gerät aufreißen. Am besten mit einem von einem Bagger oder einer Raupe in die noch halb gefrorene Erde gerammten eisernen Dorn. Der Bagger schiebt den feuchten Schlamm in eine breite Blechrinne, in die mit Hochdruck Wasser gespritzt wird. Eine eiserne Trommel scheidet die größeren Steine aus und führt sie seitlich über ein Förderband wieder zurück an das Flussufer. In die Rinne selbst fließt nur der dünne schwarze Schlamm. Nun kommt der entscheidende Moment und die eigentliche Arbeit, die bei unseren Goldwäschern dem Vorarbeiter Juri Zigankow vorbehalten bleibt. Er steht mit seinen Gummistiefeln in der Rinne. Zwischen seinen Beinen liegt eine geriffelte Gummimatte. Da Gold neunzehnmal schwerer ist als Wasser, sammelt sich der Goldstaub, so welcher vorhanden, zwischen den feinen Rippen seiner Gummimatte. »Das ist eine uralte Methode«, ruft Juri durch den Lärm der Bagger, des Kompressors und des vorbeirauschenden Wassers. »Das haben die vor hundert Jahren schon so gemacht. Damals gab's natürlich noch keine Gummimatte. Die haben dafür einfach ein Schaffell verwendet!« Nicht ohne Stolz betrachtet er den Goldstaub, der sich bereits in einer erklecklichen Menge auf der Gummimatte angesammelt hat. Neben ihm steht eine eiserne Kartusche, die mit einem Vorhängeschloss abgesichert ist. Eine Art mobiler Safe. Juri öffnet sie und schüttet den grobkörnigen Goldsand hinein. Die Ausbeute des heutigen Tages. Es war kein schlechter Tag.

Juri kam vor 23 Jahren zum ersten Mal hierher. Eigentlich wollte er nur zwei oder drei Jahre bleiben. Die Arbeit wurde damals noch vom Staat, inklusive »Nordzulage«, gut bezahlt. Danach wollte er wieder zurück nach Zentralrussland. Irgendwie ist er aber hier hängen geblieben und jetzt kommt er von der Kolyma nicht mehr los. Vielleicht ist bei seinen Gründen, hier zu bleiben, auch ein gehöriger Schuss Faszination des Goldes mit dabei. Jedenfalls will er noch ein paar Jahre in der Kolyma ausharren. Seinem Namen Zigankow, der an die Zigeuner des russischen Südens erinnert, macht Juri alle Ehre. Er hat schwarze, funkelnde Augen, grauschwarze Haare und eine ungewöhnlich dunkle Hautfarbe. Auch an Temperament fehlt es ihm nicht. Schon gar, wenn er vom Leben hier draußen in der Kolyma erzählt. Viermal seien sie schon von Banditen überfallen worden. »Die waren plötzlich da, trugen schwarze Masken vorm Gesicht und hatten schwere Schießeisen in den Händen. Was willst du da machen? Soll ich mich etwa über den Haufen schießen lassen?!« Das hat er nicht getan. Stattdessen hat er das Gold, das gerade in Reichweite war, herausgerückt. Sein Leben war ihm lieber. Gold kann auch ein Fluch sein.

Und trotzdem: Juri liebt es, nach dem Gold zu suchen. Immer wieder nimmt er Proben aus dem Wasser, nachdem der Eisendorn den Dauerfrostboden aufgerissen hat und der Schlamm mit Wasser durchspült wird. Er greift mit einer schaufelartigen Kelle hinein und lässt das Wasser langsam ablaufen. Wenn er die Probe an der richtigen Stelle entnommen hat, dann schimmern am Boden seiner Kelle verräterische kleine Goldstückchen. Juri hat viel Erfahrung im Goldsuchen. Immerhin hat er mit seinen Leuten zusammen im letzten Jahr 330 Kilogramm davon aus dem schwarzen Dreck geholt. Im Jahr davor war es noch besser. Da hatten sie es auf 750 Kilogramm gebracht. »Ja, das ist ein gutes Gebiet, hier bleiben wir schon noch eine Weile«, sagt Juri zufrieden. Die anderen Arbeiter seiner Goldwäscherbrigade sind nicht mit der gleichen Begeisterung wie Juri in der Kolyma. Die meisten von ihnen kommen auch gar nicht aus Russland, sondern aus der Ukraine. Irgendwie hatten sie von Juris Firma gehört und heuerten von Mai bis November bei ihr an. In dieser Zeit leben sie hier draußen in dieser gottverlassenen Gegend. Magadan ist fast 500 Kilometer entfernt. Da sie wegen der hohen Transportkosten nicht mit dem Hubschrauber hier herausfliegen können, wären sie mindestens zwei Tage unterwegs, um nach Magadan zu kommen. Also fallen Ausflüge dieser Art flach. Über sechs Monate im Jahr leben sie in den düsteren Wäldern der Kolyma in winzigen Baracken, in denen nicht viel mehr steht als ein Bett, ein Tisch und ein

Schrank. Der einzige Fernseher in der kleinen Siedlung ist längst kaputt. Ersatzteile gibt es hier nicht. Keine Bibliothek, keine Zeitungen, keine Frauen – wenn man von den zwei ukrainischen Köchinnen absieht.

Die Männer arbeiten für umgerechnet 800 Mark monatlich in der Goldwäscherbrigade. »Bei uns in der Ukraine ist das eine riesige Summe«, sagt Nikolai, der die Raupe fährt. »Abgesehen davon gibt's bei uns sowieso keine Arbeit. Also was soll ich machen, ich muss doch meine Familie ernähren!« Nikolai zuckt mit den Schultern. Er ist schon das dritte Jahr hier. Und immerhin: »Rund sechs Monate im Jahr bin ich ja zu Hause«, sagt er, aber es klingt nicht so zufrieden, wie es vielleicht hätte klingen sollen. Natürlich ist es kein Straflager. Aber führen sie hier wirklich ein lebenswertes Leben? Eine Frage, auf die er nicht antwortet. Warum auch. Er hat bereits alles gesagt, was nötig war. Nikolai zieht seine Arbeitsjacke aus. Sie hat keine Taschen. Niemand hier hat Taschen in der Arbeitskleidung. Das ist verboten. Eine kleine Sicherheitsmaßnahme der Firma. Gold kann auch ein Fluch sein.

Zurück in Magadan haben wir als Ort für die Liveübertragung zu den *Tagesthemen* und zum *ARD-Morgenmagazin* die Stelle neben der Skulptur »Gesicht der Trauer« ausgewählt. Von hier aus kann man außerdem über die Stadt hinweg in die Bucht und hinunter zum Hafen blicken, in dem bis zum Jahr 1957 die Schiffe mit den GULAG-Häftlingen einliefen. In den *Tagesthemen* erzähle ich davon. Während der Liveschaltung und meinem Gespräch mit der Moderatorin sehe ich im Hintergrund Bewegung bei dem kleinen russischen UAS, einem überaus geländegängigen russischen Fahrzeug, das uns in Magadan auf Schritt und Tritt gefolgt war. Die Jungs von den »Strukturen«, die unsere Aktivitäten hinter einer Hecke schon die ganze Zeit mit dem Fernglas beobachteten, haben offenbar Schichtwechsel. Ich bekomme plötzlich Lust, während der Sendung davon zu erzählen und tue das auch. Wer immer in den »Strukturen« unsere Arbeit für das »Russische Tagebuch« mitverfolgt, soll wenigstens wissen, dass wir es längst bemerkt haben. Also mache ich unsere Beschattung öffentlich. Die Moderatorin hört überrascht und etwas ungläubig-amüsiert zu. Dann ist das Schaltgespräch nach Deutschland beendet und wir bauen unsere Ausrüstung so rasch wie möglich ab. Wir haben nämlich Nachricht vom Flughafen bekommen. Unseren Katastrophenschützern ist es gelungen, das Fahrwerk des Flugzeugs zu reparieren und einen Ersatzreifen aufzuziehen, den sie glücklicherweise dabeihatten. Das ist gut. Denn bei uns drängt wieder mal die Zeit und laut Reiseplan müssten wir spätestens heute abfliegen, um unsere nächste Station rechtzeitig zu erreichen. Als wir mit unseren kleinen Lastwagen und zwei Magadaner Taxis an der Hecke vorbeifahren, hinter der eben noch der UAS hervorlugte, sind die Jungs mit dem Fernglas nicht mehr zu sehen. Haben sie etwa aufgegeben und wollen uns wirklich ganz unbeobachtet zum rund 40 Kilometer entfernten Flughafen fahren lassen? Was für eine merkwürdige Dienstauffassung, lieber Herr Putin, macht sich denn in Ihrer ehemaligen »Horch-und-Greif-Organisation« breit, kaum dass Sie Präsident geworden sind?, grinse ich. Eine derart dienstliche Erschlaffung ist ja geradezu Besorgnis erregend! Ich erzähle dem Taxifahrer von dieser überraschenden Gefahr, die den russischen Diensten droht, und dass man dies, von außen gesehen, nur als eine unmittelbare Gefährdung der Heimat interpretieren könne. Der grinst und sagt: »Wieso, da sind sie doch!« »Wo?«, frage ich. »Na hinter uns, in dem beigen Schiguli!« Ich drehe mich um und richtig: Ein Kommando von fünf Mann sitzt eng wie die Heringe in der Büchse in dem bewährten russischen Kleinwagen. Vorne zwei, hinten drei. So wird es ihnen wenigstens nicht kalt, denke ich. Woher er denn wisse, dass es die vom Geheimdienst seien, frage ich unseren Taxifahrer. »Kunststück«, brummt der, »die kennen wir doch alle.« Die Jungs scheinen für ihre höchst unauffällige Arbeit also schon berüchtigt zu sein.

Als wir nach unserer Ankunft vom Flughafen nach Magadan gefahren waren, war mir schon ein echt »vaterländischer« Kiosk am Straßenrand aufgefallen. Der präsentierte stolz die russische Fahne und ein riesiges Schild, auf dem *Rossija*, also Russland, geschrieben stand. Um das Maß voll zu machen, prangt von einer Stange noch ein unübersehbarer, golden angestrichener, russischer Doppeladler. An diesem Kiosk müssen wir auf dem Rückweg zum Flughafen wieder vorbeikommen. Das ist *die* Gelegenheit. Ich weihe den Taxifahrer in meine Pläne ein und der grinst wieder. Meinem Kollegen Frank Aischmann, der mit im Auto sitzt, ist ebenfalls ein gewisses Amusement anzumerken. Kaum taucht der vaterländisch wertvolle Kiosk am Straßenrand auf, tritt unser Taxifahrer kräftig auf die Bremse. Damit haben die Jungs in ihrer Schiguli-Sardinenbüchse nicht gerechnet. Der Fahrer reißt das Steuer herum, um nicht auf unser Heck zu prallen, schießt mit dem Auto quer über die Straße und bringt seinen Wagen dicht neben dem Kiosk zum Stehen. Nun folgt die zweite Lektion. Die digitale Fotokamera in der Hand springe ich wie von der Tarantel gestochen aus dem Taxi und fotografiere die überraschten Geheimdienstler. Als ich die Fotos im Kasten habe, winke ich ihnen fröhlich zu. Der Schiguli macht prompt einen Satz, bricht nach vorne aus und brettert auf einem holprigen Feldweg neben dem vaterländischen Kiosk davon in Richtung Wald. Armes Russland, denke ich mir. Das muss früher irgendwie professioneller gewesen sein. Andererseits finde ich es beruhigend.

Ich sehe sie lieber an der Grenze zur Lächerlichkeit auf einem höchst holprigen Feldweg davonrattern, als auf mich zufahren und rufe ihnen im Geiste ein herzliches »*do swidanija!*, auf Wiedersehen!« nach. Ich sollte mich nicht täuschen. Ein paar Kilometer später waren sie wieder da und knatterten hinter uns her. Brav, denke ich mir, das große Russland wird eben doch aufmerksam und ausreichend geschützt. Besonders vor dem verdächtigen Treiben offen auftretender ausländischer Fernsehteams.

Die Abfertigung am Flughafen ist erfreulicherweise beinah Formsache. Unsere Katastrophenschützer sind bereits vor Ort und wir sehen auch einen anderen alten Bekannten wieder: den Herrn von der »Sicherheit«, der uns schon bei unserer etwas unglücklichen Ankunft freundlich begrüßt hatte. Er kontrolliert seinen Zettel und liest die Namen vor. Ob wir alle hier seien? Wir sind alle hier. Was um Himmels willen hätten wir auch in der tristen Hafenstadt Magadan weiter treiben sollen? Die Geheimnisse, die wir ergründet haben, sind gar keine. Es ist nur die unselige Geschichte dieses Landes, die jedem bekannt, aber nicht mehr oder immer noch nicht ausreichend bewusst und gegenwärtig genug ist. »Viele wollen«, hatte uns der Historiker des kleinen GULAG-Museums gesagt, »dass damit endlich Schluss ist und Gras darüber wächst. Das ist die Stimmung bei den meisten!« Gras wächst darüber. Und im Winter bedeckt der Schnee wieder die weiten Wälder der Kolyma. Aber nach jedem eisigen Winter kommt früher oder später wieder das Frühjahr. Dann wird Tamara Sergejewna wieder ein paar Besucher hinaus in die Lager führen, von der Vergangenheit erzählen und nach deren Spuren in der Gegenwart suchen. Hoffentlich noch lange. Tamara Sergejewna, eine zähe Heldin des russischen Alltags. Eine Frau, die das Vermächtnis der toten Häftlinge erfüllt. Eine Frau aus Magadan.

5.

In den Klauen der Macht

Furcht erregend liegen sie in der Bucht. Die Rohre der schweren Geschütze ragen aus den eisernen Türmen. Sie sind geradeaus nach vorne gerichtet. An den Seiten die Abschussrampen für Torpedos. Einige der Radarantennen drehen sich über den gepanzerten Aufbauten. Neben den vier großen Kriegsschiffen liegt das schwimmende Lazarett vor Anker. Dahinter sind noch einige Zerstörer zu sehen. Doch das ist nur ein kleiner Teil der russischen Pazifikflotte. Der andere Teil liegt weiter nördlich in einem abgeschirmten und bewachten Marinehafen vor Anker. »Beherrsche den Osten« heißt die Stadt an der sanft geschwungenen Bucht auf Deutsch. Im Russischen nennt sie sich »Wladiwostok«. Vom südöstlichsten Punkt Russlands aus beherrscht sie den Pazifik. So war das jedenfalls gedacht. Und heute? Heute verdient die russische Pazifikflotte einen zweiten Blick und der ist weit weniger Furcht erregend. Bei genauem Hinsehen entdeckt man plötzlich die großen Roststellen an den Schiffen. Manöver auf offener See finden nur noch sehr selten statt. Es fehlt an Treibstoff, es fehlt überhaupt an Geld. Jedes Manöver kostet eine Menge. Wenn die Schiffe im Hafen liegen, ist das billiger. Die Mannschaft kann an Land versorgt werden. Die kriegerischen Zeiten sind fürs Erste vorbei. Also dümpelt die einst »ruhmreiche« Pazifikflotte im Hafen von Wladiwostok und rostet vor sich hin. Es gibt sie noch, aber sie ist mit jedem Tag weniger wert. Vielleicht war das auch vor zehn Jahren schon so. Nur – damals war es nicht bekannt. Denn Wladiwostok war wegen der strategischen Bedeutung und wegen des Marinehafens bis zum Beginn der neunziger Jahre eine geschlossene Stadt. Genauso wie Petropawlowsk-Kamtschatski. Später auf unserer Reise werden wir am westlichsten Punkt Russlands noch einen solchen Hafen einer lange geschlossenen Stadt zu Gesicht bekommen: in Kaliningrad, dem früheren Königsberg. Es ist erstaunlich, wie lange sich das System der geschlossenen Städte in der damaligen Sowjetunion gehalten hat. Immerhin fast bis zum Ende der Perestroika Michail Gorbatschows. Der damalige Generalsekretär der KPdSU hatte die Perestroika unter anderem deshalb in Gang gesetzt, weil es immer klarer wurde, dass das sowjetische System zumindest ökonomisch nicht mehr lange zu halten war. Vielleicht sah die russische Pazifikflotte zu diesem Zeitpunkt tatsächlich schon so aus wie heute. Die Wahrheit zu verheimlichen war ein Grund für das System der geschlossenen Städte – neben dem Hüten militärischer Geheimnisse, zu denen die gesamte Rüstungsproduktion gehörte. Und weil in der Sowjetunion fast alles irgendwie mit dem Militär verbunden war, wurde vieles eben als »geheim« eingestuft. Wirtschaftlich hat das eine Stadt wie Wladiwostok stranguliert. Eigentlich liegt sie ideal. Die geschwungene, von Hügeln umsäumte Bucht und die vielen vorgelagerten Inseln liefern beste Voraussetzungen für einen natürlichen Hafen. Und mehr noch: Wladiwostok ist die Hauptstadt der Region Primorje, die im Westen an China und ganz im Südwesten an Nordkorea grenzt. Die japanische Hauptstadt Tokio ist gerade mal eine Flugstunde entfernt. In knapp zwei Tagen erreicht man Japan mit dem Schiff. Wladiwostok könnte die Drehscheibe für Russlands Handel mit Asien sein, ein »russisches Hongkong«, wie mancher Wladiwostoker träumt. Aber das sind zumindest derzeit zum größten Teil noch Wunschgedanken. In Wirklichkeit gehört die Region Primorje wegen grenzenloser Misswirtschaft, Korruption und einem unfähigen Gouverneur zu den armen Regionen Russlands. Der unberechenbare, auch psychisch höchst eigenartig geprägte Gouverneur Jewgeni Nasdratenko, der die Region seit Dezember 1995 beherrschte, wurde erst jetzt, sechs Jahre später, nach diversen Konflikten mit dem sieben Zeitzonen und 9300 Kilometer entfernten Moskau, vom russischen Präsidenten Putin seines Amtes enthoben. Nach heftig umstrittenen und einigermaßen undurchsichtigen Wahlen regiert heute ein dem Kreml freundlicher gesonnener Gouverneur. Ob es ihm gelingt, der verarmten Region auf die Beine zu helfen, wird man sehen. Der abgelöste Gouverneur ist übrigens weich gefallen. Er wurde zum Minister für das Fischereiwesen ernannt. Das ist kein schlechter Job, wenn man reich werden will, falls er das noch nicht in ausreichendem Maße sein sollte. In diesem Amt ist er für alles zuständig, was mit Fischfang, einer der Haupteinnahmequellen der Region, zu tun hat. Auf einem solchen Posten gelingt es immer, für sich etwas abzuzweigen.

Bei Grigori Pasko ist es genau umgekehrt. Er wird seit Jahren verfolgt. Nicht, weil er in die eigene Tasche gewirtschaftet hat. Er saß über ein Jahr im Gefängnis, weil er die Wahrheit aufdeckte. Wir treffen uns im Hafen zu einem Spaziergang entlang der Kriegsschiffe. Grigori ist Marineoffizier. Er erklärt mir die Funktion und den Stellenwert der einzelnen Schiffe. Er tut das ganz ohne Bitterkeit. Auf mich wirkt er schon bei dieser ersten Begegnung sehr ausgeglichen. Sein schwarzes, zurückgekämmtes Haar weist ein paar graue Strähnen auf, der Blick aus seinen dunklen Augen ist frei und offen. Gelegentlich lacht er ein wenig, wenn er von den Kuriositäten des Alltags bei der Marine erzählt. Viel sinnloser Drill, der den Frust der Matrosen und Offiziere angesichts der Mittellosigkeit der Marine überdecken soll. Ich erzähle ihm, wann ich das erste russische Kriegsschiff gesehen und woran ich es erkannt habe. Es war im so genannten Tankerkrieg zwischen dem Iran und Irak Mitte der achtziger Jahre im Persischen Golf. Wir flogen damals die Straße von Hormuz, die den Indischen Ozean mit dem Persischen Golf verbindet, immer wieder ab, um die in den Golf einlaufenden Kriegsschiffe zu filmen – amerikanische, englische, italienische. Plötzlich jedoch tauchte unter uns eines auf, das in einem anderen Zustand als die übrigen zu sein schien: Von Rost bedeckt, wirkte es irgendwie schmutziger oder heruntergekommener als die anderen. »Das sind bestimmt die Sowjets!«, rief ich meinem Piloten zu. Es war mehr als Scherz gedacht. Der schaute durch das Fernglas und nickte: »Die haben auf der Fahne am Heck Hammer und Sichel!« Also doch. Tatsächlich ein sowjetisches, heute würde man sagen, ein russisches Schiff. Das war damals.

»Waren Ihre Schiffe immer in so einem schlechten Zustand?« – »Nein«, sagt Grigorij, »jedenfalls nicht von außen. Damals hatten wir schon noch genug Geld, und der Marine ging's nicht so schlecht wie heute. Vielleicht war das Schiff, das Sie gesehen haben, nicht besonders gepflegt. Das kann sein, aber üblich war das nicht. Unsere Schiffe haben eine andere Besonderheit, das ist ihre karge Innenausstattung. Für die Mannschaften zumindest ist es hart, weil ihre Räume nur mit dem Allernötigsten ausgestattet sind. Wenn wir zum Manöver, und das heißt zur Gefechtsfahrt, ausliefen und es war ein heißer Sommer, dann war das die Hölle. Die Hitze staute sich in dem eisernen Rumpf, die Klimaanlage funktionierte meistens ziemlich schlecht. Die Hitze und die schlechte Luft da drin, das hältst du kaum aus. Unsere Schiffe sind nicht auf Friedenszeiten und auf Komfort für die Mannschaften ausgelegt. Auch was das persönliche Leben und die Alltagsbedingungen angeht, herrscht immer eine Art Not- oder Kriegszustand!« Grigori war trotzdem gerne Offizier und überzeugt von seiner Aufgabe. Abgesehen davon war das zu Sowjetzeiten ein sehr angesehener Beruf. Besonders in der Marinestadt Wladiwostok. Er kann kein schlechter Offizier gewesen sein, so, wie er auf mich wirkt. An ihm ist nichts Gedrücktes, gar Deprimiertes. Er redet entspannt, gelegentlich etwas ironisch. Ein Mann, der gut mit Worten umgehen kann. Bei der Marine wurde er auf einer bekannten Schule zum Militärjournalisten ausgebildet und arbeitete als solcher in ihren Diensten. Später bei ihm zu Hause erfahre ich, dass er auch Gedichtbände veröffentlicht hat. Ich habe mich nicht getäuscht. Ein sensibler Mann, der immer wohl auch andere Interessen als seine rein militärischen Pflichten gehabt hat. Was brachte ihn denn dann in Konflikt mit der Marine? – Seine Sensibilität und wohl auch seine Ehrlichkeit. Er bekam mit, dass die Marine chemischen und atomaren Müll in den Pazifik verklappte. Oder ausgediente Munition bis hin zu schweren Artilleriegranaten tonnenweise einfach ins Meer warf.

Solche Informationen und mit einer Amateurkamera gedrehte Filmaufnahmen machte er dem japanischen Fernsehen NHK zugänglich. Er hielt es der Marine für unwürdig, wenn sie so mit ihrem »Müll« verfuhr. Die Marine sei dazu da, das Land zu schützen und nicht, um das Meer zu vergiften. Paskos Aktivitäten riefen natürlich bald den Geheimdienst auf den Plan. Am 20. November 1997 wurde er in Untersuchungshaft genommen. Er habe einer fremden Macht, in diesem Fall Japan, militärische Geheimnisse verraten. Zwanzig Monate saß er in Untersuchungshaft. Aber Pasko ließ sich nicht einschüchtern. Auch nicht, als die japanische Fernsehgesellschaft NHK ihn aus seiner Sicht im Stich ließ, statt ihn zumindest mit Geld für seine Verteidigung zu unterstützen. Es begann eine lange Kette von Verhandlungen, die er von einem eisernen Käfig aus, wie üblich in russischen Gerichtssälen, mitverfolgte. Grigori übernahm seine Verteidigung schließlich selbst. Der Geheimdienst sammelte immer wieder neues Material gegen ihn, hatte aber ganz offensichtlich Schwierigkeiten, ihn als Spion zu überführen oder sicheres Beweismaterial vorzulegen. Trotzdem ließ er Pasko nicht aus den Klauen, bis heute. »Wenn Sie wirklich wissen wollen, wer der eigentliche Hausherr in diesem Land ist, dann gibt es für mich nur eine Antwort – der Geheimdienst. Noch haben sie nicht alles in der Hand, aber der ist wie eine Krake und breitet sich immer weiter aus«, sagt er, während wir weiter an der Kaimauer entlang spazieren. »Und Putin, wie schätzen Sie den ein?«, frage ich. »Durch den bekommen die doch so viel Mut und Aufwind«, meint Pasko. »Der war doch einer von ihnen und deswegen wissen sie, dass er sie stützt. Selbst wenn Putin gar nicht alles weiß, was die Arbeit des Geheimdienstes angeht, überschlägt sich der Apparat natürlich. Es gibt immer überall übereifrige Mitglieder in den Machtstrukturen. Die fühlen sich mit so einem Präsidenten einfach freier und gehen noch weiter, als sie es vielleicht sonst tun würden.« Grigori bleibt während unseres Gesprächs trotz seiner offenkundigen Verbitterung nüchtern und analytisch. Er ist der Überzeugung, dass sich der Westen falsch verhält. Laut Pasko müsste er Putin viel kritischer und bestimmter gegenübertreten. »Putin versteht unter Demokratie etwas anderes als zum Beispiel die deutsche Regierung oder die deutsche Gesellschaft.« Nein, zurück zum Sowjetsystem wolle natürlich auch Putin nicht. Aber er habe ein sehr autoritäres Staats- und Demokratieverständnis. Das seien die Signale, die er auch an die Machtstrukturen schicke. Und die handelten eben danach. Und weil die demokratische Kontrolle zu schwach oder gar nicht vorhanden sei, nehme das Ganze seinen Lauf. An ihm, Pasko, sei vor allem ein Exempel statuiert worden, damit niemand anders auf solch dumme Ideen komme und es genauso mache. Das sei für den Apparat zu gefährlich.

Inzwischen brennt die Sonne auf uns herunter. Es ist ein wunderschöner Sommertag. Wir trennen uns, denn Grigori hat noch einen Termin. Wir werden uns später in seiner Wohnung wieder treffen. Ich schlendere noch ein wenig durch die Stadt. Sie ist immer noch ziemlich ramponiert. Viele Gebäude sind nach wie vor in einem schlechten, »sowjetischen« Zustand. Schlaglöcher auf den Straßen, Fassaden mit abblätterndem Putz, laut quietschende und scheppernde Straßenbahnen, bettelnde Menschen. Dennoch spürt man auch ein wenig das Aufatmen. An der einen oder anderen Stelle tut sich etwas, werden Gebäude renoviert, die Läden sind voller Waren und an vielen Ständen um den Bahnhof oder den zivilen Hafen herum wird gehandelt und verkauft. Unter den jungen Leuten in Russland hat Wladiwostok einen geradezu legendären Ruf. Eine der bekanntesten Rockgruppen, »Mumi Troll«, derzeit die russische Kultband Nummer eins, kommt aus Wladiwostok, das es diesbezüglich mit dem anderen »Liverpool« Russlands durchaus aufnehmen kann, mit Sankt Petersburg. »Mumi Troll« ist immerhin beim diesjährigen Grand Prix d'Eurovision de la Chanson aufgetreten und damit auch außerhalb Russlands bekannt geworden.

Bei einer Unterführung der Swetlanskaja Uliza, der zentralen Straße Wladiwostoks, wo man sich zum Bummeln trifft oder in Diskotheken oder Restaurants geht, machen drei junge Leute Straßenmusik, spielen russischen Pop und Folk und sammeln Geld. Olga, die Geigerin, finanziert so ihr Musikstudium, Kolja und Andrei gehen noch zur Schule, wollen aber später mal »richtig« Musik machen. Ich höre ihnen gerne eine Weile zu und entrichte natürlich meinen Obolus. Am Abend wird es auf dem zentralen Platz am Hafen ein Rockkonzert geben, bei dem halb Wladiwostok auf den Beinen sein wird, wie ich später merke. Was übrigens kaum jemand weiß: Einer der berühmtesten Glatzköpfe, der in Hollywood große Karriere machte, kam ebenfalls aus Wladiwostok: Yul Brynner, der dort 1920 geboren wurde. Brynners Großvater, ursprünglich ein Schweizer, besaß eine Import-Export-Firma in Wladiwostok, die bis weit nach Ostsibirien und in die Mandschurei Handel trieb. Brynners Mutter setzte sich, von ihrem Mann verlassen, mit dem vierjährigen Jungen nach Paris ab. Künstlerischen Humus scheint es hier also genug zu geben. Vielleicht wird die Stadt ja wirklich einmal das russische Hongkong. Das dafür nötige Völkergemisch aus Koreanern, Chinesen, Japanern, Russen und vielen andern hätte sie ja schon. Das hatte sie auch vor der Revolution. Erst 1922 gelang es der Roten Armee, auch in Wladiwostok die Macht zu ergreifen. Um diese Zeit waren etwa 40 Prozent der arbeitsfähigen Männer Chinesen. Stalins bewährte Methode von Erschießung und Deportation machte aus der bis dahin multikulturellen Stadt menschlich wie kulturell die übliche Sowjetkulisse. Traurige Berühmtheit erlangte der nördliche Vorort Wtoraja Retschka als Durchgangslager für die Häftlinge, die von hier aus per Schiff in den GULAG der Kolyma abtransportiert wurden. Zielhafen war ebenjene Stadt Magadan, aus der wir gerade kommen. Ein großes, aber künstlerisch eher abschreckendes Denkmal eines triumphierenden Rotarmisten steht in Wladiwostok auf dem zentralen Platz am Ufer und erinnert immer noch an diese Zeit, während die Stadt sich allmählich davon zu befreien sucht. Man kann ihr nichts Besseres wünschen.

Am zivilen Hafen wird gerade ein Schiff entladen, auf dem in abenteuerlich zusammengeschweißten Gestellen Unmengen japanischer Autos und Motorroller stehen – eine wackelige Konstruktion, die jeden deutschen Kapitän an den Rand des Herzinfarkts treiben würde. Das Schiff, kein Fracht-, sondern ein Passagierschiff, macht einen ziemlich heruntergekommenen Eindruck, schon gar mit den funkelnden Automobilen an Bord, die den Gegensatz noch unterstreichen. Es wundert mich doch, dass ein so gewagt beladenes Schiff überhaupt auf das Meer auslaufen darf. Aber den Japanern wird es egal sein, Hauptsache, sie verkaufen ihre Autos. Und die russische Hafenverwaltung drückt ebenfalls ein Auge zu, weil sie an dem lukrativen Autohandel vermutlich kräftig mitverdient.

Grigori Pasko wohnt mit seiner Frau Galina und seinem achtzehnjährigen Sohn Ruslan in einer der üblichen zwölfstöckigen grauen Plattenbauten in einer für russische Verhältnisse durchaus guten, geräumigen Dreizimmerwohnung nahe am Stadtzentrum. Von dem kleinen Balkon kann man direkt hinunter in die Bucht blicken. Der Balkon ist zu einer Art Wintergarten umfunktioniert, voll gestellt mit Pflanzen und Blumentöpfen. Die Wohnung hat Grigori als Offizier zugewiesen bekommen, als sein Verhältnis zu Staat und Marine noch in Ordnung war. Inzwischen ist sie privatisiert und gehört der Familie. In den Bücherregalen stehen klassische russische Literatur, aber auch viele Bände zur russischen Gesetzgebung mit den entsprechenden Kommentaren. »Ich bin mein eigener Spezialist und Anwalt geworden«, sagt Grigori, der sich mit dem Gedanken trägt, mit seinen 46 Jahren nebenher an der Wladiwostoker Universität Jura zu studieren, um aus dem zwangsweise erworbenen Wissen vielleicht doch noch einen Beruf zu machen. Wir sitzen zusammen in der Küche und trinken Tee. Galina hat selbst Gebackenes aufgetragen. Die Familie wirkt auf mich sehr harmonisch. Sie scheinen die harten Prüfungen der letzten Jahre ohne große Beschädigungen überstanden zu haben. »Es war schon sehr schwer«, sagt Galina, eine sehr attraktive Frau. »Aber während das alles mit dir passiert, denkst du gar nicht daran. Ich war den ganzen Tag auf den Beinen, um dieses oder jenes Dokument zu besorgen, mich nach Grigori zu erkundigen und mit Freunden gemeinsam zu beratschlagen, was wir noch alles tun könnten. Ich durfte ihn ja erst nach sechs Monaten Untersuchungshaft besuchen. Bis dahin konnte ich nicht mit ihm reden und mich mit ihm beraten.« Bei diesem ersten Besuch hat sie ihm gleich eines eingeschärft: »Ich sagte ihm, du musst dich zusammenreißen. Wenn du so finster guckst und die dich so während des Prozesses im Fernsehen zeigen, dann sagt doch jeder, der sieht schon aus wie ein Spion, also ist er bestimmt auch einer. Tritt anders auf. Du bist Offizier, du bist Journalist, du kannst stolz auf dich sein. Du hast nichts zu verheimlichen, also zeig das auch nach außen.« Grigori bestätigt das. »Ja, das hat mir wirklich sehr geholfen. Ich habe von da an sehr darauf geachtet, dass ich mich pflege, dass meine Kleider in Ordnung sind. Ich habe versucht, meine Heiterkeit zurückzugewinnen, auch wenn das nicht leicht war.« Welch ein Glück, denke ich mir beim Zuhören, dass er eine so intelligente und lebenskluge Frau an seiner Seite hat, die sich nicht einschüchtern ließ und einen klaren Kopf behielt. Galina lächelt und strahlt aus ihren blaugrünen Augen. Sie ist studierte Biologin, musste aber als Verkäuferin arbeiten, um die Familie in dieser schwierigen Zeit durchzubringen. Als Biologin fand sie keine Arbeit mehr, denn offiziell war sie die Gattin eines Spions, der einer anderen Macht Staatsgeheimnisse verrät. Nach einer langen Kette von Verhandlungen wurde Grigori, den Amnesty International mittlerweile als »Prisoner of Conscience«, als politischen Gefangenen betreute, zu drei Jahren Haft verurteilt, aber noch im Gerichtssaal amnestiert. Er wollte aber nicht amnestiert, sondern rehabilitiert werden. Er argumentierte, die Fakten, die er bekannt gemacht habe, seien auch anderswo bekannt gewesen und publiziert worden. Er habe außerdem keine Staatsgeheimnisse verraten und sich deshalb auch nichts Strafbares zuschulden kommen lassen. Das Verfahren wurde wieder aufgenommen. Es begann am 4. Juni 2001 erneut, zieht sich aber merkwürdig schleppend hin und wird immer wieder vertagt, ganz so, als sei der so genannte Apparat inzwischen selbst etwas verunsichert. Die internationale Aufmerksamkeit, die dieser Fall wegen seiner offenkundigen Absurdität erreicht hat, scheint den zuständigen Stellen unangenehm zu sein. Das bedeutet freilich nicht, dass es nicht doch noch zu weiteren abstrusen Entscheidungen kommen kann. Der Druck lastet weiter auf dieser Familie: »Ich darf zum Beispiel die Stadt nicht verlassen und muss ständig zur Verfügung stehen. Offiziell darf ich auch nicht nach Moskau, um mich dort mit Spezialisten zu beraten«, sagt Grigori, nimmt einen Schluck Tee, dann grinst er verschmitzt. »Ich war natürlich trotzdem dort und sie haben mich nicht aufgehalten.« Derzeit läuft noch ein anderes Verfahren, das Grigori selbst angestrengt hat. Er will aus der Armee entlassen werden, denn er ist bis jetzt lediglich vom Dienst suspendiert. Die Armee entlässt ihn aber nicht – um ihn besser unter Kontrolle zu haben, wie er meint. Nach wie vor versuchen Staat, Gerichte und Geheimdienst ihn mit allen Mitteln in die Enge zu treiben. Vielleicht hoffen sie, dass er und seine Familie unter dem ständigen Druck irgendwann doch noch psychisch oder physisch zusammenbrechen. Bis jetzt hoffen sie hierauf vergeblich.

Und Ruslan, der achtzehnjährige Sohn, wie sieht er seinen Vater, den Häftling und angeblichen Spion? »Ich sehe in ihm ein Beispiel, wie ein Offizier und ein Journalist sein sollte«, sagt Ruslan ganz ruhig am Küchentisch. »Er kämpft doch auch für meine Zukunft. Und nicht nur für meine, für die Zukunft aller Jugendlichen. Er kämpft dafür, dass wir alle in einer sauberen Umwelt leben können.« Nein, geschämt habe er sich nie für seinen Vater, auch nicht, als er im Gefängnis saß. Und seine Kumpel an der Schule hätten ihn das auch nicht spüren lassen. Die Schule selbst habe sich ganz ordentlich verhalten.

Ruslan interessiert sich für Innenarchitektur und hat sich Computerprogramme besorgt, mit denen man Häuser konstruieren und einrichten kann. Damit kann er sich stundenlang beschäftigen. Vielleicht wird er daraus eines Tages sogar einen Beruf machen. Auch Ruslan wirkt in keiner Weise bedrückt. Als wir ihre Wohnung nach ein paar Stunden wieder verlassen, bin ich davon überzeugt: Galina, Grigori und Ruslan werden durchhalten.

Nächster Morgen. Grigori Pasko muss zum Garnisonsgericht der Marine. Es geht um die Klage, die er selbst angestrengt hat, um aus der Marine entlassen zu werden. Ich treffe ihn vor dem Gerichtsgebäude. Nein, er hat keine Ahnung, was der heutige Tag bringen wird. Drinnen stellt sich dann heraus, dass der zuständige Marinerichter, Major Sergei Schogelew, zunächst ein Schlichtungsgespräch zwischen den beiden Parteien anstrebt. Die gegnerische Partei, also die Marine, ist jedoch gar nicht erst gekommen. Also findet ein erstes Sondierungsgespräch zwischen Pasko und dem zuständigen Richter statt. Zu meiner Verblüffung dürfen wir zwar kein Interview mit dem Richter machen, aber doch immerhin ein paar Minuten filmen, wie die beiden im Büro des Richters am Schreibtisch sitzen und miteinander reden. Der »Apparat« scheint also wirklich etwas verunsichert zu sein. Man kann es auch positiv wenden: Immerhin leben wir nicht mehr in der Zeit der Sowjetunion, als so ein Mann wie Pasko schlicht und einfach hinter Gefängnismauern verschwand und nichts mehr von ihm zu hören und zu sehen war. Nach dem Gespräch mit dem Richter bitte ich Grigori, mir den Verhandlungssaal zu zeigen. Er liegt auf der anderen Seite des dunklen Korridors, dem Büro des Richters gegenüber. Von den Wänden blättert die Tapete ab. Tische und Stühle sind zum Teil erheblich ramponiert. Das Beeindruckendste ist freilich der große eiserne Käfig, in den Pasko während der Verhandlung gesperrt wurde. Keine geringe Demütigung für einen Mann wie ihn, wie ein gewalttätiger Gangster und Schwerverbrecher behandelt zu werden. Als ob sein Gewaltmonopol nicht schon genug wäre, umgibt sich der Staat nach wie vor mit martialischen Insignien und zeigt dabei jedes Mal aufs Neue, wie weit Russland noch von einer Zivilgesellschaft entfernt ist, in der das Recht des Individuums einen hohen Wert besitzt.

Zwanzig Monate saß Pasko in Untersuchungshaft. Die Bedingungen dort waren entsetzlich: »Du weißt nicht, was da mit dir am nächsten Tag passiert«, erzählt Grigori, während wir im Verhandlungssaal vor dem eisernen Käfig sitzen. »Ganz leicht kannst du dich mit Tuberkulose oder Aids anstecken – Infizierte gibt es da genug. Oder irgendeinem Idioten wird eine Verkürzung seiner Haftzeit versprochen, wenn er dich mal eben umbringt!« Was Pasko erzählt, kann ich mir bestens vorstellen. Die Lage in den russischen Gefängnissen ist dramatisch. Wir hatten vor kurzem die Gelegenheit, in einem der Moskauer Gefängnisse zu drehen. Was man dort zu sehen bekommt, ist eines zivilisierten Staates unwürdig. 70 oder 80 Häftlinge in einem 30 bis 40 Quadratmeter großen Raum. Geschlafen wird in mehreren Schichten, da nicht genügend Betten vorhanden sind. Überall hängen Kleider zum Trocknen. Zwischen den Betten stehen Tische und Bänke, wo sich die Häftlinge aufhalten, die gerade nicht in der Schlafschicht sind. Ein einziges Waschbecken für alle. In den beinahe unerträglichen Schweißgeruch der Männer mischt sich der Gestank der Toilette. Ein ideales Klima zur Verbreitung von Krankheiten aller Art. Verliert nicht ein Staat sein Recht auf das Gewaltmonopol, wenn er nicht dafür garantieren kann, dass die Verurteilten ihre wie auch immer angemessene Strafe wenigstens gesund überstehen? Den idealen Strafvollzug gibt es nicht. Aber es muss einen Mindeststandard geben, der die Menschenwürde auch der Häftlinge schützt. Gerade in einem Land mit dem unseligen Erbe des GULAG und der Psychiatrien, in die noch zu Breschnews Zeiten, also in den siebziger und frühen achtziger Jahren, so genannte Dissidenten gesperrt wurden. Grigori Pasko wird heute im Grunde genommen wieder wie ein solcher Dissident behandelt. Die Art und Weise, wie die Behörden mit ihm umspringen, weist jedenfalls in diese Richtung.

Später mache ich spontan den Versuch, den Vorsitzenden des Obersten Marinegerichts zu sprechen, um seinen Kommentar zum »Fall Pasko« einzuholen, Generalmajor Sergei Wolkow. Das Oberste Marinegericht ist in einem Gebäude ganz in der Nähe untergebracht. Zu meiner Überraschung gelingt es mir, bis ins Vorzimmer vorzudringen. Dort allerdings werden meine Bemühungen jäh unterbrochen. Der Generalmajor sei nicht zu sprechen. Und schon gar nicht auf diese Weise, so spontan und unangemeldet. Gut, das muss ich akzeptieren. Aber einen Versuch war es wert und wenn auch nur deshalb, um zu signalisieren, dass sich das Deutsche Fernsehen für den Fall interessiert.

»Grigori Pasko ist unsere letzte Hoffnung. Wenn er uns nicht helfen kann, wer soll es sonst tun? Das ist einer, der keine Angst hat. Davon gibt's nicht viele!« Natalija Galubina sitzt zusammen mit zwei Freundinnen in ihrer Wohnung. Sie haben sich mit Pasko verabredet. Es geht um ein Umweltverbrechen. Die drei Frauen und ihre Kinder wohnen direkt neben einem städtischen medizinischen Institut, das für die Gesundheitsversorgung der Bevölkerung zuständig ist. Dort waren Impfstoffe gelagert, unter anderem gegen Pocken. Als das Verfallsdatum für die Pockenimpfstoffe überschritten war, hat das Personal des Instituts die Ampullen einfach neben dem Gebäude verscharrt. Knapp 100 Meter von dem Institut entfernt liegen Wohngebäude und ein Kinderspielplatz. Die Kinder von Natascha und ihren Freundinnen, Jungs im Alter zwischen sieben und elf Jahren, haben die Ampullen mit den Pockenerregern gefunden und damit gespielt. Dabei infizierten sie sich. Ihr Problem: Niemand möchte die Kinder behandeln. Aus der Sicht der Frauen geschieht das deshalb, weil man geheim halten will, dass sich die Kinder infiziert haben und das sogar noch durch weggeworfene Ampullen eines städtischen Instituts. Die Frauen haben sogar an den russischen Präsidenten Putin geschrieben. Anwort haben sie keine erhalten. »Früher«, sagt Grigori Pasko, »zu Breschnews Zeiten, da gab es wenigstens noch eine Antwort. Heute gibt's nicht mal mehr das.« Etwas allerdings ist dann doch völlig anders als damals. In Wladiwostok gibt es eine mutige kleine Radiostation. Mit der telefoniert Grigori noch von der Wohnung der Frauen aus. Die Redaktion beschließt, ihn sofort live in die Sendung zu nehmen. Während wir vom Balkon aus die Übertragung im Radio verfolgen, erzählt er den Zuhörern die Geschichte der Frauen und ihrer Kinder. Er erwähnt auch, dass das Deutsche Fernsehen ARD mit in der Wohnung sei und über den Fall der Frauen und ihrer mit Pockenerregern infizierten Kinder in Deutschland berichtet, was wir später auch in einem *Weltspiegel*-Beitrag für das »Russische Tagebuch« tun. Ob er sich denn um sich keine Sorgen mache, ob er denn nicht Angst habe, wenn er sich auch noch um solche Sachen kümmere, fragt der Moderator Pasko. »Nein, warum?«, fragt Pasko zurück, »die Öffentlichkeit muss es doch erfahren und sie ist zugleich auch ein Schutz!« Eine einfache Antwort und ein einleuchtendes Argument. Aber das alles durchzustehen ist schon weniger leicht. Die Familie Pasko ist sich dennoch im Klaren darüber, dass sie es nicht anders haben will. Es ist schon zu viel geschehen. Einen Weg zurück gibt es nicht. Zugleich sind die Paskos ein Beispiel, dass es eben doch geht, sich zu wehren, wenngleich mit hohem persönlichem Risiko. In Wladiwostok ist Grigori Pasko längst eine bekannte Persönlichkeit. Ich spreche immer wieder Passanten an, frage, ob sie ihn kennen und was sie von ihm halten. »Natürlich kennen wir ihn!«, ist die durchgängige Antwort. »Und was denken Sie über ihn?« – »Das ist ein mutiger Mann!«, ist wiederum die fast bei allen gleich lautende Antwort. So hat der »Apparat« dadurch, dass er einen Mann wie Grigori Pasko mit allen Mitteln bekämpft, ungewollt ein für viele positives Beispiel geschaffen. Ein Beispiel dafür, wie demokratisches Engagement und Zivilcourage entstehen können, obwohl die verschiedenen Behörden und Dienste genau das verhindern wollten. Und aus diesem Grund spielt Pasko für das Entstehen der russischen Demokratie eine wichtige Rolle. Eigentlich müsste man ihn dafür auszeichnen. Von ausländischen Menschenrechtsorganisationen hat er solche Auszeichnungen auch schon bekommen. Wäre es nicht auch eine gute Idee für den russischen Präsidenten, Pasko für seine Verdienste um die russische Demokratie auszuzeichnen? Denn in Richtung einer europäischen Demokratie soll sich Russland laut

Wladimir Putin ja entwickeln. Und dann wäre da noch der Brief der Frauen zu beantworten. Und es wäre den Kindern ihr Recht auf angemessene ärztliche Behandlung zuzugestehen. Theoretische Debatten, wohin sich Russland denn letztendlich entwickeln soll, sind dazu gar nicht nötig. Es müsste einfach nur gehandelt werden. Und damit wären dann zugleich eine Menge theoretisch-politologischer Fragen beantwortet. So einfach könnte es sein. Es wäre um vieles glaubwürdiger als die vielen Fensterreden auf Empfängen und bei Staatsbesuchen im Westen.

Unmittelbar neben dem Hafen liegt der zentrale Bahnhof von Wladiwostok. Erfreulicherweise wurde er sehr aufwendig renoviert und ist inzwischen ein sehenswertes Gebäude mit sozialistisch-realistischen Malereien in der Haupthalle, die bewusst erhalten wurden. Um den Bahnhof herum sind viele Stände aufgebaut, an denen alles von Schuhen bis zu koreanischen oder chinesischen Heilkräutern verkauft wird. Gegenüber dem Bahnhof steht, anders als in anderen Städten, ein überraschend wild gestikulierender Lenin, der ausgerechnet in jene Richtung zeigt, aus der heute beinahe täglich neue Fracht übers Meer herankommt – aus Japan. Ob er schon damals etwas geahnt hat? Das Gebiet um Wladiwostok hatte wegen seiner geographischen Lage schon immer die Tendenz, sich von Russland wegzuorientieren. Dies war auch einer der Gründe, warum die Transsibirische Eisenbahn, in die wir nun einsteigen wollen, bis nach Wladiwostok gebaut wurde. Als der damalige Zarewitsch Nikolai, der spätere Zar Nikolaus II., 1891 nach Wladiwostok kam, um einen weiteren Streckenteil der Transsibirischen Eisenbahn einzuweihen, bestand der Sinn auch darin, den Einfluss Russlands in diesem Gebiet zu stärken. Auf einem der Bahnsteige steht eine Säule, die vom goldenen russischen Doppeladler gekrönt wird. An der Säule ist die Kilometerzahl angebracht: 9288 Kilometer lang ist die Strecke bis Moskau. Über den Bahnsteig ist ein Transparent gespannt: »100 Jahre Transsibirische Eisenbahn«. Am Bahnhof werden zwei Uhrzeiten angezeigt. Die eine ist die Wladiwostoker Zeit, die andere die Moskauer. Und nach letzterer richtet sich der Fahrplan. Wer auf die Transsib aufsteigen will, orientiert sich also besser nicht an der örtlichen Zeit, sonst kommt er sieben Stunden zu früh. Das gilt für die gesamte Strecke der Transsibirischen Eisenbahn. Man benötigt immer die jeweilige Ortszeit und die Moskauer Zeit. Da sich die Ortszeit, je weiter man nach Westen kommt, immer mehr der Moskauer Zeit annähert, ist es gelegentlich eine nicht ganz unkomplizierte Rechnerei, um herauszubekommen, wie viel Uhr es wo denn tatsächlich nach welcher Zeit ist. Schon gar wenn man, wie wir, auch noch eine dritte Zeit im Kopf hat, nämlich die in Deutschland, um unsere jeweiligen Sendungen nicht zu verpassen und rechtzeitig zu planen, wann wir wo aussteigen, um unsere Satellitenschüssel aufzubauen und unsere Filme nach Deutschland zu überspielen. Dennoch freue ich mich darauf, nun ein paar Tage im Zug zu verbringen. Von unseren großartigen Katastrophenschützern und ihrem phänomenalen Flugzeug haben wir uns längst verabschiedet. Sie haben sich wunderbar um uns gekümmert und uns sicher durch den Nordosten Russlands geflogen. Ohne sie wäre die Reise dorthin gar nicht möglich gewesen. Mein Eindruck war allerdings, dass sie uns, mal abgesehen von den eineinhalb Tonnen Gepäck, auch ganz gerne mitgenommen haben, zumal es für sie »nur« ein Transportflug war und sie nicht, wie sonst, in ein Katastrophengebiet fliegen mussten. Ein bisschen skeptisch schaute unser Pilot Jewgeni Borissowitsch schon, als ich ihn fragte, ob es denn nun Schwierigkeiten gebe wegen des geplatzten Reifens und all dem, was sich daraus ergab. »Fifty-fifty«, sagte er auf Englisch und runzelte ein wenig die Stirn. Jetzt werde eine Kommission einberufen, die sich mit der Sache beschäftige. Na, so schlimm wird es hoffentlich nicht werden. Wo eine Kommission ist, da ist auch ein Weg, denke ich mir und bin froh, dass wir die Rechnung für den Flug bereits beglichen haben und weder das Flugzeug noch die Kommission brauchen. Man weiß ja nie.

Von den Paskos haben wir uns ebenfalls verabschiedet. Es war eine schöne und sehr herzliche Begegnung. Wir beschließen, miteinander in Kontakt zu bleiben und weiterzuverfolgen, was mit dieser Familie geschieht. Vielleicht sehen wir uns ja bald wieder. Dann aber hoffentlich, um das Ende des »Falles Pasko« zu feiern.

Diese Hoffnung hat sich leider nicht erfüllt. Am 25. Dezember 2001 wird Grigori Pasko wegen Landesverrats zu vier Jahren verschärfter Lagerhaft verurteilt. Die Staatsanwaltschaft hatte sogar neun Jahre Haft gefordert. Pasko wurde zum Entsetzen seiner Verteidigung und seiner Familie noch im Gerichtssaal verhaftet. Seine frühere Untersuchungshaft wurde auf das Urteil angerechnet, so dass er laut diesem Urteil noch 28 Monate in verschärfter Lagerhaft absitzen muss. Die Geheimdienste, der Militärapparat und die entsprechenden Richter versuchen ganz offenkundig einem Mann und seiner Familie das Rückgrat zu brechen. Die russische Zeitung *Wedomosti* schrieb am nächsten Tag zu Recht, dass das Urteil ein »Angriff der Staatsmacht auf die Pressefreiheit« sei. Aus meiner Sicht ist die internationale Politik und die demokratische Öffentlichkeit innerhalb und außerhalb Russlands dazu aufgerufen, sich das nicht bieten zu lassen. Noch einmal: Pressefreiheit und Menschenrechte sind die wahren Prüfsteine für die Demokratie und nicht die offiziellen Fensterreden des russischen Präsidenten.

Nachtrag Mai 2003:

Gute Neuigkeiten: Grigori Pasko ist frei. Der Hintergrund ist einfach erklärt. Ein Bezirksgericht, das für jene Region zuständig war, in der Paskos Haftanstalt lag, verhandelte die routinemäßige Haftprüfung. Bei einer für den Häftling positiven Entscheidung wird üblicherweise der Rest der Haftstrafe erlassen. Das Gericht hat wegen »guter Führung« des Häftlings Pasko in diesem Sinne entschieden. Also: Pasko ist frei. Wie das kommt? Vielleicht hat das Gericht von »höherer Stelle« einen Hinweis bekommen, dass dieser »Fall« nun doch irgendwie vom Tisch muss. Oder es hat sich in dieser entlegenen Provinz Russlands ein wirklich unabhängiger Richter gefunden, der die Absurdität des Falles sah und entsprechend entschieden hat. Das wäre die positivere Variante, ich halte sie nicht unbedingt für die wahrscheinlichere.

Die Paskos versuchen jetzt eine Wohnung in Moskau zu bekommen und von Wladiwostok wegzuziehen. So, wie es aussieht, wird das auch klappen. Moskau, das bedeutet im Notfall auch mehr Aufmerksamkeit der internationalen Presse, die ihre großen Büros in der russischen Hauptstadt hat.

Galina Pasko hat die Nachricht von der Freilassung ihres Mannes übrigens mitten in der Nacht in Berlin bekommen. Sie hatte dort unter anderem den Menschenrechtsausschuss des deutschen Bundestages und die Vorsitzende Christa Nickels besucht, um auf ihren Mann aufmerksam zu machen. Einen Abend später saßen wir in einer Berliner Wohnung mit Freunden zusammen und feierten Grigoris Freilassung. Galina hatte Tränen in den Augen, aber geweint hat sie nicht. Sie war einfach nur glücklich. Dann flog sie zurück nach Russland.

6.

Endlose Schienen

Schon als wir unsere Reise in der berühmtesten russischen Eisenbahn planten, stellten sich uns zwei gewichtige Fragen: Wie in einem normalen Waggon der Transsibirischen Eisenbahn unser ganzes Gepäck, die berüchtigten eineinhalb Tonnen unterbringen? Und wie sollen wir dort gleichzeitig arbeiten, unsere Filme schneiden, die nächsten Themen besprechen, uns verpflegen und schlafen?

Noch in Moskau knobelte mein Kollege Igor Butz an diesem Problem herum, wie wir es schon mit dem Flugzeug getan hatten. Am Ende fand sich auch hier eine typisch russische, also eine ebenso einfache wie beeindruckende Lösung. Das Eisenbahnministerium bot uns an, den Waggon der »Ersten Persönlichkeit« anzumieten. Unter »Ersten Persönlichkeiten« versteht man in Russland hoch- oder gar höchstrangige politische Würdenträger. Die wichtigste »Erste Persönlichkeit« ist natürlich der russische Präsident selbst. Danach folgen Minister und, in den Provinzen, die Gouverneure, die in etwa den Ministerpräsidenten der deutschen Bundesländer entsprechen, jedenfalls im Prinzip, wenn natürlich vieles auch sehr anders ist. Um den Waggon für solch eine »Erste Persönlichkeit« ging es also. In dem sei alles drin, was wir bräuchten, hieß es, und einen zusätzlichen Waggon für Gepäck und unsere Fernsehausrüstung könne man ebenfalls noch dranhängen, dann seien wir mehr als ausreichend versorgt. Als ich den Waggon der »Ersten Persönlichkeit« schließlich inspizieren kann, ist mir sofort klar: Es erwartet mich, wenn alles klappt, der absolute Höhepunkt meiner bisherigen Zugreisen in Russland. Am Anfang des Waggons befindet sich eine bescheidene, aber dennoch funktionsfähige Küche. Danach die Zwei- und Vierbett-Abteile für das Personal der »Ersten Persönlichkeit«. Dann folgt ein voll funktionsfähiges Badezimmer, in das sogar eine richtige Badewanne eingebaut ist. Und schließlich das kleine Zimmer mit Bett und Schreibtisch, in dem sich der Würdenträger höchstselbst während der Fahrt einquartieren kann. An dieses Zimmer wiederum schließt sich ein Konferenzraum an mit einem fast drei Meter langen Tisch, an dem wir konferieren, aber natürlich auch essen und unsere Schneideeinheit für die Filme aufbauen können. Besser und für unsere Zwecke passender geht es tatsächlich nicht. Der zusätzlich angehängte Gepäckwagen entpuppt sich als ein kleines Fußballfeld auf Rädern, in dem unsere nicht gerade kleine Ausrüstung plötzlich geradezu verschwindet. Und er lässt sich einfach durch die riesigen Flügeltüren an der Längsseite be- und entladen. Mit Begeisterung steigen wir ein, um die Reise in Richtung Westen fortzusetzen.

An Bord begrüßt uns eine robuste Köchin namens Anja, die ich nur schlecht verstehe, weil sie ein sehr stark ukrainisch gefärbtes Russisch spricht und auf eine sorgfältige Artikulation keinen größeren Wert legt. Um so herzlicher freut sich Anja über ihre Gäste. Beim Lachen entblößt sie eine blinkende Reihe goldener Zähne – den üblichen, hierzulande relativ preisgünstigen Zahnersatz, der schon zu Sowjetzeiten weit verbreitet war. Erst in den letzten Jahren kam der unauffälligere weiße Keramik-Zahnersatz in Russland auf, für durchschnittlich verdienende russische Bürger ist er allerdings so gut wie unerschwinglich. Anja stört sich nicht an ihrem goldenen Gebiss. Die heftig blinkenden Zähne gelten in Russland außerdem nach wie vor durchaus als schön. Vor allem in den Provinzen.

Wie sich bald herausstellt, hat Anja alles an Bord, was man zum Leben braucht – einschließlich dem obligatorischen Kartoffelsack. Und was fehlt oder aufgebraucht ist, wird bei einem der Aufenthalte an den nächsten Bahnhöfen einfach gekauft.

Schnell sind unsere Abteile eingeräumt, und ich habe die Ehre, tatsächlich im Bett der »Ersten Persönlichkeit« nächtigen zu dürfen. Leider weiß niemand genau, was für eine illustre Persönlichkeit dieses Bett als letzte vor mir benutzt hat. Der russische Präsident kann es kaum gewesen sein. Trotz der hervorragenden Ausstattung des Waggons wird er sich von Staats wegen noch erheblich mehr Luxus leisten dürfen. Außerdem reist er gewöhnlich nicht im Zug, sondern in seinem Flugzeug »Rossija«. Also war es vermutlich einer der Gouverneure mit Ehefrau oder Geliebter. Dennoch bin ich sehr zufrieden und bringe mein Gepäck in dem geräumigen Schrank unter. Auf dem kleinen Schreibtisch rutscht eine kleine Plastikvase mit rosaroten Plastikblumen hin und her. Die Vorhänge am Fenster bestehen aus himmelblauer Gaze, die den Geruch von leicht angesengtem Plastik verbreitet. Doch das Zimmer der »Ersten Persönlichkeit« ist blitzsauber. Nur die Schranktür hat die Eigenschaft sich zu öffnen, sobald der Zug sich leicht in die Kurve neigt. Ich stelle eine Reisetasche dagegen, damit ist auch dieses Problem gelöst.

Kurz darauf durchzieht der Geruch von nicht mehr ganz frischem Fett und Spiegeleiern den Waggon. Anja beginnt mit der Verpflegung ihrer Gäste, satt werden wir in den nächsten Tagen auf jeden Fall, das scheint schon mal sicher. Das gleichmäßige Rattern der über die Schienen rollenden Räder wirkt sehr rasch angenehm einschläfernd. Stellenweise allerdings verlaufen die russischen Schienen etwas unregelmäßig und da die Waggons sehr robust und nicht ganz so weich gefedert sind wie die deutschen, wird man doch immer wieder etwas durcheinander gerüttelt. Aber ich gewöhne mich Kilometer um Kilometer immer besser daran.

Mit dem Wetter haben wir immer noch Glück. Die Sonne strahlt über der sibirischen Taiga und wirft einen hellen Glanz über die Birkenwäldchen, die vorbeiziehenden Flüsse und Dörfer mit ihren kleinen Holzhütten. Dann wieder stundenlanges Dahinrattern durch nahezu unbesiedeltes Land. Wer begreifen will, was für ein »weites Land« Russland tatsächlich ist, dem erschließt sich das spätestens durch eine Fahrt mit der Transsibirischen Eisenbahn. Es muss ja nicht die ganze Strecke von Moskau bis Wladiwostok oder umgekehrt sein. Auf jeden Fall aber sollte man auch ein Stück östlich des Urals befahren, um wenigstens vom Zug aus Sibirien kennen zu lernen. Ein paar Tage reichen durchaus, um unvergessliche Eindrücke zu erhalten. Wir reisen mit der Transsib von Osten aus Richtung Westen bis fast an den Baikalsee. Landschaftlich ist das einer der schönsten Streckenabschnitte. Das sagen jedenfalls viele, die die ganze Strecke kennen. Ich selbst habe sie noch nie auf der ganzen Länge bereist und es wird aus Zeitgründen auch diesmal leider nicht dazu kommen.

Mein Kamerateam und ich erforschen den Zug. Unser Ziel: Die »*plazkartni*-Waggons«, jene also, in denen das normale Volk fährt. Da es draußen bereits um die 30 Grad warm ist, staut sich die Hitze auch im Zug. Bei den *plazkartni* gibt es keine Klimaanlage, weshalb die Passagiere ziemlich ermattet in den offenen Vier-Bett-Abteilen liegen. An jeder Wand des nach vorne offenen Abteils sind übereinander zwei gepolsterte Bänke angebracht, die als Betten dienen. Dazwischen ein schmaler Esstisch, auf dem sich Essensvorräte stapeln. Jeder bringt sich seinen eigenen Proviant mit, um Geld zu sparen und nicht auf die Versorgung durch das Zugrestaurant angewiesen zu sein. Auf der anderen Seite des Ganges sind entlang der Fenster kleine Tische und Sitze angebracht, an denen ebenfalls entweder gegessen wird oder die Reste der letzten Mahlzeit zu bestaunen sind. An einigen der kleinen Tische spielen Kinder und schwitzen vor sich hin. Viele Passagiere haben Trainingshose und T-Shirt an, die klassische russische Kleidung für Zugreisen – zumindest dann, wenn man länger unterwegs ist. Badeschlappen oder Turnschuhe komplettieren das Reise-Outfit. Eingestiegen in normaler Kleidung verwandeln sich die Passagiere in Freizeitsportler im Einheitslook, lediglich die zum Teil gewaltigen Bäuche der Männer und die oft eher fülligen Silhouetten der Damen widersprechen dem sportiven Anschein. Das sieht zwar alles nicht allzu schick aus, ist aber auf jeden Fall praktisch. Bei nicht wenigen Männern stellt sich bald ein vom Wodka mehr oder weniger leicht verschleierter Blick ein und ihr Gang durchs Abteil wird von Mal zu Mal schwankender.

Ich rede mit einer Lehrerin, die von Wladiwostok aus fünf Tage unterwegs sein wird, um in ihre Heimat in der Provinz Altai zu kommen und dort bei ihren alten Eltern einen Teil der Ferien zu verbringen. Sie packt gerade in ein Tuch eingeschlagene, weich gekochte Kartoffeln aus, um sie zusammen mit einem ziemlich säuerlich riechenden Quark zu verspeisen. Nein, auf die gegenwärtige Situation in Russland ist sie nicht gut zu sprechen. »Gerade für uns Lehrer hat sich die Situation sehr verschlechtert. Das

Gehalt, wenn wir es denn bekommen, reicht kaum zum Überleben. Früher konnte ich jedes Jahr zum Urlaub in meine Heimat in den Altai fahren, jetzt muss ich richtig darauf sparen und es klappt nur noch alle vier Jahre. Jeder muss versuchen, sich irgendwie durchzuschlagen. Was bleibt einem denn anderes übrig, wir leben von einem Tag auf den andern!«

Nebenan beginnt ein kleines Baby zu brüllen und am Tisch gegenüber haben zwei Kinder von der langen Zugfahrt mittlerweile schon genug, was man ihren mürrischen Gesichtern ansieht. Wieder einen Tisch weiter werden gerade von Fett triefende, kalte gebratene Hühnchen ausgepackt. Die Wodkaflasche des in einen Adidas-Trainingsanzug gekleideten Herrn, der zu dem gebratenen Hühnchen gehört, ist leider umgefallen und ausgelaufen, weil die Reaktionszeit des beleibten Mannes schon von der zuvor geleerten Flasche deutlich in Mitleidenschaft gezogen worden ist. Schwaden von süßlichem Alkoholgeruch ziehen durch den Waggon und mischen sich mit den bereits vorhandenen Gerüchen. Die Schaffnerin ruft vom anderen Ende des Wagens durch, dass es wieder warmes Wasser im Boiler gibt und sofort gehen zwei Männer mit Teetöpfen nach vorne, um sich vor dem nächsten Wodkaglas Tee aufzubrühen, während draußen Wiesen und Wälder vorbeifliegen.

Alle Passagiere, mit denen ich rede, beklagen sich über ihre materielle Situation. Manche sagen allerdings auch, dass sie inzwischen wieder regelmäßig ihre Löhne bekämen. Die seien zwar mehr als bescheiden, aber noch vor nicht allzu langer Zeit seien sie überhaupt nicht ausgezahlt worden. Zumindest auf diesem Gebiet scheint Präsident Putin eines seiner erklärten Ziele also zu erreichen, nämlich die zuverlässige und pünktliche Zahlung der Renten und Löhne, sofern sie vom Staat kommen. Dass die Gehäl-

Reporter ratlos. Vor der Antonow 74 in Chabarowsk.

Zur Not morsen: Der Navigator an seinem Arbeitsplatz.

Heizen selbst im »Sommer« – Heizwerk von Lawrentija.

»Sommerferien« für die Schlittenhunde in Intschoun.

Urweltmüll: Walfischkiefer bei Intschoun.

Vor dem Ausbruch? Vulkane auf Kamtschatka.

»Gesicht des Schmerzes« – GULAG-Denkmal über der Bucht von Magadan.

Russischer Stolz: »Vaterländischer« Kiosk »Rossija« bei Magadan.

Über den Dächern von Wladiwostok (v.l.n.r.: Mischa Falin, Thomas Roth, Igor Butz, Frank Aischmann, Sergei Sergejew).

Weites Land Sibirien: Dorf an der Transsib.

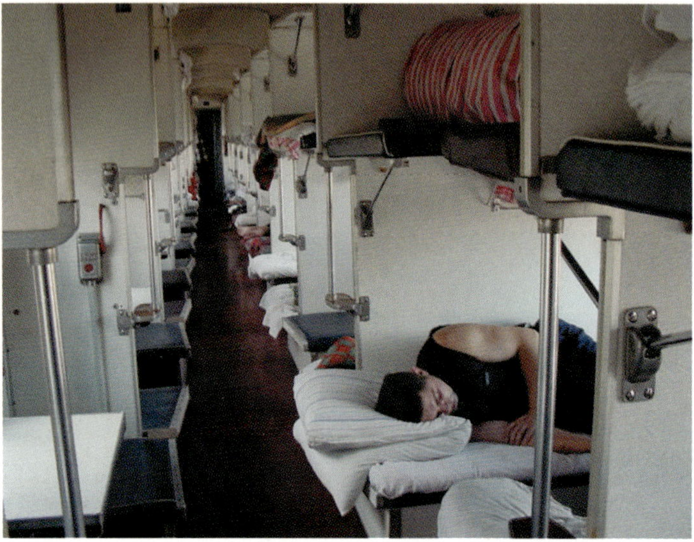

Schlafen, essen, schlafen: »*Plazkartni*-Abteil« in der Transsib.

Der Speisewagen ist nur etwas für Reiche.

»Auf nach Osten« – Lenin am Bahnhof von Belogorsk.

Blagoweschtschensk: Am anderen Ufer des Amur das rätselhafte China.

China lächelt! Der Koch von Sascha Kuksenkos Plantage.

»Chinesen schreiben anders!« Besuch bei Sascha Kuksenkos Familie.

Große Stille: Das buddhistische Kloster bei Ulan-Ude.

Thomas Roth und Frank Aischmann im Gespräch mit Gunchen Lama.

Erinnerung an den Besuch des Dalai-Lama im Dazan.

Tägliche Meditation – buddhistische Lamas im Dazan.

»Sibirische Sonnen« im Altaier Gebiet.

Ferien vom Smog – Pionierlager im Altaier Gebiet.

Larissas »Pionier« beim alten Schulhaus von Korbolicha.

Geschoss aus dem Weltraum: Tank einer Sojus-Rakete.

Stolz Tatarstans – Kreml von Kasan mit neu erbauter Moschee (rechts).

In der Mittagshitze – Flughafen von Kasan.

Tatarischer Sommer – Erntehelfer kehren ins Dorf zurück.

Die neue Moschee, der Stolz des Dorfes.

Vor der Auferstehung? Verfallene russisch-orthodoxe Kirche in Tatarstan.

Zarenstadt Sankt Petersburg: Blick über die Newa auf die Isaakskathedrale und die Eremitage.

Vorm Verfall gerettet: Der Konstantinow-Palast, Putins künftige Residenz.

Illegal auf der Suche nach Bernstein bei Kaliningrad.

ter auch in Zukunft regelmäßig ausgezahlt werden, daran zweifeln aber noch viele – mal ganz abgesehen davon, dass sie ohnehin zu niedrig sind, um den Menschen einen halbwegs anständigen Lebensstandard zu ermöglichen.

An den Bahnhöfen entlang der Transsib zeigt sich immer das gleiche Bild. Wer kann, ist rechtzeitig zur Ankunft der Züge an dem entsprechenden Bahnsteig, um Obst, Gemüse, eingelegte Gurken oder gar selbst Gekochtes an die Passagiere zu verkaufen. Der Bahnhof des Städtchens Belogorsk ist ein Beispiel von vielen. Die meisten, die hier am Bahnsteig stehen, sind alte Leute. Um die mitgebrachten *kotleti*, also Buletten, oder die gekochten Kartoffeln warm zu halten, bewahren sie sie in in Tücher eingeschlagenen Blechtöpfen oder Plastikschüsseln auf. Wer Proviant braucht, steigt aus dem Zug aus und lässt sich zeigen, was auf diesem Bahnhof an Lebensmitteln und anderen Waren angeboten wird. Liegt die Station in der Nähe eines Flusses, gibt es zusätzlich zum üblichen Angebot getrockneten Fisch. Befindet sich eine Brotfabrik in der Nähe, ist das Angebot an mehr oder weniger frischem Brot etwas größer. Gelegentlich gibt es billiges Geschirr oder Tischtücher, wenn eine entsprechende Fabrik in der Nähe ist. Doch im Wesentlichen besteht das Angebot aus irgendeiner Form von Proviant.

»Was soll ich denn machen«, sagt eine alte Frau, die ihren kleinen Stand aus Kartons am Bahnsteig aufgebaut hat, »meine Rente reicht einfach nicht aus und ich wohne nicht allzu weit vom Bahnhof entfernt. Also verkaufe ich meine Sachen hier, damit ich mir von dem verdienten Geld zusätzlich Zucker oder Öl leisten kann.« Im Mund hat sie nur noch ein paar Zähne übrig, ihr Gesicht ist von Falten und Furchen gezeichnet. Nein, ein leichtes Leben kann sie nicht gehabt haben.

»Das russische Volk lebt sehr schlecht«, ruft eine andere Rentnerin aufgebracht in die Kamera. »Hier draußen gibt's einfach keine Arbeit, für die Jungen nicht und für die Alten schon gar nicht. Die Jungen versuchen in die nächste größere Stadt zu kommen und probieren es dort. Nein, wir leben wirklich sehr schlecht.« Dann rollen ihr ein paar Tränen über die Wangen. Sie wischt sich die Augen. Vierzig Jahre habe sie gearbeitet und nichts sei ihr geblieben außer der kärglichen Rente, von der sie nicht leben könne. Es stimmt: Diese Alten gehören wirklich zu einer »verlorenen« Generation. Ihre Jugend haben sie unter schwierigsten Bedingungen verbracht. Das Land war ausgeblutet vom Bürgerkrieg und geschlagen von der dilettantischen und brutalen »Wirtschaftspolitik« der Kommunisten, die diesen Namen nicht verdient. Im Zweiten Weltkrieg haben sie unter größten Opfern ihre Heimat gegen die einfallenden Deutschen, gegen Wehrmacht und SS, verteidigt und sie danach so gut es ging wieder aufgebaut. In der zweiten Hälfte der sechziger Jahre folgte dann eine kurze Phase der relativen Stabilität. Das, so erzählen mir immer wieder ältere Russen, sei im Grunde noch die beste Zeit gewesen. »Defizit«, also Mangel an bestimmten Waren, habe es immer gegeben. Aber eine Zeit lang sei das eine Art stabil instabiles System gewesen, auf das man sich habe einstellen können, wenn man den Mechanismus kannte und den zu durchschauen habe jeder gelernt, weil einem keine andere Wahl blieb. Die gewaltigen Inflationswellen im Zuge der Freigabe der Preise zu Beginn der Privatisierung und die mehrfachen Währungszusammenbrüche der neunziger Jahre haben dann das »stabile instabile System« zusammenbrechen lassen und die Älteren schließlich an die Wand gedrückt. Sie haben es nicht mehr gelernt, sich auf das neue System des Wolfskapitalismus und seine Gesetze einzustellen. Während früher die Alten und Invaliden, die

Weltkriegsveteranen und die mit besonderen Auszeichnungen versehenen sowjetischen Bürger im Alltag einige Vergünstigungen genossen und ihnen bis zu einem gewissen Grad auch mit Respekt begegnet wurde, hat das »neue System« solche Gewohnheiten hinweggefegt. Viele der Alten beobachten das noch immer fassungs- und orientierungslos. Dies ist auch ein Grund, warum viele sehr schnell in Tränen ausbrechen, wenn ihre materielle Lage in dem einen oder anderen Fall auch vielleicht etwas besser ist, als es auf den ersten Blick scheint. Viele empfinden sich als Strandgut der neuen Zeit. All das kann man auf den Bahnhöfen entlang der Transsib hören, wenn man sich die Zeit nimmt und es wirklich hören will. Die Transsib ist der Spiegel der russischen Gesellschaft, der Gradmesser, an dem man ihren Zustand besonders in den Provinzen fernab von Moskau oder Sankt Petersburg ablesen kann.

Als Frank Aischmann und ich die Eindrücke unserer Tage in der Transsib für unser Internet-Tagebuch niederschreiben und im Netz veröffentlichen, bekommen wir interessanterweise vor allem aus Deutschland zum Teil heftige Reaktionen bis hin zum Vorwurf der Manipulation. Wir würden die Realität schwärzer malen als sie ist, weder auf den Bahnhöfen noch in den *plazkartni* sei sie so düster, wie wir sie beschrieben. Vorwiegend Soldaten würden in Wirklichkeit in den *plazkartni*-Abteilen fahren, und auf den Bahnhöfen hätte ich in meiner Fernsehreportage nur Menschen gezeigt, die mehr oder weniger betrunken gewesen seien. Natürlich war das nicht der Fall. Selbstverständlich habe ich genau die Menschen gezeigt, die sich dort aufhalten. Und natürlich findet man in diesen Abteilen auch Betrunkene – leider nicht wenige. Ich habe keinen davon in meinem Film gezeigt, um wenigstens dieses Klischee nicht zu bedienen. Nein, es war auch hier lediglich die alte journalistische Diskussion: Sollen wir »positive« Bilder erzeugen, um ein möglichst »positives« Russland vorzustellen und damit vielleicht sogar im besten Falle Vorurteile abzubauen? Doch das ist nicht die Aufgabe von Journalisten, das wäre die Aufgabe von Werbeagenturen. Russland würde eine solch beschönigende Berichterstattung übrigens auch nicht helfen. Erst wenn man bereit ist, die Realität zu sehen wie sie ist, lässt sie sich auch verbessern. Und das ist dringend nötig. Denn die propagandistische Verbiegung von Realität war sowjetischer Alltag – und schon lange davor baute Fürst Potemkin für die Zarin Katharina seine berühmten Potemkinschen Dörfer, damit sie die Armut des Landes während ihrer Reise nicht sehen musste. Mit unserer Reise bezwecken wir das Gegenteil: Wir wollen Russland zeigen, wie es ist. Erfreulich – und keineswegs selbstverständlich – ist, dass diese Reise und eine unzensierte Berichterstattung darüber überhaupt möglich ist. Das ist der erste wichtige Schritt in Richtung Veränderung zum Besseren. In diesem Sinne beantworte ich die zum Teil sehr erbosten Reaktionen, die uns per E-Mail während unserer Reise erreichten. Mag sein, dass ein Journalist, der in Russland »neu« ist, Gefahr läuft, trotz großer Bemühungen ein nicht oder nicht ganz zutreffendes Bild von der russischen Realität zu zeichnen. Und womöglich bin auch ich nicht davor gefeit, die Wirklichkeit in mancher Augen manchmal nicht zutreffend wiederzugeben. Allerdings habe ich wenigstens den Vorteil, seit dem Frühsommer 1991 immer wieder für lange Phasen in Russland gearbeitet zu haben. Das schafft zumindest Vergleichsmöglichkeiten. Wenn auch die Reise für das »Russische Tagebuch« von der Entfernung her gewiss meine längste Reise durch Russland war, so war sie bei weitem nicht die erste. Im Übrigen: Da es »reine Objektivität« nicht gibt, kann Berichterstattung immer nur ein bestmöglicher Annäherungswert sein. Um den bemühe ich mich allerdings.

In den letzten zehn Jahren haben sich die Lebensumstände besonders in der Provinz erheblich verschlechtert und nur für einen kleinen Teil der Bevölkerung deutlich verbessert. Nur selten wurde die allgemeine schwelende Unzufriedenheit und Depression der letzten Jahre von einem Aufschrei von Wut und Protest unterbrochen. Einer davon wurde 1998 im zentralsibirischen Kemerowo, einem Ort unweit der Strecke der Transsib, laut und hat die russischen Politiker im fernen Moskau dann auch sehr schnell alarmiert. Als die Bergleute im Kohlerevier Kusbas in jenem Sommer endgültig die Nase voll hatten und die Transsib blockierten, um die Auszahlung ihrer viele Monate ausstehenden Gehälter zu erzwingen, war dies ein ernstes Alarmzeichen für die Regierung – schon deshalb, weil die Transsib die Lebensader ist, die von West nach Ost durch Russland verläuft. Sie abzuschneiden wäre für den Passagier- wie für den Frachttransport Russlands sehr schnell sehr gefährlich geworden und hätte rasch weitere Protestwellen ausgelöst. Den zornigen Bergleuten war es für kurze Zeit gelungen, die Schienen der Transsib zu blockieren. Sie setzten sich auf die Schienen, entzündeten kleine Feuer und ließen keine Züge mehr durch. In der Bevölkerung genossen sie sofort Sympathie und wurden mit Lebensmitteln versorgt, denn jeder verstand, um was es hier ging, war er oder sie doch mehr oder weniger von dem gleichen Schicksal betroffen: keine Rente, keine Gehälter und der schwierige Kampf, die eigene Familie irgendwie durchzubringen. Endlich zeigte es mal jemand der Regierung! Fieberhafte Verhandlungen des örtlichen Gouverneurs und der russischen Regierung mit den Bergleuten setzten damals ein. Und in letzter Minute gelang es, einen Flächenbrand zu verhindern und die Bergleute auf die übliche Art zu besänftigen – mit eilig in die Region entsandten Geldtransporten. Daraufhin fielen die Proteste schnell wieder in sich zusammen. Bis heute blieben die Unruhen von Kemerowo ein Einzelfall.

Während ich auf dem Bahnhof von Belogorsk stehe, rattert wieder einer der zahlreichen Güterzüge vorbei, deren Waggons bis zum Rand mit Kohle aus den Revieren um die sibirischen Städte Nowokusnezk und Kemerowo gefüllt sind. Sie fahren Richtung Osten, um die Provinz Primorje um Wladiwostok mit Brennmaterial zu versorgen. Oder sie werden von Wladiwostok per Schiff hinauf in den Nordosten Russlands gebracht, wo wir gerade herkommen. Die Zeit ist knapp, wenn es zum Beispiel für Lawrentija und die kleinen Siedlungen gegenüber von Alaska noch reichen soll: Bald werden die Häfen dort oben zugefroren sein.

Noch ein Problem: Die Kohle aus den sibirischen Revieren ist zwar hochwertig, aber sie ist auch teuer. Früher hat der Staat diese Kohle den Provinzen nach den Quotierungen des in Moskau sitzenden Staatsplanministeriums zugeteilt und die Transporte in Marsch setzen lassen. Heute ist das anders. Kohle ist weiterhin reichlich vorhanden, aber sie muss von den Städten und Gemeinden oder vom privatisierten Energieversorgungsunternehmen, dem Stromgiganten EES, gekauft und im Voraus bezahlt werden. Dazu ist selbstverständlich Geld nötig – das viele Gemeinden nicht haben. Also kommt es zu der absurden Situation, dass die Kohle zwar da ist, aber nicht in die Heizwerke gelangt. Diese versuchen dann, die Restvorräte zu strecken und die Umlauftemperatur des Wasserkreislaufs innerhalb der Heizsysteme zu senken. Die Wohnungen werden dadurch gerade noch so weit erwärmt, dass die Rohre nicht einfrieren und dann sofort platzen. Besonders im Nordosten führt das immer häufiger zu einem Überlebenskampf gegen die Widrigkeiten der Natur.

»Wie war bei euch der letzte Winter?«, frage ich eine jüngere Frau auf dem Bahnsteig von Belogorsk, die hinter ihrem kleinen Stand mit eingelegten Gurken und frischem Gemüse steht. »Der war furchtbar«, sagt sie. »Wir sind alle raus aus der Stadt auf unsere kleine Datscha gezogen. Dort haben wir mit Holz geheizt, das wir den Sommer über geschlagen haben. Es war zwar eng für uns alle, aber wir hatten es wenigstens warm!« Das ist das einzige Mittel, das wirklich hilft: im Winter den zentralen Heizsystemen der Städte zu entfliehen und sich selbst zu versorgen. Ein Rückzug auf eine in Russland jahrhundertealte Methode, die aber wenigstens das Überleben sichert. Was die Grundnotwendigkeiten im Kampf gegen die widrige Natur Russlands angeht, hat das in sich geschlossene Sowjetsystem leidlich funktioniert. Aber eben nur, weil es in sich geschlossen war und wirtschaftliche Überlegungen keine größere Rolle spielten. Als solche jedoch einsetzten, führte dies unweigerlich zum Zusammenbruch des ohnehin fragilen Systems, Versorgungsengpässe entstanden allerorten. Für das ganze letzte Jahrzehnt in Russland ist das die typische Situation: Man versuchte, die entstandenen Löcher irgendwie zu stopfen oder partiell durch ein neues System zu ersetzen. In diesem Zustand befindet sich das Land in sehr vielen Bereichen. Es ist im Grunde ein Wettlauf, bei dem fraglich ist, wer schneller sein wird: die fortschreitende Verrottung der Infrastruktur einschließlich der Atomkraftwerke oder die Bemühungen zur Ausbesserung oder Erneuerung. Es ist ein Wettlauf gegen die Zeit, von dem längst nicht sicher ist, ob er ohne größere Katastrophen ablaufen wird.

Über Lautsprecher wird auf dem Bahnhof von Belogorsk gerade durchgesagt, dass der nächste Zug aus Wladiwostok acht Stunden Verspätung hat. Nichts Ungewöhnliches auf der Transsib. Wer fünf, sechs, oder gar sieben Tage unterwegs ist, den kümmert das nicht besonders. Es gehört einfach zum Alltag. Und die Menschen an den Ständen, hinter ihren Tischchen oder ihren Kartons wissen, dass sie noch einmal für ein paar Stunden nach Hause gehen können. Sie packen ihre kleinen Wägelchen wieder voll, füllen die großen Plastiktaschen und kommen ein paar Stunden später zurück auf den Bahnsteig. Die Transsib und ihre Züge geben den Lebensrhythmus auch bei ihnen vor. Immer in der Hoffnung, dass sich beim nächsten Zug etwas mehr verkaufen lässt.

Vorne im Zug arbeitet Wladimir, der Lokführer. Seit 33 Jahren tut er Dienst auf der Transsib. Sie ist sein Leben oder, wie man im Russischen sagt, »sein Brot«. Bald wird er in Pension gehen, allein der Gedanke daran fällt ihm schwer. »Schon als Junge wollte ich Lokführer werden«, sagt er und kann sich gar nicht vorstellen, dass er in ein paar Jahren als Rentner leben soll. »Die Transsib war für mich auch Sicherheit. Regelmäßiges Gehalt habe ich bekommen und das nicht schlecht. Die Rente ist natürlich weniger und ich weiß nicht recht, wie ich und meine Familie damit durchkommen sollen.« Wladimir ist das, was man auch in Deutschland als vorbildlichen Eisenbahner bezeichnen würde. Er hat ein gutes, offenes Gesicht, einen klaren, nicht vom Alkohol getrübten Blick. Sein blaues Eisenbahnerhemd ist frisch gebügelt. Hoch konzentriert sitzt er hinter seinem Schaltpult, beide Hände an dem Rad, mit dem er die Geschwindigkeit regelt. Noch nie hat er einen Unfall gehabt. Mit rund 120 Kilometern pro Stunde durchquert er seit mehr als drei Jahrzehnten Russland. Im Sommer wie im Winter. Er kennt die Strecke in- und auswendig. Kann er sich vorstellen, dass die Transsib irgendwann einmal nicht mehr fährt? »Die Transsib nicht mehr fahren? – Wenn es je so weit kommen sollte, dann kannst du auf Russland das Grabkreuz errichten. Das ist Russlands Ende!« Nein, er kann es sich nicht vorstellen. Seit er denken kann, fährt die Transsib. Selbst im »Großen Vaterländischen Krieg«, dem letzten Weltkrieg, ist die Transsib gefahren und hat Nachschub aus dem Osten Russlands Richtung Westen gebracht. Zu jener Zeit, als die großen Rüstungsfabriken längst hinter den Ural verlegt oder dort neue aufgebaut wurden, wo sie für die Deutschen unerreichbar waren.

Überhaupt – auch ich habe, seit ich in Russland lebe, viel darüber nachgedacht. Was hat sich wohl die Führung der Wehrmacht bei dem Überfall auf die Sowjetunion gedacht? Selbst wenn sie Moskau erobert und in Schutt und Asche gelegt hätte – was dann? Hinter Moskau beginnt Russland erst. Dahinter liegen knapp 10 000 Kilometer. Ebenjene Kilometer, die die Transsib zurücklegt bis nach Wladiwostok. Hat davon niemand eine Vorstellung gehabt? Allein vom »handwerklich-militärischen« Standpunkt aus hätte dieser Überfall nie unternommen werden dürfen, ganz abgesehen von dem Bruch sämtlicher ethischer Maßstäbe, dem furchtbaren Elend, das dieser Überfall letztlich für alle gebracht hat. Gar nicht zu reden von der unermesslichen moralischen Schuld, die Deutschland damals auf sich lud. Nein, erst hinter Moskau beginnt Russland wirklich, und nichts symbolisiert das bis heute besser als die Transsib.

Auf dem Güterbahnhof von Belogorsk wird noch eine andere Funktion der Transsib sichtbar. Sie ist auch Ersatz für die Straße. Auf knapp 1000 Kilometer Länge gibt es nämlich keine durchgehende Straße von Osten nach Westen. Wer dieses Stück durchqueren will, der muss sein Auto auf die Transsib laden. Das machen vor allem jene, die in Wladiwostok günstig japanische Autos kaufen und sie dann nach Westen bis hin zum Ural bringen, um sie dort zu verkaufen. Westlich des Ural gelangen die Autos in der Regel eher über Europa nach Russland. Östlich des Ural sind es die Japaner, die den russischen Markt versorgen. Natürlich ist das ein einträgliches Geschäft. Jedenfalls für jene, die es organisieren und in großem Stil betreiben. Doch es gibt auch kleine Gelegenheitshändler. Einzeln oder zu zweit versuchen sie, sich durch den Autotransport ein Zubrot zu verschaffen. Sie kaufen ein Auto im Hafen von Wladiwostok und bringen es dann nach Westen. Der Bahnhof von Belogorsk ist eine solche Zuladestation.

Eine kleine Autoschlange staut sich auf dem Güterbahnhof. Menschen stehen herum und waschen sich mit Wasser aus Sprudelflaschen. Ein paar Männer bücken sich vor den Seitenspiegeln ihrer Autos und rasieren sich. Jelena, eine Frau um die vierzig, sitzt in ihrem Auto. Zornig redet sie bei geöffneter Tür: »Hier gibt es überhaupt nichts. Keinen Service, keine Toiletten oder gar Waschgelegenheiten für Frauen. Hier gibt es nichts, einfach furchtbar!« Andere erzählen, dass sie bewusst bis nach Belogorsk gefahren sind und nicht zum Beispiel in der Stadt Chabarowsk auf den Zug wollten, obwohl das viel näher gewesen wäre. Aber dort hat die Mafia den Verladebahnhof im Griff und das sei einfach zu gefährlich. Also fahren sie lieber noch ein Stück weiter, um wenigstens dieser Gefahr zu entgehen. Sie warten hier oft tagelang, bis wieder ein Zug vorbeikommt, der Waggons für den Autotransport dabeihat, die noch frei sind. Doch selbst dann wird die Transsib nicht zu einem Autoreisezug, wie man ihn aus dem Westen kennt. Die Wagen werden zwar auf den Waggon geladen, allerdings samt Insassen. Danach wird der Waggon verschlossen. Die Insassen bleiben in den Autos bis zum Bestimmungsort, und das kann Tage dauern. Wer nicht dabei hat, was er vom Proviant bis hin zum Toilettenpapier braucht, hat eine schwere Zeit vor sich. Alternativen gibt es keine, und so sind die Menschen gezwungen, all das in Kauf zu nehmen. Jedenfalls so lange, bis es eines Tages eine durchgehende Straße von Osten nach Westen gibt. Oder wenigstens ein bisschen Komfort. Doch bis dahin wird es noch lange dauern.

Regen hat eingesetzt und verwandelt den Boden auf dem Güterbahnhof in Schlamm, was die Sache mit der Sauberkeit nicht einfacher macht. Dennoch ist es jetzt im Sommer noch vergleichsweise einfach. Im Winter bei Wind, Schnee, Eis und Temperaturen von minus 30 oder 40 Grad wird das alles noch schwieriger. Wer sich nicht mit genügend Benzin versorgt, um den Motor laufen zu lassen und die Heizung zu betreiben, bekommt ein Problem. Dann doch lieber sibirische Sommerhitze wie derzeit. Nein, die Transsib ist kein Luxuszug, auch wenn sie in der teuren Wagenklasse durchaus Luxuswaggons dabei hat, in denen in der Regel die westlichen Touristen untergebracht sind, die sich den Traum erfüllen, einmal in ihrem Leben die legendäre Strecke Moskau–Wladiwostok zurückzulegen.

Wir gehen wieder hinüber zu unserem Spezialwaggon, wo unsere ukrainische Köchin in ihrer winzigen, aber gut funktionierenden Küche gerade wieder den Geruch von schon etwas ranzigem Fett durch den Wagen ziehen lässt. Heute gibt es Kartoffeln und Buletten. Letztere liegen mir später ziemlich schwer im Magen, der sowieso schon angeschlagen ist. Ich habe mir irgendwo eine Magen-Darm-Infektion geholt und bin vom Fieber leicht erhitzt. Nun ist es also doch so weit. Bis jetzt habe ich die Reise gut überstanden. Aber vielleicht hat mein Körper mitbekommen, dass wir einige Tage auf der Transsib fahren werden und gestattet sich nun endlich massiven Protest gegen die bisherigen Strapazen der Reise. Zum Bedauern unserer Köchin bleibe ich für rund 48 Stunden »außer Gefecht« und verbringe sie fiebernd in dem ausladenden Bett der »ersten Persönlichkeit«. In den Schlaf gewiegt durch das Rütteln des Waggons, der auf den endlosen Schienen immer weiter nach Westen fährt. Bis in die Nähe des berühmten Baikalsees wird die Transsib uns bringen. Dort wartet Buddha. Und eine der schönsten Stationen unserer Reise. Davor steht allerdings noch eine andere Begegnung – mit den Chinesen von Blagoweschtschensk.

7.

Chinesischer Drache

Der Fluss funkelt in der Morgensonne. Die Nebelschwaden lichten sich im warmen Sonnenlicht, ziehen sich hinter das kleine Wäldchen am anderen Ufer zurück und geben den Blick auf die Sandbänke frei, die sanft in das Wasser übergehen. Leichter Wind biegt die Spitzen der Bäume. Ein friedliches Bild. In der Mitte des Flusses liegt ein kleines graues Schiff und scheint der Strömung zu widerstehen. Auch nach fünf Minuten hat es sich keinen Meter vor noch zurückbewegt. Es scheint Anker geworfen zu haben. Merkwürdig. Zwei kleine Lastkähne ziehen mit tuckernden Motoren an dem kleinen Schiff vorüber, das immer noch stillzustehen scheint. Ein Motorschaden? Warum hat das Schiff einen so merkwürdigen, turmartigen Aufbau? Jetzt bekommt es Besuch von einem kleinen Schlauchboot, aus dem Männer in Uniform auf das Schiff umsteigen. Die nun höher stehende Sonne löst das Schiff aus seinem Schattenriss und lässt die Aufbauten deutlicher erkennen. Nein, das ist kein gewöhnliches Schiff, es ist ein kleines Kriegsschiff. Was hat es hier zu suchen mitten in Friedenszeiten genau in der Flussmitte, und warum bewegt es sich nicht fort? – Es bewacht die Grenze zwischen zwei

Ländern, die zuerst befreundet waren, dann fast Krieg gegeneinander führten und heute, wie man in der Politik so sagt, »freundschaftliche Beziehungen« pflegen. Die beiden Länder sind Russland und China. Der Grenzfluss Amur trennt sie. An dieser Stelle ist er etwa 200 Meter breit. Die Spuren aus der weniger freundschaftlichen Zeit sind auf dem russischen Ufer nicht zu übersehen. Ein altes russisches Schnellboot ist auf einem etwa zwei Meter hohen Betonblock aufgebracht und ragt mit dem Bug schräg nach oben, als preschte es durch die Wellen. Der Bug zeigt hinüber auf die andere Seite. Ebenso die Kanonenrohre aus den runden Geschütztürmen, von denen die graue Farbe abblättert. Der Rostfraß versucht sich gegen die bröckelnde Farbe durchzusetzen. Auf dem Betonblock sind die Jahreszahlen »1941–1945« aufgemalt. Also ein Denkmal, das an den Zweiten Weltkrieg erinnern soll. Hier wurde die Sowjetunion gegen die Japaner verteidigt, die Teile Chinas besetzt hatten. Später bekam die aggressive Ausrichtung des Bootes einen etwas anderen Sinn. Der Konflikt zwischen den beiden kommunistischen Brüdern machte diese Grenze zu einem gefährlichen Berührungspunkt. Ein paar hundert Meter weiter ragt ein olivgrün angestrichener Wachturm auf, der von einem kleinen Stacheldrahtverhau umgeben ist. Die Plattform des Turms ziert ein kleines Wachhäuschen. Von den zwei Fensterscheiben ist nur noch eine erhalten. Ein russischer Soldat schaut durch sein Fernglas hinüber auf die andere Seite. Sonderbar nehmen sich die gelegentlichen Militärpatrouillen aus, die zwischen den Spaziergängern im Gänsemarsch entlanggehen. Es scheint so, als hätte man vergessen, sie einzustellen. Sind die Zeiten doch erfreulicherweise längst friedlich und findet ein überaus reger Verkehr zwischen beiden Seiten statt. Den Chinesen hat die Öffnung Russlands zu einem erstaunlichen Boom verholfen. Ganze

Fabriken wurden drüben aufgebaut, um die Russen mit billiger Kleidung zu versorgen und mit allerlei Gütern, die auf der russischen Seite knapp oder gar nicht vorhanden waren. Deshalb bietet sich dem Soldaten beim Blick durch sein Fernrohr ein ungewöhnliches Bild. Blinkende Wolkenkratzer in modernstem Design reihen sich dort provozierend aneinander. In den Fensterreihen bricht sich die Morgensonne. Alles wirkt zumindest aus rund 200 Metern Entfernung wie nagelneu. Ist das dort drüben ein anderer Planet? – Nein, es ist nur die chinesische Stadt Hei He, die da so verheißungsvoll herüberblinkt und so ganz anders wirkt als die Stadt Blagoweschtschensk auf der russischen Seite. Modernes China, altes und im Verfall befindliches Russland, so zumindest legt es der Blick von Blagoweschtschensk hinüber nach Hei He nahe.

Wir haben von der Transsib aus einen Abstecher hierher an den Amur gemacht, um uns anzuschauen, wie die beiden Länder sich hier begegnen, die an dieser Stelle nur noch durch den Fluss voneinander getrennt sind. Was hier in den sechziger und siebziger Jahren des letzten Jahrhunderts noch ein von Waffen starrendes, gegenseitiges Bedrohen gewesen sein mag – heute hat es diesen Charakter verloren. Die große Freundschaft ist dennoch nicht ausgebrochen. Den Eindruck erhält man wenigstens, wenn man auf den Märkten von Blagoweschtschensk den russischen Käufern zuhört. »Schauen Sie sich doch mal um, hier gibt's doch nur noch Chinesen«, sagt ein älterer, etwas abgerissen aussehender Mann, der gerade seine große Tasche mit T-Shirts voll stopft, die er einem chinesischen Händler abgekauft hat und die er anderswo selbst etwas teurer wieder verkaufen will. Der Markt am Rande des Stadtzentrums von Blagoweschtschensk ist nach einer merkwürdigen Rollenverteilung geordnet. Die Händler hinter den

Tischen und in den Verschlägen sind fast ausschließlich Chinesen, die Käufer beinahe ohne Ausnahme Russen. Die chinesischen Händler samt ihren Waren kommen von Hei He herüber nach Russland, was durch die zunehmende Liberalisierung des Grenzverkehrs im Laufe der neunziger Jahre möglich wurde. Sie bringen chinesische Güter herüber und verkaufen sie an die Russen, die sie entweder für den eigenen Gebrauch erwerben oder um sie später in anderen Teilen Russlands weiterzuverkaufen. »Früher«, meint der Mann auf dem Markt, »gab's hier überhaupt keine Chinesen. Blagoweschtschensk war eine geschlossene Stadt, die durften selbst russische Bürger nur mit Sondergenehmigung betreten und so eine war gar nicht leicht zu bekommen!« Während er das erzählt, macht er den Eindruck, als ob ihm der frühere Zustand lieber gewesen wäre. Andererseits haben die Chinesen zu billigen Preisen Waren herübergebracht, die es in Russland lange Zeit entweder überhaupt nicht gab oder die sehr teuer waren: schicke Kleidungsstücke, T-Shirts mit modischen Aufdrucken und gefälschten Designer-Etiketten, aber auch Thermosflaschen, Kocher, billige Öllampen und vieles mehr. Immer wieder fällt mir während unseres Aufenthaltes in Blagoweschtschensk auf, was bei unserem Mann auf dem Markt schon anklingt: Im Grunde ist es ganz schön, denken viele, all diese Waren neuerdings zur Verfügung zu haben, aber besser wäre es ohne die Chinesen, oder zumindest, wenn es nicht so viele wären. Den durchschnittlichen Russen war Asien letztlich immer fremd und rätselhaft. Spätestens jenseits des Amur beginnt für sie das dunkle Asien, das sich jedoch plötzlich als höchst lebendig und überaus geschäftstüchtig erweist – was noch unterstrichen wird durch die beeindruckende Skyline der Wolkenkratzer und die bunte Leuchtreklame auf der anderen, der chinesischen Seite.

Blagoweschtschensk ist keine alte russische Stadt. Gegründet wurde sie erst 1856 als Hauptstadt der *Amurskaja oblast*, des Amur-Distriktes, einem Gebiet, das in etwa so groß ist wie Deutschland. Doch gibt es im Kern der Stadt noch eine Reihe alter, zum Teil frisch renovierter Gebäude im typisch historischen russischen oder im pseudoklassischen Stalinstil, dem »Stalinempire«. Eine russisch-orthodoxe Kirche mit glänzenden himmelblauen und mit Goldsternen gesprenkelten Kuppeln wird gerade renoviert. Auf die unmittelbare Nähe zu China lässt das alles nicht schließen. Die Märkte der Stadt bieten das umgekehrte Bild. Sie könnten sich in China befinden, wären da nicht die fast ausschließlich russischen Käufer. Verdrehte Welt.

Eine besondere kulturelle Stilmischung bot schon unser Hotel, das direkt am Ufer des Amur liegt und zu den besseren Hotels der Stadt gehört. Allein das Foyer des hässlichen Betonbaus besticht durch seine schwarz-goldene Dekoration, die roten, mit Fransen behängten chinesischen Lampen, die grün und rosa leuchtenden Neonschriften. Auch anderswo in Russland sind die Restaurants oder Hotels mitunter von einer wenig stilsicheren ästhetischen Gestaltung, aber diese bestechende chinesisch-russische Variante sehe ich zum ersten Mal. Sie hat etwas Atemberaubendes. An einer mit giftgrünen Plastikpflanzen dekorierten Wand prangt ein extrem farbiges Foto der chinesischen Mauer. Hinter den Schaltern der Rezeption dann wieder das sehr russische Personal. Damen mit grellrot oder hellblond gefärbten Haaren. Mit schleppender Geschwindigkeit fertigen sie die Hotelgäste und Neuankömmlinge ab. Darunter eine lärmende Gruppe von etwa 30 Chinesen, offenbar eine Reisegruppe, die Blagoweschtschensk besucht. Die Attraktion besteht für sie nicht unbedingt in der Schönheit der eher durchschnittlichen Stadt

Blagoweschtschensk. Der Besuch hier gilt eher dem Spielkasino, das im Hotel untergebracht ist. Und den jungen russischen Damen, die sich aufreizend zurechtgemacht der angereisten chinesischen Männerwelt anbieten. Dieses »Touristenprogramm« wird von kräftig gebauten, eher unangenehm wirkenden Typen kontrolliert, die man getrost zur Mafia der Stadt rechnen darf. Der Handelsboom und die Öffnung hat Blagoweschtschensk eine Unmenge von Spielkasinos beschert. Manche schwingen sich gar zu dem Urteil auf, Blagoweschtschensk sei das »Las Vegas« Russlands geworden. Mir scheint dieser Vergleich allerdings dann doch recht übertrieben. Im ersten Stock des Hotels befindet sich ein chinesisches Restaurant mit der üblichen chinesischen Dekoration, aber ausschließlich russischem Personal. Als wir später darin essen, genießen wir eine ähnlich sonderbare Mischung aus chinesisch-russischen Gerichten. Der Reis mutet zwar chinesisch an, ist aber auf die übliche, reichlich Fett verwendende russische Weise zubereitet. Nicht anders verhält es sich mit den diversen Saucen und Zutaten, die die chinesische Nationalküche bietet. Auf den ersten Blick wirken sie auch hier chinesisch, kostet man sie, hat man das Gefühl, eindeutig schwere russische Kost zu essen. Den chinesischen Gästen, die das Restaurant am Abend bevölkern, scheint das nichts auszumachen. Rülpsend und schmatzend verzehren sie, was an »Chinesischem« angeboten wird. Es schmeckt ihnen offenbar. Mir ist diese Mischung nicht ganz geheuer und ich greife lieber zu den *pelmeni*, den typisch russischen Teigtaschen, die hier ebenfalls angeboten werden. Sicher ist sicher. Ich möchte die Begegnung der beiden Kulturen lieber nicht in meinem Magen stattfinden lassen. In diesem Hotel wie auch auf den Märkten hat man den Eindruck einer etwas unbeholfenen Annäherung der beiden Länder. Beide Seiten wirken auf mich so, als wären sie immer noch überrascht, dass jenseits des Flusses eine so ganz andere Kultur zu Hause ist. Das ist freilich auch kein Wunder, denn viele Jahrzehnte lebten Russen und Chinesen zwar sehr nahe beieinander, wirklich begegnet sind sie sich aber nicht. Die Zeiten waren nicht danach.

Trotz der Liberalisierung spürt man auf der russischen Seite nach wie vor die Bemühung, die Entwicklung unter Kontrolle zu behalten. Die chinesischen Händler, die herüberkommen dürfen, erhalten lediglich ein Visum für das Stadtzentrum von Blagoweschtschensk. Die Polizeiposten an den Stadtgrenzen kontrollieren scharf. »Die sind da drüben doch eine Menge Menschen, mehr als eine Milliarde, und in ganz Russland wohnen doch bloß 150 Millionen«, sagt einer der kontrollierenden Polizisten, »wenn wir die alle reinlassen, findet man uns doch gar nicht mehr!« Auch wenn sich schwerlich ganz China auf den Weg nach Russland machen würde – das würden die kommunistischen Behörden des Polizeistaats China schon im Ansatz verhindern –, so ist in der russischen Bevölkerung diese tief sitzende Angst stets schon nach den ersten Gesprächsminuten zu spüren. Die Angst, ganz einfach »überschwemmt« zu werden. So kommt es zu merkwürdig anmutenden Erscheinungen. In der Uliza Trudowaja 47 im Zentrum der Stadt steht ein *obschtscheschitie*, ein ehemaliges Studentenwohnheim. In dem hellblau angestrichenen Haus reiht sich auf den vier Stockwerken ein kleines Zimmer an das andere, insgesamt sind es 79. Alle sind sehr gewinnbringend verpachtet – an chinesische Händler. Will man das Haus betreten, muss man zuerst an einer äußerst resoluten russischen Dame vorbei, die am Eingang hinter einem Gitter sitzt. Das Gitter lässt eine schmale Durchreiche frei. Die Dame verlangt in wenig freundlichem Ton den Ausweis, kontrolliert ihn und trägt die Personalien in eine große, etwas speckige Kladde ein. Verlässt man das Haus später wieder, wird man »ausgetragen«. Die Prozedur vermittelt einem sofort das Gefühl, man habe etwas Gefährliches oder gar Anrüchiges vor. Kaum habe ich die ersten Stufen des überraschend sauber geputzten Treppenhauses überwunden und gelange in den langen Gang der ersten Etage, stellt sich bei mir tatsächlich eine Art voyeuristisches Gefühl ein.

Jedes der kleinen Zimmer ist voll gestopft mit chinesischen oder in China gefertigten Waren: Lederjacken, Handtüchern, Schuhen, Matratzen und Bettwäsche, Kinderspielzeug – die Spielzeugpuppen tragen meist chinesische Züge. Ein Zimmer steht voller Küchengeräte einschließlich Tafelbesteck, Bade- und Hygieneartikel, bei denen auch Kondome nicht fehlen. Kurz: Hier gibt es alles, was man in einem normalen Kaufhaus kaufen kann. Nur dass dieses Kaufhaus hier in 79 winzig kleine Zimmer aufgeteilt ist, an denen man vorbeidefiliert. Am Kopfende der Zimmer steht entweder ein Sofa oder es ist ein Stapel kleiner Polster aufgebaut, auf denen sich die meist recht schick gekleideten chinesischen Verkäuferinnen und Verkäufer ausruhen und auf Kunden warten. Kaum betritt ein Kunde eines der kleinen Zimmer, nähert sich die Verkäuferin mit einem kleinen Papierblöckchen, auf das sie den Preis in Rubel notiert und dem Kunden zeigt, da ihre russischen Sprachkenntnisse zu mehr oft nicht ausreichen. Es entspricht der gesamten Atmosphäre, dass die Verkaufsgespräche leise geführt werden, was dem Besucher erneut das Gefühl vermittelt, etwas halb Verbotenes zu tun. Verblüffend ist jedenfalls das große Warenangebot, das sich Zimmer an Zimmer aufreiht, und die Sauberkeit des Gebäudes. Einer der Verkäufer ist Chen Zhilai. Er ist 27 Jahre alt. Auf knapp 15 Quadratmetern verkauft er 13 Stunden am Tag, von morgens acht Uhr bis abends neun Uhr seine Artikel. Ein Jahr will er das machen und dann wieder ganz zurückgehen nach China. Dreihundert Dollar verdient er im Monat. Für die ländlichen chinesischen Verhältnisse, aus denen er kommt, ist das ein kleines Vermögen. Dafür nimmt er in Kauf, ein Jahr in Blagoweschtschensk fast ausschließlich in diesem Zimmer zu verbringen. Zurück am Eingang frage ich die resolute Dame, warum es denn hier insgesamt so streng zugehe. Sie sagt, dass man bestrebt sei, alles im Griff zu behalten, um »überraschende Entwicklungen« zu vermeiden. Was ich darunter genau zu verstehen habe, erklärt sie nicht weiter, sondern verweist auf die Polizeistation in der Nähe. Ich ziehe es vor, die Polizeistation nicht zu besuchen, um nicht noch mehr Aufmerksamkeit zu erregen oder gar unangenehme Fragen auf mich zu ziehen, was ganz ohne Zweifel am Ende zusätzliche Kontrollen, Rückfragen nach »Drehgenehmigungen« und eine Menge anderer bürokratischer Schwierigkeiten auslösen würde, die ich im Interesse unserer weiteren Reiseplanung gar nicht erst riskieren will. Also besser dieser Versuchung der weiteren Recherche bei der Polizei nicht erliegen! Ich habe sowieso genug gesehen und meinen ersten Eindruck bestätigt gefunden: Man bewegt sich hier im Grenzgebiet, wenn überhaupt, mehr als vorsichtig aufeinander zu. Auf russischer Seite ist das Bedürfnis überall spürbar, diese »Bewegung« ständig zu kontrollieren, damit ja nichts aus dem Ruder läuft. Kauf und Verkauf, darauf erstreckt sich die Begegnung der beiden Kulturen nach wie vor hauptsächlich, ansonsten scheint man im Alltag doch lieber voneinander fernbleiben zu wollen. Gibt es nicht doch Ausnahmen? Eine soll es geben. Sie liegt vor der Stadt. Dorthin fahren wir.

Ein leichter Nieselregen hat eingesetzt. Die Straßen Richtung Stadtrand sind in Blagoweschtschensk beschaffen wie anderswo in Russland. Schlaglöcher zieren den Asphalt.

Wegen des Regens füllen diese sich allmählich mit schmutzigem Wasser und sind kaum noch auszumachen. Für den Fahrer bedarf es einiger Erfahrung und eines scharfen Blicks, damit er nicht plötzlich mitten in ein solches Schlagloch hineingerät. Die Radaufhängung oder die Stoßdämpfer würden sich bedanken. Doch wir haben Glück. Unser Fahrer stammt aus Blagoweschtschensk und kennt die Straßen. Größeren Ehrgeiz, Michael Schumacher nachzueifern – diesen Namen kennt natürlich auch hier jeder –, hat er nicht. Igor ist 46 Jahre alt und war als Ingenieur in einem Metall verarbeitenden Werk angestellt, bevor dieses vor einigen Jahren wegen fehlender Aufträge dichtmachte. Also hat er umgesattelt. Mit Hilfe einiger Freunde kaufte er sich einen gebrauchten japanischen Minibus und versucht sich seitdem als *taksist* durchzuschlagen. Allein das garantiert schon eine gewisse Sorgfalt im Umgang mit seinem Fahrzeug. Mir ist es recht. Eile haben wir im Augenblick sowieso keine.

Und dann sehe ich es plötzlich – das einzige Gebäude, das wenigstens etwas die Nähe zu China erkennen lässt. Ein flacher, weiß gekalkter Neubau mit einem geschwungenen Dach, das dem Gebäude den Anschein einer Pagode gibt. Dahinter steht eine rund 30 Meter lange Miniaturausgabe der chinesischen Mauer. »Das ist im letzten Jahr fertig geworden,« sagt Igor, der *taksist*. »Ein chinesischer Bauunternehmer hat das gebaut. Da ist ein chinesisches Restaurant und eine Sauna drin, aber hingehen tun nur Russen.« Immerhin. Die chinesische Kultur hat es wenigstens auf diese Weise geschafft, sich hier einzubringen – wenn auch nur als verkitschtes Abziehbild. Das ist freilich der einzige Fleck im Stadtbild von Blagoweschtschensk, der es so weit gebracht hat. Und mit richtiger chinesischer Kultur hat der Neubau in Wirklichkeit natürlich nichts zu tun.

Wir fahren inzwischen an brachliegenden Feldern und feuchten, grünen Wiesen vorbei. Als linker Hand eine Ansammlung von hellen, mit weißlichen Plastikplanen bedeckten Gewächshäusern auftaucht, biegt Igor in einen schlammigen Feldweg ab. Hier also liegt sie, Sascha Kuksenkos Tomaten- und Obstplantage, das Ziel unseres Ausfluges. Das weit offen stehende Eingangstor am Ende des Feldwegs hängt schief in den Angeln. Wir fahren um ein flaches, etwas vergammelt aussehendes Gebäude herum und halten im Hof an. Dort steht Sascha Kuksenko, umringt von mehreren Chinesen. Einer von ihnen trägt die olivgrüne Uniformjacke der chinesischen Volksbefreiungsarmee. Die Jacke selbst ist zwar ziemlich schmuddelig, doch die großen goldenen Knöpfe leuchten um so mehr, genauso wie die rotgoldenen Schulterstücke. Er strahlt unter seinem kräftigen, schwarzen Haarschopf hervor und enthüllt eine Reihe blendend weißer Zähne. Die anderen um ihn herum tragen eine eher zusammengewürfelte Arbeitskleidung, eine Mischung unterschiedlichster Kleidungsstücke von Jeans bis graubrauner Stoffhose, sehr gebraucht aussehende Hemden oder Pullover. Aber alle machen den Eindruck, als wären sie in recht guter Stimmung. Sascha Kuksenko, von ähnlich kleinem Wuchs wie die Chinesen, sieht aus wie ein typischer Russe aus dem Herzen Sibiriens: Blonde Haare, blaue Augen, helle Haut. Er wirkt ruhig, fast zurückhaltend, und begrüßt uns freundlich. Seine Geschichte ist typisch für viele in Blagoweschtschensk. Eigentlich hat er Ingenieur gelernt. Als seinem Werk der Atem ausging, verlegte er sich auf das Handeln mit chinesischen Waren. Er reihte sich ein in die lange Schlange der Russen, die seit Mitte der neunziger Jahre morgens mit dem Fährschiff nach Hei He übersetzten und am Abend mit prall gefüllten Plastiktaschen nach Blagoweschtschensk zurückkehrten. Zunächst waren es vor allem Textilien, dann kamen immer mehr andere chinesische Artikel dazu, die man in Blagoweschtschensk und anderswo in Russland verkaufen konnte. Auf diese Weise sammelte er etwas Geld an. Doch anders als die meisten wollte er seine Ersparnisse zu etwas verwenden, das ihm auf die Dauer ein sichereres Einkommen liefern sollte. Sascha wollte schon lange eine kleine Landwirtschaft in eigener Verantwortung aufbauen und führen, also privater *fermer* werden, wie man im Russischen in Anlehnung an den englischen Begriff »Farmer« sagt. Mit dem Angesparten pachtete er ein Stück Land von einer Kolchose, die nur noch mehr schlecht als recht lief. Das war wohl auch der Grund, weshalb er das Stück Land von der Kolchose überhaupt bekam. Es erübrigt sich zu sagen, dass es bei weitem nicht das Land mit der besten Erde war. Die kleine Senke, in der es liegt, ist eigentlich zu feucht, um ständig bewirtschaftet zu werden. Also sind andauernd zusätzliche Anstrengungen nötig, um es halbwegs trocken zu halten. Doch besser dieses Stück Land als gar keines. Und Sascha hatte noch eine Idee. Auf dem Markt der chinesischen Stadt Hei He lernte er beim Handeln Herrn Yan Zhen kennen, einen umtriebigen Geschäftsmann, der nach Erweiterung seiner geschäftlichen Aktivitäten strebte. Die beiden schlossen sich kurzerhand zusammen. Herr Yan Zhen konnte aber neben seiner Geschäftstüchtigkeit noch etwas anderes in das zu gründende Unternehmen einer privaten Tomaten- und Obstplantage einbringen. Etwas, das noch viel wichtiger und deshalb auch schwierig zu bekommen war: billige und zuverlässige Arbeitskräfte in Form von chinesischen Landarbeitern. Darin steckt das wahre Geheimnis dieses Unternehmens, das sich in Abwandlung von Saschas ursprünglicher Idee in ein chinesisch-russisches Gemeinschaftsunternehmen, in ein »Joint Venture« verwandelte.

Wir gehen hinein in das kleine Gebäude, das aus drei Räumen besteht. Im größten der drei steht ein langer Holztisch, auf den Regalen im Hintergrund stapelt sich alles Mögliche von Lebensmitteln bis hin zu irgendwelchen Ersatzteilen, Arbeitsgerät, Schaufeln, Decken. Der mittlere Raum dient als Küche. Freilich muss man sich diese Küche nicht als russisch-europäische mit Gas- oder gar Elektroherd vorstellen. Nein, es handelt sich um eine chinesische Küche für Landarbeiter. Auf etwa 60 Zentimeter Höhe zieht sich eine kleine, aus Backstein gemauerte Herdkonstruktion an der gesamten Wand entlang, in die oben mehrere kreisrunde Löcher eingelassen sind. Dort hinein kommen die großen, von Ruß kräftig geschwärzten Kochtöpfe. Beheizt wird das Ganze von unten mit Holzscheiten. Als ich mit Sascha die Küche betrete, köcheln bereits in zwei der Töpfe kleine Fleischstücke vor sich hin. Der Koch, einer der chinesischen Landarbeiter, wirft immer wieder diverse Gewürze oder eine kleine Hand voll Salz hinein, gießt etwas Wasser nach und rührt mit einem großen Holzlöffel um. Ein sehr angenehmer, etwas süßlicher Duft verbreitet sich. In einem dritten Kessel wird eine große Menge Reis gedämpft. Ich bekomme Appetit und hoffe schon jetzt darauf, dass wir zum Essen eingeladen werden, wenn es so weit ist.

Im dritten Raum, der etwas kleiner ist als der erste, sitzen andere Landarbeiter im Schneidersitz auf einem gemauerten Podest, das ein Drittel des Raumes einnimmt, und spielen ein chinesisches Kartenspiel. Sie begleiten ihr Spiel mit lautstarker Diskussion. Das mit dünnen Polstern bedeckte Podest dient ihnen zugleich als Schlafstätte. Und es hat noch eine Bewandtnis damit. Es wird vom Küchenherd aus durch mehrere Luftkanäle von unten beheizt. Das hätten sich die Chinesen selbst gebaut, dort sei das auf dem Land so üblich. »Bei uns hat man früher im Dorf auf dem

Ofen geschlafen und viele tun das heute noch. Bei den Chinesen ist es das gleiche Prinzip«, erklärt Sascha, »nur halt ein bisschen anders.« Nein, davon habe er früher auch nichts gewusst. »Das ging ja gar nicht, wir durften nicht hinüber und die nicht zu uns. Uns brachte man ja immer bei, dass die für uns gefährlich seien und manche glauben das sogar heute noch!«

Wir gehen hinüber in den großen Raum. Dort sitzt Herr Yan Tzen am Tisch und ist mit einem Stapel Papiere beschäftigt. Als wir den Raum betreten, steht er höflich auf und begrüßt uns zuvorkommend. Er spricht Russisch, was erfreulich ist, da ich mich so mit ihm unterhalten kann. Bei den Landarbeitern blieb es bislang bei einem freundlichen gegenseitigen Anlächeln und dem heftigen Austausch der russischen Wendung *wsjo choroscho!*, also so etwas wie »alles in Ordnung!« Herr Yan Tzen ist gut gekleidet. Helles, modisches Poloshirt, gebügelte Baumwollhose mit Ledergürtel. Er trägt eine moderne Brille mit Goldrandgestell. Neben ihm liegt ein kleines, schickes Ledertäschchen, das aus einem Katalog mit dem Namen »Elegantes für den Herrn« stammen könnte. Später stellt sich heraus, dass es zugleich als Geldbörse dient, die prall mit Rubelscheinen gefüllt ist.

Dann erzählen Sascha und Herr Yan Tzen die mit einer Unmenge von Hindernissen gespickte, höchst mühsame Geschichte ihres Unternehmens – ein zäher Kampf mit der russischen Bürokratie. Hinzu kommt eine Staatsgrenze, die noch bis vor nicht allzu langer Zeit so gut wie unüberwindbar war. »Allein die Steuererklärung«, sagt Sascha und fährt sich in einem Anflug von Verzweiflung durch das schon etwas schüttere blonde Haar. »Da wir ein chinesisch-russisches Joint Venture sind, will jeder der beiden Staaten die Papiere auch in der Sprache des jeweils anderen. Natürlich können unsere Beamten kein Chinesisch und drüben kann kaum einer Russisch. Jeder ist natürlich misstrauisch und befürchtet, dass er betrogen wird. Wenn unsere Papiere aber nicht die richtigen Stempel kriegen, gibt es auch keine Visa für die Landarbeiter, die rund fünf Monate im Jahr bei uns arbeiten müssen, damit die Plantage überhaupt funktioniert. Mindestens zwei Monate im Jahr verbringe ich ausschließlich damit, die Papiere in Ordnung zu bringen. Mindestens!« Herr Yan Tzen hebt hervor, dass man drüben natürlich die Unterstützung der kommunistischen Partei und der Grenzbehörden genieße. Ein sanftes Lächeln umspielt bei dieser Feststellung seine Lippen. Ich habe zwar keine Chinaerfahrung und will den Chinesen selbstverständlich kein Unrecht tun, aber aus dem etwas hintersinnigen Lächeln meine ich, auf eine gewisse Korruptionsbereitschaft der chinesischen Behörden schließen zu können. Freilich enthalte ich mich einer genauen Nachfrage. Sascha ist in dieser Sache ein wenig deutlicher: Auf meine entsprechende Frage entfährt ihm ein heftiges Knurren. »Auf Russisch« kann das nur bedeuten: Das ist schlimmer als du dir vorstellen kannst! Trotzdem haben die beiden das Wunder vollbracht, sowohl die chinesische als auch die russische Bürokratie zu überwinden, denn die Plantage samt Arbeiter gibt es ja tatsächlich. Aber auch behördliche Auflagen gibt es jede Menge. Zum Beispiel die Visa für die chinesischen Landarbeiter. Sie ähneln der Genehmigung für den Freigang eines Häftlings. Den Arbeitern ist ausschließlich der Aufenthalt auf dem Gelände von Saschas und Herrn Yan Tzens Tomatenplantage gestattet. Werden sie anderswo erwischt, geht es im Eilverfahren zurück über den Amur nach China. Dort soll das Leben nach so einem Vorfall auch nicht gerade leichter werden, deutet der höfliche Herr Yan Tzen an. Also besser nicht ausprobieren. Warum kommen die von Herrn Yan Tzen sorgfältig ausgesuchten Landarbeiter dann trotzdem herüber nach Blagoweschtschensk, das ja auch nicht gerade wie das Paradies aussieht, weder aus der Ferne noch aus der Nähe? Einer der Chinesen erklärt es mir später beim Essen: »Wir verdienen hier in den drei bis fünf Monaten so viel, dass wir drüben in China unsere Familien fast ein ganzes Jahr davon ernähren können. Die meisten von uns leben auf dem Land in einem kleinen Dorf zwischen zwei- und dreihundert Kilometer entfernt von Hei He. Arbeit, mit der man nennenswert Geld verdienen kann, gibt's dort keine.« Also haben sie sich entschlossen, unter den sehr bescheidenen Bedingungen ein paar Monate lang mehr oder weniger Tag und Nacht auf der Plantage zu arbeiten, um danach in ihre Heimatdörfer zurückzukehren. Einige von ihnen sind zum wiederholten Male hier. Also muss es sich lohnen.

Wir gehen gemeinsam mit Sascha und Herrn Yan Tzen hinaus. Ein paar hundert Meter vom Haus entfernt ist ein kleiner Verkaufsstand mit vielen Kisten voller Tomaten aufgebaut. Mit kleinen Ladas oder japanischen Minibussen fahren russische Kunden vor, um die Tomaten gleich kistenweise einzukaufen. Sascha begrüßt sie freundlich, die Landarbeiter laden die Kisten oder Kartons in die Autos und der höfliche Herr Yan Tzen tritt danach mit seinem eleganten Herrentäschchen an den Kunden oder die Kundin heran und bittet um das Geld. Eigentlich nichts Besonderes, und wären wir nicht in Blagoweschtschensk, und wäre das nicht ein russisch-chinesisches Joint Venture, dann wäre das wohl alles nicht der Rede wert. Vielleicht ist das in ein paar Jahren tatsächlich so. Bislang ist diese Firma noch eine Ausnahmeerscheinung.

Die russischen Kunden, mit denen ich spreche, scheinen aber dann doch peinlich berührt, als ich sie danach frage, ob es ihnen etwas ausmache, ausgerechnet hier einzukaufen. Sie bleiben allesamt eher wortkarg. Und noch etwas haben sie fast alle gemeinsam: Sie kaufen die Tomaten, um sie auf den Märkten selbst rasch weiterzuverkaufen. Sascha und Herr Yan Tzen sind die Großhändler, sie die eigentlichen Verkäufer auf den Märkten. »Wenn die Tomaten gut sind, ist es mir schnuppe, von wem ich sie kaufe«, sagt einer der Männer beinah trotzig auf meine Frage, ob es ihn störe, dass die Plantage ausschließlich von chinesischen Landarbeitern bewirtschaftet wird – und das ganz offenbar erfolgreich.

Etwas später kommen wir der Sache auf den Grund. Wir fahren mit Sascha hinüber in sein Heimatdorf, das ein paar Kilometer von der Plantage entfernt liegt. Als wir an den halb verfallenen Gebäuden der Kolchose vorbeikommen, berichtet Sascha von der nächsten Schwierigkeit, die auf ihn und den höflichen Herrn Yan Tzen zukommt. Der russische Kolchosdirektor beäugt die verdächtig erfolgreiche Plantage schon länger und kam neulich auf Sascha zu, um ihm anzukündigen, dass man sehr ernsthaft überlege, den Pachtvertrag mit ihm zu beenden und die Plantage selbst zu bewirtschaften. Das klingt nun wiederum sehr russisch und ich glaube Sascha aufs Wort. Da machen sich wohl einige in der fast bankrotten Kolchose Gedanken darüber, wie man billig an Geld und Tomaten kommen kann – jetzt, da ein anderer die Grundlage dafür gelegt hat. Und überhaupt: Private *fermer* haben es nach meiner Erfahrung überall in Russland immer noch sehr schwer. Entweder ihnen werden so viele Knüppel zwischen die Beine geworfen, dass sie gar nicht erst hochkommen, oder spätestens wenn sie erfolgreich sind, wächst der Neid, der am Ende dafür sorgt, dass viele der *fermer* reumütig in die Arme der Kolchose und vor allem des Kolchosdirektors zurückkehren. Dann hat sich zwar nichts nach vorne bewegt, aber die Welt ist wieder in Ordnung. Es wird in Russland sehr darauf ankommen, diesen Mechanismus zu unterbrechen, wenn ein wirklicher Fortschritt erzielt werden soll. Aber auf dem Land bei dem begrenzten Horizont der Menschen dort und der nach wie vor vorhandenen Macht der alten »roten« Elite und deren Bürokratie ist das nach wie vor besonders schwierig.

Als wir mit Saschas Familie, seinen beiden Kindern und seiner Mutter zusammensitzen, frage ich ihn dann doch, warum er nicht russische Landarbeiter beschäftigt, sondern Chinesen, zumal so ja noch mehr Bürokratie, die »Grenzorgane« und vieles andere involviert ist, was das Betreiben der Plantage noch schwieriger macht. Sascha druckst ein wenig herum. »Na ja«, sagt er schließlich, »es ist am Ende doch irgendwie praktischer!« Dann schweigt er. Seine Mutter, eine Tierärztin und auch sonst eine sehr handfest wirkende Frau, bringt es sehr trocken auf den Punkt: »Das ist doch ganz einfach. Unsere saufen zu viel und arbeiten zu wenig. Das ist es!« Es ist jedenfalls eine einleuchtende Erklärung. Das macht auch die leicht peinliche Atmosphäre etwas verständlicher, die ich empfand, als ich auf der Plantage mit den russischen Kunden sprach, bei denen der höfliche Herr Yan Tzen am Ende die Rubel abkassierte. Sie spüren wohl selbst, dass ihnen da unversehens eine sehr ernsthafte Konkurrenz heranwächst. Gemeinsam mit der Ahnung, dass da jenseits des Amur mehr als eine Milliarde Menschen wohnen, denen es offenbar sehr viel schneller gelingt, ihre Wirtschaft in Gang zu bringen, als das in Russland jedenfalls bis jetzt der Fall ist, vermittelt ihnen das eine Art Unterlegenheitsgefühl. Dieses Unterlegenheitsgefühl steht ganz im Gegensatz zu dem Selbstverständnis, mit dem die meisten aufgewachsen sind – nämlich Asien deutlich überlegen zu sein. Kulturell, wirtschaftlich und wissenschaftlich. Nicht China war schließlich eine Großmacht, sondern die Sowjetunion. Nicht die

Chinesen sind ins All geflogen, sondern Juri Gagarin. Nicht China hat sich nach dem »Großen Vaterländischen Krieg« neben den Amerikanern zu der mächtigsten Atommacht entwickelt, sondern die Sowjetunion. Die Sowjetunion ist zwar vor zehn Jahren zusammengebrochen, doch die Reste des damaligen Selbstverständnisses sind immer noch bei vielen tief in der Psyche verankert. Aber schon zur Zarenzeit, also lange vor der Leninschen Revolution, gab es dieses Gefühl der Überlegenheit gegenüber dem eher »unheimlichen« fremden Asien. Heute beginnt es deutlich zu bröckeln.

Die chinesischen Landarbeiter essen ihre schlichte, aber wirklich exzellente Mahlzeit. Dampfende Schüsseln mit Reis werden aufgetischt. Dazwischen kleine Teller mit in Streifen geschnittenen Paprika und einem sehr scharfen, peperoniartigen Gewürz. Und schließlich die gebratenen und danach in einer mit Soja versetzten Sauce aufgekochten Fleischstücke. Unter dem fröhlichen Geschnatter meiner chinesischen Tischgenossen, die mich eingeladen haben, versuche ich natürlich, es ihnen mit ihren Stäbchen gleichzutun, was mir gegen Ende der Mahlzeit auch mehr schlecht als recht gelingt. Selbst der höfliche Herr Yan Tzen amüsiert sich beinahe unverhohlen angesichts meiner im Ganzen doch etwas hilflosen Versuche. Dann rückt er rasch wieder die Goldrandbrille zurecht, ergreift sein Täschchen und entfernt sich zu zweifellos wichtigen betrieblichen Aktivitäten.

Eines bleibt festzuhalten: Wirklich angenähert haben sich die beiden Länder und Kulturen gewiss noch nicht. Aber alles ist besser, als sich jahrzehntelang waffenstarrend über den Amur hinweg finster zu beäugen. Und Blagoweschtschensk ist erfreulicherweise keine »geschlossene Stadt« mehr. Nur – zumindest was die Chinesen angeht, hat sie sich so richtig auch noch nicht geöffnet. Aber das kann ja noch kommen. Solche Entwicklungen brauchen Zeit. In letztlich hoffnungsvoller Stimmung fahren wir zurück zu unserem Bahnhof, um wieder auf die Transsib zu steigen. Wir fahren unserer letzten Station auf der Transsibirischen Eisenbahn entgegen. Sie liegt im Herzen der sibirischen Republik Burjatien.

8.
Russischer Buddha

Der Kopf ist riesig. Und er flößt Angst ein. Drohend blickt er über den großen, rechteckig angelegten Platz. Ganz so, als wolle er jede Bewegung unterhalb von ihm kontrollieren. Niemand entgeht ihm. »Big Brother is watching you!« – »dem großen Bruder entgeht nichts«, denkt man unwillkürlich beim Anblick des dunklen, rund fünf Meter hohen, mächtigen Granitblocks. Fast fährt einem ein Schreck in die Glieder. Dabei ist es nur der größte Leninkopf Russlands, den unsägliche Parteikünstler zu Ehren des Staatsgründers der Sowjetunion auf dem zentralen Platz von Ulan-Ude, der Hauptstadt der kleinen Republik Burjatien, auf einer massiven Betonplattform aufgestellt haben. Ich habe während unserer Reise durch Russland schon viele Lenin-Denkmäler gesehen, aber dies ist bei weitem das hässlichste. Der Platz selbst ist freilich auch nicht sehr viel schöner. Zwei Baustile mischen sich. Der pseudoklassizistische Stil der Stalinära mit den düsteren und phantasielosen Betonblöcken der sechziger und siebziger Jahre, aus denen die regionalen Zentralen der KPdSU, der kommunistischen Partei der Sowjetunion, gebaut wurden. Nach dem Zusammenbruch der Sowjetunion zog meist die örtliche Verwaltung in diese Gebäude ein. So auch hier in Ulan-Ude. Die eher abstoßende Architektur passt so gar nicht zu der Idee des demokratischen Aufbruchs im Russland der frühen neunziger Jahre. Aber da keine anderen Gebäude da waren und für Neubauten in der Regel das Geld nicht reicht, sieht alles so aus wie zu den besten Zeiten der Kommunisten, als die Partei das Land fest im Griff hatte. Mancherorts hat sich auch an der Führungsschicht nicht viel geändert. Der gegenwärtig amtierende Präsident der russischen Republik Burjatien, Leonid Potapow, war, wie so viele Präsidenten oder Gouverneure der einzelnen »Subjekte der Russischen Förderation«, selbstverständlich früher Parteisekretär. Er residiert nach wie vor in einem der »Stalingebäude« am zentralen Platz von Ulan-Ude und kann von seinem Fenster aus auf den finsteren Leninkopf blicken. Vielleicht hat auch er gelegentlich das Gefühl, dass sich gar nicht so viel verändert hat. Leonid Potapow ist ein freundlicher Mann. Nett empfängt er uns, die »deutsche Delegation«, für knappe zehn Minuten in seinem Amtszimmer, und immerhin reicht es für ein rasches Foto mit ihm. Er strahlt den spröden Charme eines ehemaligen Parteisekretärs aus. In seinen Gesichtszügen weist ihn nichts als Burjaten aus. Die Burjaten sind ein mongolisches Volk und tragen die entsprechenden äußerlichen Merkmale: ein rundes, asiatisches Gesicht, schmale Augen, kleiner Wuchs. Leonid Potapow jedoch ist Russe. Man muss ihm das nicht zum Vorwurf machen, aber ein Stück glaubwürdiger wäre es schon, wenn der burjatische Präsident selbst ein Burjate wäre. Aber noch ist die kleine Republik offenbar nicht so weit, ein solches »Staatsoberhaupt« zu wählen.

Um es gleich vorweg zu sagen: Burjatien, das an das östliche Ufer des legendären Baikalsees grenzt, ist eine meiner Lieblingsrepubliken im heutigen Russland. Auch wenn sich das in der Hauptstadt Ulan-Ude nicht unbedingt erschließt. In Burjatien ist es wie in vielen »Republiken«, »Gebieten« und »autonomen Kreisen« Russlands – seine Schönheit zeigt sich erst außerhalb seines Zentrums.

Man kann sich trefflich darüber streiten, was schöner ist: Burjatien im Winter oder im Sommer zu besuchen. Für sehr wetterfeste und besonders improvisationsfähige Touristen, die das Unvorhergesehene und ein wenig auch das Abenteuer lieben, ist der Winter sicher die noch spannendere, wenn auch erheblich härtere Reisezeit. Temperaturen von minus 40 Grad sind hier nicht selten. In den Bergen Burjatiens allemal.

Meine letzte Reise nach Burjatien fand im tiefsten sibirischen Winter statt. Von Irkutsk aus brachen wir auf Richtung Baikalsee. Auf der zum Teil vereisten und schlecht geräumten Straße fuhren wir durch tief verschneite Wälder zum südöstlichen Ende des Baikalsees. Der tiefste Binnensee der Welt (1637 m) entfaltet im Winter einen fast noch magischeren Zauber als im Sommer. Zugefroren, ist sein oft mehrere Meter dickes Eis an manchen Stellen durchsichtig wie Glas. Es löst ein eigenartiges Schwindelgefühl aus, wenn man darüber fährt oder läuft und in die bläuliche Tiefe blickt. An anderen Stellen schieben sich die Eisschollen übereinander und ragen bizarr aus der erstarrten, eisigen Fläche heraus. Wenn sich in ihnen das helle Licht der östlichen Wintersonne bricht, erinnern sie an eine seltsame, wie für immer erstarrte Märchenlandschaft. Viele Dörfer entlang des Baikalsees besitzen noch keine zentrale Wasserversorgung. Also hacken die Dorfbewohner mühsam Löcher in das dicke Eis, die täglich wieder neu freigeräumt werden müssen, und lassen ihre Wassereimer hinab. Auf einem über die Schultern gelegten Holzbügel, an dem an jedem Ende ein Eimer hängt, tragen sie das

Wasser zurück in ihre Holzhütten. Einen Vorteil haben sie in diesem Teil Russlands: Rund um den Baikalsee gibt es genügend Holz. Ernsthafte Winterkrisen wie andernorts in Russland sind hier also nicht zu befürchten.

Damals führte uns die Reise weiter hinauf in die burjatischen Berge in eine Gegend, in der das kleine Volk der Sojoten lebt.

In dem 1 500 Einwohner zählenden Städtchen Orlik, dem Verwaltungszentrum dieser Region, besuchten wir einen buddhistischen Lama, der dort einen kleinen Tempel aufgebaut hatte. Burjatien ist nämlich das Zentrum der russischen Buddhisten. Ursprünglich kam diese Religion aus Tibet in die benachbarte Mongolei. Die Wanderung kleiner mongolischer Völker nach Norden brachte sie schließlich im 18. Jahrhundert bis ins heutige Russland. 1741 erhob die Zarin Elisabeth den Buddhismus neben dem russisch-orthodoxen Glauben zur zweiten Staatsreligion. Heute besitzt Russland, wenn man vom Schamanismus einmal absieht, vier offizielle Religionen, da der Islam und die jüdische Religion mittlerweile ebenfalls dazuzählen. Es ist eben ein Vielvölkerstaat, auch wenn diese Tatsache im Westen immer noch nicht jedem bewusst ist.

Doch zurück zu unserem buddhistischen Lama. Dansan, unser buddhistischer Mönch aus Orlik, führte uns nach längerem, beschwerlichem Aufstieg zu Fuß an den Rand einer verwunschenen Höhle. Um ihren Eingang herum hatten er und seine Anhänger einen Verhau aus großen Ästen und Baumstämmen errichtet, um das Eindringen größerer Tiere zu verhindern. Sie selbst liegt unter einer überhängenden Felsnase. In der rund 40 Quadratmeter großen Höhle führt ein Kamin hinauf durch die Felsdecke und öffnet sich nach oben ins Freie. Wenn Lama Dansan und seine Anhänger in diesem ungewöhnlichen Versammlungsraum meditieren, zünden sie ein reinigendes Feuer an, dessen Rauch durch den Felskamin nach oben abzieht, statt sich in der Höhle auszubreiten. Als wir etwas außer Atem an diesem spirituellen Ort anlangten, warteten dort bereits zwei andere Lamas, die das Feuerholz schon vorbereitet und mit trockenen Moosen unterfüttert hatten, damit es leichter brennt. »Das ist ein besonderer Ort,« sagte Lama Dansan vor der Höhle. »Nach unseren Gesetzen besteht hier eine besondere Verbindung zum Kosmos.« Er zeigte uns die schützenden Berge, die sich beinahe kreisrund um das kleine Tal gruppierten und so aus seiner Sicht die Energie des Kosmos konzentrieren. Vom Eingang der Höhle bot sich ein schöner Blick in das Tal und die es umgrenzenden Berge. Lama Dansan holte aus seiner leinenen Umhängetasche ein Muschelhorn hervor und blies hinein. Ein tiefer, lang gezogener Ton hallte durch das Tal und rief zur Meditation. In der Höhle hatten seine Glaubensbrüder Räucherstäbchen angezündet und das Feuer entfacht. Die Stille wurde nur durch das Knacken des Feuerholzes unterbrochen. Langsam erwärmte sich die winterkalte Luft ein wenig. Dann setzten die buddhistischen Gebete der drei Lamas ein und durchdrangen als monotones Geräusch die Höhle. Wenn es vielleicht auch keine unmittelbare »Verbindung zum Kosmos« war, so breitete sich doch eine Art magische Stimmung in der Höhle aus. Warum, so ging es mir durch den Kopf, muss man eigentlich unter riesigem Aufwand gewaltige Kirchen bauen, wenn einem die Natur solche Orte zur Andacht, zur Meditation oder zum Gottesdienst, wie immer man es nennen mag, ganz umsonst liefert? Orte wie diese Höhle, in der sich auch bei mir das harmonische Gefühl einstellt, »eins mit der Natur« zu sein.

Später wieder zurück in der Wirklichkeit des kleinen Dorfes Orlik, stellte sich die Wirklichkeit nicht mehr ganz so harmonisch dar. Besonders junge Leute versuchten das

Bergtal zu verlassen, da es hier keine Arbeit und außer bescheidener Landwirtschaft und Viehzucht keine berufliche Zukunft gab. Verlassene und mit Brettern vernagelte Häuser bestimmten das Bild. Früher hatte es hier sogar einen kleinen Flughafen gegeben, regelmäßig waren Hubschrauber in dem Ort gelandet, doch das war alles längst vorbei.

Da sie über eine Reihe von Bodenschätzen, darunter Gold, verfügt, die auch nach wie vor abgebaut werden, gehört die burjatische Republik nicht zu den ärmsten »Subjekten der Russischen Föderation«. Trotzdem ist sie, selbst gemessen an den bescheidenen Ansprüchen, alles andere als reich. Der einzige wirkliche Reichtum, den Burjatien im Überfluss besitzt, ist die Natur, sind – neben dem Baikalsee – fischreiche Flüsse und dichte Wälder. Bei unserer damaligen Winterreise beschlossen wir, den Reiz dieser Wälder genauer zu erkunden. Mit einem russischen Jeep und einem robusten und geländegängigen russischen Kleinbus, wie ihn auch die Armee besitzt, drangen wir, geführt von einem Einheimischen, in die Wälder vor, um zwei burjatische Jäger zu besuchen, die dort im Winter in einer einsamen Hütte wohnten, von der aus sie zur Jagd gingen.

Noch heute erinnere ich mich lebhaft an diese Blockhütte. In die Fugen zwischen den Stämmen hatten die Jäger nach sibirischer Tradition Moose gestopft, um die Ritzen abzudichten. Das wenige Küchengerät hing an Nägeln an den Wänden. Daneben zwei leichte Jagdgewehre und die Gürtel mit den Messern, deren kräftige Klingen in Lederhalftern steckten. Boris, der ältere der beiden Jäger – sein Alter war wegen der vom Wetter gegerbten Haut schwer zu schätzen –, zeigte mir einige Felle, die zu einem Bündel geschnürt an einem Haken hingen. Zobel, Eichhörnchen und zwei sibirische Luchse. Boris, ein typischer Burjate mit mongolischen Gesichtszügen, im Alter irgendwo zwischen

40 und 50, strich stolz mit der Hand darüber. »Keine schlechte Ausbeute«, meinte er, »aber wir haben auch schon mehr geschossen.« Seit vier Wochen lebte er mit dem Jägerkameraden aus seinem Dorf in der Hütte. Bald würde er für ein oder zwei Wochen in sein Dorf zurückkehren, um anschließend wieder hierher zu kommen. Das machte er jeden Winter so und der dauert hier fünf lange Monate. Die Felle der erlegten Tiere verkaufte Boris später in der nächsten Stadt an Pelzhändler, was ihm ein wenig Bargeld einbrachte. Reich wird man dabei nicht.

Ich ging mit Boris, seinem Jägerkameraden und den beiden sibirischen Jagdhunden auf einen Streifzug durch die Wälder. Unweit der Hütte hatte sich der Lauf eines Baches in einer langen Biegung zu einem kleinen See aufgestaut, der erstarrt und bläulich schimmernd dalag. Der Wind hatte die Eisfläche freigefegt. Wenn wir stehen blieben, hörten wir das unter hoher Spannung stehende Eis knarren und krachen. Manchmal hallte es wie ein Schuss durch den Wald, dann war irgendwo weiter unten ein Stück der Eisfläche aufgebrochen und schob sich über eine andere Scholle, um danach sofort wieder festzufrieren. Ich hatte Mühe, Boris und den Hunden nachzukommen. Leichtfüßig strebte er die Hänge hoch. Die Hunde hielten die Nase dicht über die Oberfläche des Schnees, um Witterung aufzunehmen und Wildspuren zu suchen. Als Leine diente Boris ein Strick, dessen eines Ende er um sein Handgelenk gewunden hatte. Gelegentlich ließen die beiden Jäger auch die Hunde frei, die sich sofort durch den hohen Schnee wühlten und sich seitlich in die Büsche schlugen in der Hoffnung, dort irgendwelche Spuren zu finden. Doch jener Tag war kein besonders guter Tag für Spurensuche. Die beiden Jäger schossen ein paar Eichhörnchen, die sich oben in den Baumkronen versteckt hatten. Durch die Schüsse aufgeschreckt sprangen sie von Baum zu Baum. Doch den geübten Jägern entkamen sie nicht. Fast nach jedem Schuss segelte eines der getroffenen Tiere nach unten und schlug weich im Schnee auf. Sofort machte sich einer der Hunde darüber her und leckte es ab. »So ein Fell bringt kaum mehr als die Patronen kosten«, meinte Boris. Wenn er es nicht verkaufte, nähte seine Frau daraus das Innenfutter der Wintermäntel.

Jäger in den Wäldern Sibiriens zu sein, ist ein hartes Brot. Trotzdem genoss es Boris, zumindest für ein paar Monate draußen in der Stille der freien Natur zu leben. »Hier ist alles sauber«, sagte er. »Keine Industrie, wenig Menschen, die Ökologie (ja, er verwendete dieses Wort) ist noch in Ordnung.« Boris war sicher nicht jemand, den man der westlichen Umweltschutzbewegung zurechnen konnte. Davon hatte er kaum etwas gehört. Es war einfach das Leben in der Wildnis, das ihn die Natur schätzen gelehrt hatte.

Als wir zur Hütte zurückkehrten, hörten wir in der Ferne einen der Hunde anschlagen. »Der hat ein Wild gefunden«, meinte Boris und machte sich auf den Weg flussaufwärts. Hinter einer Biegung – der kleine Fluss zeigt hier eine seltsam leuchtende, tiefblaue Färbung – stand einer der Hunde auf einer Felsspitze und bellte unablässig. Erst auf den zweiten Blick sah ich, dass er ein Rentier anbellte, das sich vor dem Hund auf einen Vorsprung geflüchtet hatte. Darunter fiel der Hang fast 30 Meter senkrecht ab in das Flusstal. Boris holte ruhig sein altes Armeefernglas heraus und betrachtete das Wild immer wieder. Er machte aber keine Anstalten, das Gewehr von der Schulter zu nehmen. »Das ist ein Weibchen«, sagte er, »das schieße ich nicht.« – »Warum?«, fragte ich. »Wenn ich es schieße, dann bringt es uns im nächsten Jahr keinen Nachwuchs«, meinte er und schob sein Fernglas zurück in die Tasche. »Wir leben von der Natur, da kann ich sie nicht gleichzeitig zerstören.« Langsam gingen wir zurück in die Hütte. Sein Jagdkamerad hatte schon das Feuer im Herd entzündet, an dem wir uns bei Tee und Wodka aufwärmten. »Ihr müsst mal im Sommer zu uns kommen«, sagte Boris, »da ist die Natur mindestens genauso schön. Es blüht überall. Beeren, Pilze und frische Kräuter, all das gibt es dann hier!« Ich nahm es mir damals fest vor und jetzt, ein halbes Jahr später, ist es so weit. Die Reise für das »Russische Tagebuch« führt uns wieder nach Burjatien. Freilich nicht mehr hinauf zu Boris in die Berge von Orlik, sondern zu einem anderen, ebenfalls beeindruckenden Ort nicht allzu weit von der Hauptstadt Ulan-Ude entfernt: Zu dem größten buddhistischen Kloster Russlands.

Die anstrengende, aber wunderschöne Winterreise ist mir noch in lebendiger Erinnerung, als wir nun im Sommer aus der burjatischen Hauptstadt Ulan-Ude hinausfahren. Vorbei an sattgrünen Wiesen und kleinen Dörfern mit ihren kleinen Holzhäusern. Sanft steigen die bewaldeten Hügel der Berge Burjatiens aus der Ebene auf. Nach einer knappen Stunde Fahrt zeichnet sich am Fuße eines solchen Hügels hinter dem Dörflein Iwolginsk das geschwungene, mehrfach abgestufte und mit Gold bedeckte Dach einer Pagode ab. Das muss er sein, der Haupttempel des buddhistischen Dazans, des Klosters bei Ulan-Ude. Als wir näher heranfahren, wird es noch deutlicher: Nicht nur ein Tempel, nein, eine kleine Siedlung befindet sich hinter dem durch einen etwa zwei Meter hohen hölzernen Zaun abgegrenzten Areal. Zwei Gebäude ragen besonders hoch über die Absperrung hinweg: Der Haupttempel und das zweistöckige Gästehaus. Dazwischen liegen mehrere kleine Tempel, andere befinden sich noch im Bau. Den Tempeln gegenüber stehen fein säuberlich in mehreren Reihen kleine Blockhütten. Eine davon ist etwas größer als die anderen. Es ist die Schule mit mehreren Klassenzimmern, oder besser: Hörsälen. Denn das Dazan ist keine Schule im eigentlichen Sinne, sondern eine buddhistische Universität, mit deren Abschluss man an den staatlichen Universitätsinstituten in Ulan-Ude weiterstudieren kann. Gunchen Lama, der Vorsteher des Klosters, begrüßt uns am Eingang des Gästehauses. Er trägt die rote, togaartige Kleidung der buddhistischen Mönche und eine nach oben spitz zulaufende Mütze, deren ausgestellte Seiten wie kleine Flügel wirken. Stolz erzählt er uns, dass Mitte der neunziger Jahre sogar der Dalai-Lama das Dazan von Iwolginsk besucht hat – gewiss der Höhepunkt in der bisherigen Geschichte des Klosters, ein Ereignis, von dem zu Zeiten der Sowjetunion niemand auch nur zu träumen gewagt hätte. Denn die Geschichte des Buddhismus in jenen sowjetischen Jahren ist ebenso traurig wie blutig.

Als die Bolschewiki in Russland die Macht an sich rissen, gab es in Burjatien rund 16 000 Lamas. Doch das sollte sich bald ändern. Nachdem der mehr als drei Jahre dauernde Bürgerkrieg mit dem Sieg der Roten Armee endete – die nicht weit vom Baikalsee entfernte Stadt Irkutsk war abwechselnd in »weißen« und in »roten« Händen –, wurde 1923 die »Burjatisch-Mongolische Autonome Sozialistische Sowjetrepublik« innerhalb der »Russischen Sozialistischen Förderativen Sowjetrepublik«, dem heutigen Russland, ausgerufen. Damit war die Machtübernahme der Kommunisten besiegelt. Umgehend machten sie sich daran, den Buddhismus als reaktionären Aberglauben nicht nur zu verteufeln, sondern seine Anhänger und ganz besonders die Lamas zu verfolgen. Die schlimmste und blutigste Welle der Verfolgung wogte in den dreißiger Jahren in der Zeit des »Großen Terrors«, mit dem Stalin und seine Schergen das Land überzogen. »Viele Lamas kamen in den GULAG im Norden, wurden deportiert oder umgebracht«, erzählt Gunchen Lama. »Von den 47 Klöstern, die es vor 1938 gab, wurden fast alle zerstört. Ein paar dienten als Museen abergläubischer Tradition. Viele Jahre hatten die Leute Angst, sich zum Buddhismus zu bekennen und die Rituale ihres Glaubens auszuüben.« Weniger als 100 Lamas sollen damals übrig geblieben sein.

Die gleiche Verfolgungswelle erfasste auch die benachbarte Mongolei, in der die mongolischen Kommunisten mit Unterstützung der russisch-sibirischen Sowjets die Macht übernahmen und ebenfalls ein den Buddhisten gegenüber blutiges Regime errichteten. Das mongolische Pendant zu Stalin, Chorlogiin Tschoibalsan, stand seinem Moskauer Vorbild in nichts nach. Verfolgt wurden damals im sowjetischen Vasallenstaat Mongolei und in der Sowjetunion selbst bis weit in die frühen sechziger Jahre des 20. Jahrhunderts nicht nur die buddhistischen Lamas, sondern auch die Schamanen, die Heiler und Hellseher, die ebenfalls viel Zulauf hatten.

Während ich mit Gunchen Lama über das Gelände des Dazans gehe, erzählt er die Geschichte der Entstehung des Klosters. Sie geht ausgerechnet auf eine Laune Stalins zurück. Nach dem »Großen Vaterländischen Krieg« versammelte Stalin im Moskauer Kreml Kriegshelden, um ihnen Auszeichnungen zu verleihen. Plötzlich stand er vor einem Burjaten, den er noch aus den Tagen der so genannten Oktoberrevolution kannte. Er unterhielt sich mit ihm. Der Burjate wagte eine Bitte, die ihm offenbar sehr am Herzen lag. Er bat Stalin um die Erlaubnis, in Ulan-Ude wieder einen buddhistischen Tempel errichten zu dürfen. Der Diktator gab in einer Laune des Augenblicks nach. Allerdings stellte er zwei Bedingungen: Der Tempel durfte nicht in Ulan-Ude selbst, sondern in gebührender Entfernung rund 35 Kilometer außerhalb der Stadt errichtet werden. Und er sollte nicht den Status eines offiziellen buddhistischen Klosters erhalten, sondern den eines Museums. Da dem Willen Stalins selbstverständlich niemand widersprach, wurde das Dazan von Iwolginsk tatsächlich gebaut. Es dauerte jedoch noch einmal rund 40 Jahre, nämlich bis zu Gorbatschows Perestroika, bis der Tempel sich wirklich mit religiösem Leben füllte.

Heute ist das Dazan nicht nur ein buddhistisches Kloster, sondern zugleich eine buddhistische Universität. Vor dem Haupttempel steht ein bunt angemalter, aber dennoch Furcht erregender Tiger in Lebensgröße, ihm gegenüber erhebt sich ein nicht weniger beeindruckendes Phantasietier in einer Drohgebärde. Beide bewachen den Tempel und sollen den bösen Geistern den Mut nehmen, sich auch nur zu nähern. Aus dem Tempel selbst dringt ein dumpfes, lang gezogenes Geräusch, in dem ich den Klang des Muschelhorns wiedererkenne, in das der Lama vor der Höhle in den Bergen von Orlik blies, um die Natur und die Menschen zur Meditation zu rufen.

Wir steigen die Treppen der Vorhalle empor und gehen unter dem golden leuchtenden »Rad der Erkenntnis« hindurch, das über dem Eingang thront. Links und rechts dieses goldenen Rades stehen zwei Gazellen. Sie repräsentieren die ersten Jünger Buddhas, der zuerst den Tieren Indiens seine Lehren und Erkenntnisse predigte, bevor er unter die Menschen ging. Innen sitzen links und rechts des Hauptganges rot gewandete Lamas vor kleinen Tischen und murmeln Gebete. Einer schlägt zwei große metallene Becken aneinander, während ein anderer noch einmal in das Muschelhorn stößt. Dann schwillt das Murmeln der Gebete wieder an und erfüllt den Tempel. Der angenehme Duft von Räucherstäbchen durchzieht die hohe Halle. Am Ende des Hauptganges thront ein goldener Buddha auf einem Altar. Seitlich davor steht ein gerahmtes Foto des

Dalai-Lama, das während seines Besuchs im Dazan gemacht wurde. Es war übrigens bislang sein erster und letzter Besuch dort, da die russischen Behörden ihm danach mit Rücksicht auf China das Transitvisum verweigerten. Sein eigentliches Ziel war die China benachbarte Mongolei, die er via Moskau besuchen wollte. China, das nach wie vor Tibet besetzt hält, sieht solche Besuche des Dalai-Lama in seiner Nachbarschaft nicht gerne. Die russische Regierung nahm darauf Rücksicht und verhinderte die Reise über Moskau in die mongolische Hauptstadt Ulan-Bator. In durch Glasscheiben abgeschlossenen Regalen an der Stirnwand des Tempelraumes stehen viele kleine Buddhastatuen in unterschiedlichen Posen und mit unterschiedlichen Gesichtszügen. Auf kleinen Altären und auf den Tischen der Lamas liegen bunte Stoffbahnen und kleine Teppiche, die dem Tempel ein beinah fröhliches, ja lebensfrohes Aussehen geben. Die Geräusche und Gerüche im Tempel umhüllen den Besucher auf eine sehr angenehme Weise. Ich setze mich auf eine der Bänke und lasse mich auf die feierliche und beruhigende Atmosphäre ein. Für einen Moment fällt die körperliche und psychische Anstrengung der Reise von mir ab. Es wäre schön, geht es mir durch den Kopf, wenn wir hier wenigstens ein paar Tage bleiben könnten. An diesem so gar nicht »russischen« Ort, der dennoch ein wichtiger Teil dieses Landes ist. Teil jener kulturellen und ethnischen Vielfalt, die Russland auszeichnet und so faszinierend macht. Eine Vielfalt, die über 70 Jahre Kommunismus, trotz aller Bemühungen, doch nicht zerstören konnten.

Heute ist im Dazan ein besonderer Tag. Vor der größten Holzhütte, der mit den Hörsälen, steht eine Gruppe von jungen Menschen, einige von ihnen sind in Begleitung ihrer Eltern. Die Jugendlichen sind allesamt aufgeregt. Denn heute ist der letzte Tag der Aufnahmeprüfung für die künftigen Studenten. Es gilt nun als letzten Teil der Prüfungen einen Besinnungsaufsatz zu schreiben. Gespannt sitzen die Prüflinge in ihren Bänkchen, klemmen die Beine unter die etwas zu niedrigen Tische und harren der Verkündigung des Themas. An der Längswand des Klassenzimmers stehen zwei Lamas in ihren roten Gewändern. Anhaltendes Schweigen. Dann öffnet sich die Tür knarrend und herein tritt der kleine, etwas dicklich wirkende Vorsitzende der Prüfungskommission für das Fach »Besinnungsaufsatz«. Spätestens jetzt setzen auch bei mir schulische Erinnerungen ein und ich beginne erste Mitleidsregungen mit den jungen Burjaten in mir zu spüren. Der Mann tritt nach vorne, öffnet geheimnisvoll seine kleine Mappe und entnimmt ihr ein Blatt. Nachdem er seine Brille zurechtgerückt hat, sagt er mit erhobener Stimme, dass er jetzt einen Text verlesen werde, über den schriftlich zu reflektieren die Aufgabe der Prüflinge sei. Den Titel des Textes schreibt er an die Tafel und ich traue meinen Augen kaum: »Beethovens Mondscheinsonate« steht in großen Lettern an der Tafel. Der Text, den er nun verliest, erzählt die Geschichte von Beethoven, der eines Abends bei Freunden einem armen blinden Kind zuhört, das seine Kompositionen auf dem Klavier mit großer Meisterschaft spielt, was den Künstler und Komponisten zutiefst im Herzen berührt. Sein Blick schweift aus dem Fenster hinaus in die Nacht, wo der Mond die Stadt in ein bleiches Licht taucht. Und dann geschieht es: Den Meister überkommt die Inspiration zu jener Sonate, die den Namen des Mondes trägt ... Armes Burjatien! Ob dieser Geschichte ist einem Teil der Prüflinge die Verzweiflung flammend ins Gesicht geschrieben. Bedrückende Stille herrscht im Klassenzimmer, als der Text zu Ende vorgelesen ist. »Noch Fragen?«, der Vorsitzende rückt sich zufrieden die Brille zurecht. Wiederum Stille.

Dann eine schüchterne Frage aus dem geduckt dasitzenden Auditorium. »Was bedeutet das Wort ›Bonn‹?« Erneute Stille. Der Vorsitzende lächelt milde. Bonn, das sei eine kleine Stadt in Deutschland, wo der Komponist gelebt habe. »Sie haben nun zwei Stunden Zeit, bringen Sie bitte die Hauptgedanken des Textes zu Papier!« Der Vorsitzende entfernt sich und die Prüflinge bleiben mit den beiden ernst blickenden Lamas im Zimmer zurück. Papierrascheln, das geschäftige Kritzeln von Bleistiften, die Prüfung nimmt ihren Lauf – für manchen wohl auch das Unheil. Ich gehe auf Zehenspitzen aus dem Klassenzimmer und frage den Vorsitzenden, warum um Himmels willen man den jungen Burjaten diesen Text gegeben habe. Wieder ein mildes Lächeln. »Es geht uns darum, dass die Prüflinge den Stellenwert von Musik erkennen!« Musik als Medium des Lebens und der Natur spiele im Buddhismus und dem hier zu absolvierenden Studium eine wichtige Rolle. Kein schlechter Gedanke, finde ich. Aber hätte man das den Jugendlichen nicht in den folgenden fünf Studienjahren allmählich beibringen können, statt sie mit einem solchen, für sie nun wirklich buchstäblich höchst entfernt liegenden Text zu konfrontieren? Das milde Lächeln entschwindet aus der Miene des Vorsitzenden. »Dieses Grundverständnis ist für uns mit von entscheidender Bedeutung!«, meint er nachdrücklich. Womöglich hat er Recht. Mir ist aber immer noch ein Junge in der hinteren Bank vor Augen, der seinen kahl geschorenen Kopf in beide Hände stützte und nach dem Verlesen des Textes mit verstörtem Blick auf das vor ihm liegende Blatt starrte. Am liebsten würde ich wieder zurück ins Klassenzimmer gehen und gemeinsam mit ihm ein paar Gedanken zu formulieren versuchen. Aber bei Aufnahmeprüfungen gilt die sprichwörtliche Toleranz der Buddhisten wohl nicht.

Zwei Besuche habe ich noch vor im Dazan. Während des Studiums besuchen die Studenten Kurse in Philosophie, Mathematik, Logik, Englisch, Physik, aber auch in Alttibetisch und Altmongolisch, um die überlieferten buddhistischen Texte in der Originalsprache lesen zu können. Dazu kommt noch Kunst, aber auch tibetische Medizin für jene, die später Arzt werden wollen.

Das Atelier der beiden Lamas, die Kunst lehren, befindet sich in einer der kleinen Blockhütten. Es ist ein einfacher, mit rohen Holzdielen ausgelegter Raum. Auf einem Tisch im Hintergrund stehen viele kleine irdene Töpfe mit fein geriebenem Farbpulver. »Wir gewinnen alle Farben aus der Natur«, erklärt einer der beiden Lamas. »Dazu braucht man umfassende Kenntnisse darüber, wo die nötigen Rohstoffe zu finden sind. Das ist fast schon wie eine Ausbildung zum Geologen.« Einen Teil ihrer Arbeitszeit im Sommer verbringen sie deshalb mit ihren Schülern draußen in der Natur, um jene Orte aufzusuchen, an denen sie die Steine und Pflanzen finden, die sie zur Herstellung ihrer Farben brauchen. Auf dem Boden des Ateliers liegt ein großer Rahmen aus Holz, auf den mit Schnüren eine Leinwand gespannt ist. Feine Ornamente, Elefanten, Tiger und das Antlitz von Buddha sind auf der Leinwand bereits mit einem Kohlestift dünn skizziert und werden nun in langwierigen Prozessen sorgfältig ausgemalt. Die Farben sind nur in kleinen Mengen nach vorgegebenen Rezepten angerührt, damit sie ihre Leuchtkraft nicht verlieren. Ich kann mir gut vorstellen, dass es Jahre dauert, um diese Kunst zur Meisterschaft zu bringen. Ähnlich wie die Ikonenmalerei folgt sie recht streng vorgegebenen Gesetzen, was ihren kreativen Spielraum zwangsläufig erheblich einschränkt.

Zum Lama ausgebildet zu werden bedeutet auch, sich körperlich wie geistig einer sehr strengen Disziplin zu unterwerfen. Nicht anders verhält es sich bei der tibetischen Heilkunst, die in einer anderen Blockhütte gelehrt wird. Der junge Arzt, der mit seinen 29 Jahren diese Ausbildung gerade hinter sich hat, erwartet mich an seinem kleinen Tischchen. Überall im Zimmer liegen getrocknete Pflanzen und Kräuter bereit oder hängen in Bündeln an im Zimmer aufgespannten Schnüren. Aus ihnen fertigt er seine Medikamente oder einen Trank, den er den Patienten verordnet. Am ehesten passt für meinen laienhaften Blick der Begriff der Naturheilkunde zu der Arbeit dieses Arztes, eingebunden in die buddhistische Weltsicht und Philosophie. Es ist jedenfalls alles andere als eine Sprechstundenatmosphäre, auf die man hier trifft. Auf einem Altar brennen Räucherstäbchen neben einer kleinen Buddhastatue. In bunte Tücher eingeschlagen liegen dort längliche Stapel von Papierblättern, die mit altmongolischen oder alttibetischen Buchstaben beschrieben sind, wie der Arzt sagt. Schriften aus der Lehre des Buddha, aber auch Notate zur Medizin. Da die Zeit knapp ist, dringen wir nicht weiter in die Lehren seiner Medizin vor, aber die ruhige und kompetente Art, in der er sich mit mir unterhält, gefällt mir.

Als ich wieder an der Hütte mit den Klassenzimmern vorbeikomme, schreiben die bedauernswerten Prüflinge immer noch eifrig. Einige der Eltern erzählen, dass es vor dem Stalinschen Terror auch in ihren Familien Lamas gegeben habe und sie an diese Tradition wieder anknüpfen wollen. Der Buddhismus erlebt in Burjatien derzeit eine Renaissance. Gewiss hängt es auch mit dem Niedergang des Bildungswesens in den Provinzen Russlands zusammen, dass man sich auf alte Formen der Ausbildung besinnt. Auch daran wird man den russischen Präsidenten Putin am Ende zu messen haben: Ob es ihm gelingt, das Bildungssystem wieder auf ein akzeptables Niveau zu heben, die Schulen und Universitäten mit ausreichenden Mitteln auszustatten und zugleich die uralten Traditionen seines Landes nicht nur zu achten, sondern sie auch finanziell zu fördern. Bislang speist sich das Dazan und seine buddhistische Universität fast ausschließlich aus privaten Mitteln aus dem In- und Ausland. Auf Spenden aus Deutschland hofft auch Gunchen Lama, der Vorsteher des Klosters, ein wenig, als wir am nächsten Morgen noch vor Sonnenaufgang – in Deutschland ist es später Abend – in den *ARD-Tagesthemen* einen Film über das Kloster zeigen und ich in einer Liveschaltung noch ein wenig über das Leben im Dazan erzählen kann. Danach packen wir wieder unsere Ausrüstung zusammen und verabschieden uns von dem gastlichen Dazan bei Iwolginsk. Den Besuch war es wert. Doch wir wollen und müssen weiter Richtung Westen. Bei einer unserer nächsten Stationen erwartet uns etwas, mit dem ich am wenigsten gerechnet habe. Eine Begegnung der dritten Art. Wir bekommen Besuch aus dem Weltraum.

9.
Das Altai und Larissas Flucht

Das riesige Feld steht in Flammen. Die gleißende sibirische Sommersonne verstärkt den brennenden Schein. Ein faszinierender Anblick. Über die Ebene streicht eine sanfte Brise. Sie wiegt die zahllosen gelben Sonnen auf ihren hohen Stängeln. Nein, es ist kein Buschfeuer, das die flache Ebene im sibirischen Altaigebiet in ein Flammenmeer verwandelt hat. Es sind große und weite Felder mit Sonnenblumen, die im hellen sibirischen Licht leuchtend gelb erstrahlen. Sie erinnern mich an die Sonnenblumen der französischen Provence, nur dass die Landschaft hier karger und flacher ist. Die Felder liegen wie große gelbe Tupfer in der sibirischen Grassteppe, die sich bis ins Nachbarland Kasachstan erstreckt. Die Sommerhitze von fast 40 Grad glüht die Steppe und die Ebenen des Altaier Gebiets aus. Im Winter treibt der eiskalte Wind gewaltige Schneemengen vor sich her. Der Verwaltungsbezirk Altaier Gebiet liegt neben der von Gebirge geprägten Republik Altai. Beide sind, wie wir sagen würden, Bundesländer in der russischen Föderation und beide sind berühmt für die einfache Schönheit ihrer Natur und die Flora und Fauna der Naturschutzgebiete. Es ist ein Genuss, stundenlang durch die Ebene zu fahren. Lediglich ganz hinten am Horizont wird der Blick durch die Berge des Altai begrenzt. Eine uralte Kulturlandschaft, vor tausenden von Jahren bereits besiedelt von legendären Reitervölkern. Zu einer Zeit, in der es noch kein Russland gab, eine Zeit, in der Moskau nicht einmal ein kleines Dorf war. Die Ebenen der Steppe vermitteln noch heute jenes Gefühl von Freiheit, mit dem die Reitervölker und Stämme hier durchgezogen sind – weit entfernt von den abendländischen Kulturzentren, aus denen mehrere tausend Jahre später erst unter großen Mühen Europa entstehen sollte.

Mein Kameramann Sergei Sergejew verliebt sich in die Sonnenblumenfelder, obwohl er sie zunächst eigentlich gar nicht filmen wollte. »Das kann man nicht drehen!«, meint er, »die werden denken, wir imitieren van Gogh, das ist alles viel zu kitschig.« Aber dann lässt er sich doch zu ein paar Sequenzen bewegen und kann kaum mehr aufhören. Wir sind schon ein paar Fahrstunden von Barnaul entfernt, der Hauptstadt des Altaier Gebiets, die an einem Abzweig der Transsibirischen Eisenbahn liegt. Barnaul hat rund 600 000 Einwohner und gilt als ein bedeutendes industrielles Zentrum, wenngleich viele seiner Betriebe vom Maschinenbau über die Holzverarbeitung bis zum Bergbau jetzt auch brachliegen und die Stadt sich vom Schock des Zusammenbruchs der Sowjetunion und dem Einzug des Kapitalismus noch nicht recht erholt hat.

Natürlich thront auch in Barnaul im Stadtzentrum vor dem Rathaus ein mächtiger Lenin, dessen ausgestreckter Arm in der üblichen großen Geste nach Osten zeigt. Da allerdings kommen wir gerade her. Am Fuß der Leninstatue hat sich ein Häuflein Kommunisten versammelt. »Schützt unsere Erde, schützt unser Land!«, steht auf einem der großen roten Transparente. Die Menschen protestieren gegen eine Gesetzesvorlage in der Duma, dem russischen Parlament. Diese sieht vor, dass in Zukunft von Privatleuten, aber auch von in- und ausländischen Firmen Land gekauft werden kann. Das Gesetz selbst ist zwar mit so vielen Einschränkungen versehen, dass insgesamt nur zwei Prozent der gesamten Fläche in Russland potentiell zum Kauf in Frage kommen, trotzdem versuchen die Kommunisten gegen das Gesetz zu mobilisieren. Der Protest hat im übrigen nicht viel genutzt: Das Gesetz wurde in der Duma später verabschiedet. Zwar verbessert es die Bedingungen für russische und ausländische Investoren noch nicht beträchtlich, aber es ist wenigstens ein Anfang. Die Kommunisten versuchen unterdessen an die Ängste der Menschen zu appellieren, dass nun plötzlich die »russische Erde« knapp werde und sich sehr bald nur noch in den Händen von Großspekulanten konzentrieren werde. Natürlich ist das insgesamt gesehen nicht haltbar. Andererseits gibt es – zumindest bis jetzt – natürlich auch auf diesem Gebiet das Problem der fehlenden Rechtssicherheit. Es ist, mit oder ohne das neue Gesetz, seit dem Beginn der Privatisierung sowieso möglich und vor allem in den großen Städten immer häufigere Praxis, dass russische Spekulanten oder Neureiche mit legalen und illegalen Mitteln Land und vor allem Wohnungseigentum im großen Stil aufkaufen. Das Gesetz erreicht, dass wenigstens ein erster legaler Rahmen geschaffen wird für eine Entwicklung, die hinter den Kulissen sowieso längst stattfindet. Von der Stärke oder der Schwäche, ganz wie man will, des russischen Rechtssystems und seiner konkreten täglichen Durchsetzung in der Praxis wird es weitgehend abhängen, welchen Weg diese Entwicklung nimmt. Grundsätzlich gilt: Wenn es etwas in Russland, dem größten Flächenstaat dieser Erde, mehr als genug gibt, dann ist es vor allem landwirtschaftlich nutzbarer und für Wohngebiete erschließbarer Grund und Boden.

Nach ein paar weiteren Stunden Fahrt wird die Gegend lieblicher. Vor uns taucht im milden Abendlicht eine Kette sanft ansteigender Hügel auf, bei der wir anhalten. Auf den Kuppen der Hügel thronen klobige Felsen, die stark verwittert sind. Die eisige Kälte im Winter, der Wind und die Sommerhitze haben über Jahrtausende an ihnen wie Bildhauer gearbeitet. Im Schattenriss der schon tief stehenden Abendsonne nehmen sich die Felsen wie phantastische Tiere aus. Einer der Felsen erweckt den Anschein als ducke er sich wie ein riesiger Tiger – ganz so, als wolle er zum Sprung hinunter in die Ebene ansetzen, in der sich ein wunderschön funkelnder, rötlich-blauer See ausbreitet. Dort unten befindet sich in einer lang gezogenen und windgeschützten Bucht ein so genanntes *pionerski lager*, ein Pionierlager. Die Ferienlager für Jugendliche werden in Russland immer noch wie zu Sowjetzeiten genannt. Die »Pionierlager« im Altai wurden früher vom Staat wegen der gesunden Umgebung besonders Jugendlichen aus den sibirischen Bergbaugebieten für Ferienaufenthalte zur Verfügung gestellt. Als wir später im Pionierlager am See vorbeifahren, sehen wir schon auf den ersten Blick, dass das Lager wahrlich schon bessere Zeiten gesehen hat. Die Farbe an den Holzhütten ist größtenteils abgeblättert, die Geräte auf dem Spielplatz für die Kinder sind in arg mitgenommenem Zustand.

»Es fehlt an Geld«, erklärt uns Sascha, einer der verantwortlichen Organisatoren des Ferienlagers, »heute kommen fast ausschließlich Jugendliche aus der näheren Umgebung zu uns.« Dann erzählt er ganz stolz, dass im letzten Jahr auch Jugendliche aus Dortmund hier gewesen seien und einen Teil ihrer Ferien hier verbracht hätten.

»Die waren sehr nett, wir haben uns prima verstanden!«, sagt er freundlich und erinnert sich gern an den Besuch. Überhaupt ist in dieser Gegend Sibiriens Deutsch keine unbekannte Sprache, auch wenn ein eher trauriger Anlass dahinter steckt. Als die Wehrmacht die Sowjetunion 1941 überfiel, hat Stalin die Deutschen, die zu jener Zeit im westlichen Teil Russlands lebten, unter anderem nach Sibirien deportieren lassen. Viele von ihnen lebten damals zum Beispiel an der Wolga bei Saratow. Ihr Ursprung geht noch auf die Siedlungs- und Einwanderungspolitik von Katharina der Großen zurück. Die Zarin holte deutsche Bauern gegen Zusicherung einiger Privilegien ins Land, damit sie Russland besiedelten und zur Entwicklung des riesigen Landes beitrugen. Stalin stellte ihre Nachkommen nach dem deutschen Überfall auf die Sowjetunion allesamt unter Kollaborationsverdacht. Mit ein wenig Hab und Gut wurden sie mit Gewalt in Viehwaggons gepfercht und auf der Trasse der Transsib nach Osten verfrachtet. Viele tausend kamen auf diesen Transporten um. Es ging ihnen genauso wie den Tschetschenen und Inguscheten, den Völkern aus dem Kaukasus, die Stalin unter dem Vorwand des gleichen Verdachts in die sibirische oder kasachische Steppe deportieren ließ. Auf diese Weise jedenfalls kam die deutsche Sprache verstärkt auch in das Altaier Gebiet, ganz besonders in die Gegend in und um dessen Hauptstadt Barnaul. Noch heute werden dort gelegentlich Radiosendungen auf Deutsch ausgestrahlt und es gibt sogar seit 1991 einen *nemezki nazionalny raion*, einen autonomen »Bezirk der Deutschen« mit dem Verwaltungszentrum Halbstadt, das sich auf russisch »Galbschtadt« ausspricht. Das liegt daran, dass sich die Russen aufgrund der phonetischen Struktur ihrer Sprache nicht mit dem »h« anfreunden können. So wird, je nach Sichtweise, zum Spaß oder zum Verdruss des Publikums, etwa

aus der ostdeutschen Stadt Halle das freundliche Wort
»Galle«, genauso wie sich Hamburg flugs in »Gamburg«
verwandelt.

Über eine halbe Million »Russlanddeutsche« lebten
nach dem Zweiten Weltkrieg im Altai. Seit dem Zusammenbruch der Sowjetunion und der Möglichkeit zur
Ausreise in die Bundesrepublik Deutschland unter bestimmten Bedingungen haben die meisten diese Gegend in
Richtung Deutschland verlassen. Wenn die offiziellen Angaben stimmen, leben heute noch rund 120 000 Russlanddeutsche in dieser Gegend Sibiriens. Tendenz sinkend.

Nun müssen wir uns beeilen. Zu lange haben wir uns bei
den in der Abendröte lieblich leuchtenden Felsen aufgehalten. Ein paar Kilometer haben wir noch vor uns bis zu
dem Städtchen Smeinogorsk. Wir wollen dort noch vor
Anbruch der Dunkelheit ankommen, um in einem »Sanatorium« zu übernachten. Unter Sanatorium versteht man
hierzulande meist kein Krankenhaus, sondern ein Erholungs- oder Ferienheim. Da es bei weitem nicht überall
Hotels oder Gasthöfe für Durchreisende gibt, dienen diese Sanatorien häufig auch als eine Art Hotel oder Hotelersatz. Man bucht sich meist über die örtliche Verwaltung,
also über das Bürgermeisteramt, ein. Kommt man an und
betritt das Gelände, ist es, als ob man sich in einer Zeitmaschine befindet und geradewegs wieder in der alten
Sowjetunion aufschlägt. So ist es auch diesmal. Umgeben
von einigen kräftig duftenden Misthaufen und einer Güllegrube, die irgendwo in einer der angrenzenden Wiesen
versteckt ist, befindet sich unser Sanatorium am Rande des
kleinen, höchst ländlichen Städtchens. Den Gerüchen nach
zu urteilen könnte das Städtchen auch »Swinogorsk«,
»Schweineberg«, heißen. Ein längliches, ziemlich heruntergekommenes Gebäude erwartet uns, umgeben von

einem brüchigen Zaun und einer verwilderten Hecke. Vor vielen Jahren muss der Hof vor dem Sanatorium einmal asphaltiert gewesen sein. Vor dem Haupteingang stehen ein paar windschiefe Bänke, die bereits unzählige Anstriche hinter sich haben. Der letzte bröckelt nun wieder in großen Stücken ab, weil vermutlich wie meistens einfach eine Farblage auf die andere geklatscht worden ist. Und den Schmutzbelag, der sich im Lauf der Zeit angesammelt hat, hat man wahrscheinlich gleich mit überstrichen. Als wir das Haus betreten, geraten wir in einen echt sowjetischen Discoabend für die Feriengäste. Ein paar bunt gefärbte Glühbirnen leuchten das Foyer aus. Über zwei große Lautsprecher erklingen russische Schlagerschnulzen, und die doch schon etwas älteren Feriengäste tanzen im bunt schimmernden Halbdunkel eher verhalten vor sich hin. Dazwischen springen ein paar Kinder herum. Aus dem Foyer des oberen Stockwerks dröhnen die Geräusche eines Fernsehers herunter, in dem gerade die Nachrichten des ersten Kanals laufen. Auf mich haben solche Szenen immer gleichzeitig zwei Wirkungen: Einerseits schüttelt es mich ob der Spießigkeit der Atmosphäre, andererseits bin ich immer wieder davon berührt, mit wie wenigen Mitteln und mit welcher (erzwungenen) Bescheidenheit sich die Menschen in großen Teilen Russlands aus dem beschwerlichen Leben dennoch ein paar unbeschwertere Stunden herauszuschlagen versuchen. So auch an diesem Abend. Als sich meine Augen an das Zwielicht gewöhnen, fällt mir auf, wie ärmlich die Tänzerinnen und Tänzer gekleidet sind. Viele Gesichter sehen recht zerfurcht und mitgenommen aus. Die Damen haben sich mit greller Schminke und mit nicht weniger grell leuchtendem Lippenstift hübsch gemacht. Dennoch deuten sich darunter die gewiss vorzeitig gealterten Gesichtszüge an.

Die höchst robuste Leiterin des Sanatoriums erklärt es

mir später: Das Sanatorium gehörte zu Zeiten der Sowjetunion zu mehreren Bergwerken aus dem Kusbas, dem großen sibirischen Kohlebecken. Die Bergleute und ihre Familien konnten hier alle paar Jahre im Sommer Ferien machen, um sich von der harten Arbeit und den Lebensbedingungen in einem ökologisch zugrunde gerichteten Gebiet zu erholen. Natürlich regelt und finanziert der Staat und die staatliche Bergarbeitergewerkschaft heute solche Ferienprogramme nicht mehr. Doch trotz des Zusammenbruchs der Sowjetunion und der weitgehenden Einstellung der staatlich organisierten Erholungsprogramme sind die Beziehungen zu den Bergwerken im Kusbas und zu einigen Kolchosen in diesem Gebiet erhalten geblieben. Das Sanatorium bietet seine Dienste nach wie vor für so wenig Geld wie möglich an und erhält gelegentlich eine kleine staatliche Finanzspritze, damit der Betrieb wenigstens auf sehr bescheidenem Niveau aufrechterhalten werden kann. Irgendwie funktioniert es also trotzdem. Und wer die vielen heruntergekommenem und von sozialem Elend geprägten Dörfer der Bergarbeiter, die Siedlungen der *schachtjori* oder der *kolchosniki* kennt, der weiß: dagegen ist der Aufenthalt selbst in diesem ärmlichen »Sanatorium« tatsächlich eine Erholung. Lange Jahre ihres Lebens waren diese Menschen eingebunden in das sowjetische Leben, das ihnen aus ideologischen Gründen ein an Entbehrungen reiches Dasein verordnete und sie damit um ein anderes, materiell besseres oder heute jedenfalls materiell besser abgesichertes Leben betrogen hat. Und heute, nach dem Zusammenbruch des Kommunismus, ist der Alltag für viele erst recht ein Überlebenskampf. Da ich zudem weiß, wie große Teile der früheren Sowjetbürokraten, der so genannten Nomenklatura, in und um Moskau herum leben und es schon wieder geschafft haben, ihre Schäfchen ins Trockene zu bringen oder sich mit verblüffender Geschwindigkeit auf den neuen Wolfskapitalismus der neunziger Jahre einzustellen, könnte ich an diesem Abend in Wut geraten. Vielleicht ist das nach allen Lehrsätzen in den Journalismus-Seminaren der Universitäten keine »angemessene« Reaktion für einen Korrespondenten. Es geht mir aber trotzdem so und ich möchte mich auch nicht mehr davon abbringen lassen.

Die Zimmer im Sanatorium sind äußerst bescheiden. In ihnen stehen jeweils ein oder mehrere eiserne Bettgestelle mit einer Matratze darauf und vom vielen Waschen abgenutzte und durchscheinende Bettwäsche. In manchen Zimmern hängt die Tapete von den Wänden, die meisten Räume sind lediglich durch dünne Wände aus Karton oder Holz voneinander getrennt, so dass man stets bestens darüber orientiert ist, was hinter der Wand im Nachbarzimmer vor sich geht. Dummerweise ist in unserem Gebäudeteil gerade mal wieder eine der vorsintflutlichen Sicherungen durchgebrannt, was dazu führt, dass der Strom zumindest bis morgen früh ausfällt. Also funzeln wir uns mit unseren Taschenlampen die Gänge entlang. Mein Zimmer ist allerdings eine echte Sensation. Ich habe nämlich als »Anführer« der *nemezkaja delegazija*, der »deutschen Delegation«, das Funktionärszimmer bekommen. Man tut übrigens beim Reisen durch Russland, jedenfalls abseits der wenigen Touristenrouten, immer gut daran, zumindest den Anschein einer *delegazija* zu erwecken. Jedenfalls dann, wenn man sich die Reise erleichtern will. Es ist für viele Russen gerade auf dem Land immer noch etwas ungewohnt, auf versprengte Einzelreisende zu treffen. Im Gegensatz zu früheren Zeiten ist man zwar den potentiellen Spionageverdacht inzwischen längst los, aber natürlicher erscheint es dennoch vielen aus alter sowjetischer Tradition, dass da eine ordentliche »Delegation« auftaucht, die natürlich einen Anführer haben muss (die entsprechende russische Frage lautet: »*Kto u was starschi?*«, auf Deutsch in etwa: »Wer ist hier der Verantwortliche?«). Dieser Delegationsführer muss aus Gründen des Respekts natürlich etwas besser gestellt sein und bekommt, selbstredend gegen einen höheren Preis, die seinem Status angemessene Unterbringung. Meine besteht gleich aus zwei Zimmern. Das erste, das man durch einen kleinen Gang betritt, ist der »Salon«. In ihm machen sich mächtig ausladende Sessel und ein nicht minder ausladendes Sofa breit. An der Wand steht ein Schrank mit einer Glastür, in dem sich Geschirr stapelt und in dem selbstverständlich auch Besteck aus billigem Blech liegt. Selbst ein elektrischer Teekessel aus Aluminium steht auf einem ebenfalls vorhandenen Kühlschrank der Marke »Minsk«. Allerdings ist weder das eine noch das andere Gerät betriebsbereit, da kein Strom vorhanden ist. Die eigentliche Sensation ist aber das Schlafzimmer. Wer immer es eingerichtet hat, muss ein ausgesprochener Fan von Spiegeln gewesen sein. Die Wand längsseits des Betts ist von oben bis unten mit Spiegeln verkleidet und selbst die Zimmerdecke ist komplett verspiegelt. Das verleiht dem Zimmer ein zutiefst verrufenes Flair, das noch durch die rosa Vorhänge und die dunkelgrüne, irgendwie orientalisch gemusterte Tapete unterstrichen wird. Die bordellartige Atmosphäre wäre komplett, gäbe es eine dem Zimmer entsprechende Damenbetreuung. Dieser Service ist allerdings dann doch nicht vorgesehen. Bei mir führen die vielen Spiegel lediglich dazu, dass ich in der Morgendämmerung einen kräftigen Schreck bekomme, da ich den Eindruck habe, dass sich außer mir noch diverse andere Menschen im Zimmer befinden. Es ist aber erfreulicherweise doch nur mein »Alter Ego«, das sich da gleichzeitig an der Wand neben und auf der Zimmerdecke über mir bewegt. Neben ihrer sehr besonderen Gestaltung hat meine Zimmereinheit noch einen weiteren, sehr entscheidenden Vorteil – richtige Wände aus Stein. Das führt dazu, dass ich von keinem nachbarlichen Geräusch gestört meine Nacht verbringe. Weiteres Privileg: Aus dem Wasserhahn im Bad strömt am nächsten Morgen sogar warmes Wasser, was meinen Kollegen, also den »einfachen Delegationsmitgliedern«, bedauerlicherweise nicht vergönnt ist. So ein Funktionär oder »Führer einer Delegation« hat es eben doch erheblich leichter.

Am nächsten Morgen brechen wir auf nach einem eher kargen Frühstück, bestehend aus ziemlich gummiartigen *sossiski*, also in irgendeinem Wurstkombinat in Massenanfertigung hergestellten Würstchen, schnell gebratenen Spiegeleiern und der allerdings hervorragenden obligatorischen Tasse Tee. So gestärkt machen wir uns samt unserem in Barnaul angemieteten Fahrer und seinem Minibus auf den Weg. Denn noch sind wir bei unserem Abstecher von der Transsib durch das Altaier Gebiet nicht am Ziel. Wir wollen zu dem kleinen russischen Dörfchen Korbolicha in der Nähe der kasachischen Grenze. Warum ausgerechnet dorthin? Wir möchten mit russischen Familien reden, die aus dem benachbarten Kasachstan geflohen sind oder sich jedenfalls aus Kasachstan abgesetzt haben. Der Zusammenbruch der Sowjetunion 1991 hatte nämlich für viele russische Familien eine unerwartete dramatische Nachwirkung. Plötzlich lebten und leben rund 25 Millionen Russen in unabhängigen Staaten, die bis dahin vom Moskauer Zentrum völlig abhängige Sowjetrepubliken waren. In der »Union der sozialistischen Sowjetrepubliken« spielte trotz allen Wortgeklingels die Grenze zu Kasachstan genauso wie zu allen anderen »Sowjetrepubliken« in Wirklichkeit allenfalls die Rolle einer Art innersowjetischer Verwaltungsgrenze. Natürlich wurde auch Kasachstan im Laufe der Jahrzehnte »russifiziert«, also mit

Bürgern der »Russischen Sozialistischen Förderativen Sowjetrepublik«, auf gut Deutsch: Russen, besiedelt. Diese russischen Zuwanderer dachten natürlich in ihren schlimmsten Alpträumen nicht daran, dass sie eines Tages unfreiwillig im Exil leben würden, mit all den Problemen, die damit verbunden sind.

Noch einmal fahren wir an Sonnenblumen und wogenden Kornfeldern entlang. Die Hauptstraße haben wir hinter uns gelassen. Feldwege und Schotterstraßen führen uns an Bächen und kleinen Wäldchen vorbei. Der weite Himmel wölbt sich über die auch hier ebenso einfache wie zauberhafte Landschaft. Ich habe in Deutschland immer wieder »Russlanddeutsche« getroffen, die gerne von hier nach Deutschland ausgereist sind, aber die Weite des Landes nicht vergessen konnten. Stets erzählten sie wehmütig von der beeindruckenden Landschaft, auch wenn sie trotzdem nicht wieder zurück wollten. Jetzt verstehe ich sie besser.

Hinter einem Wäldchen taucht plötzlich die spiegelnde Fläche eines großen Sees auf, dessen Ufer von hohem Schilf gesäumt sind. Die Schotterstraße weicht wieder einer asphaltierten, und kurz danach passieren wir das Ortsschild von Korbolicha. Wir sind beinah am Ziel. Kurz hinter einer Brücke sehen wir es dann: Ein aus der Entfernung von einigen 100 Metern höchst idyllisch wirkendes kleines Dörflein. Es zieht sich am Seeufer entlang, die Kuppel einer frisch erbauten orthodoxen Kirche glänzt im Sonnenlicht. Doch beim zweiten Blick ist der Eindruck doch ein anderer, und ich muss wirklich mehrmals genau hinschauen, als wir die Straße hinauf zu dem zentralen Dorfplatz fahren. Ein Dorf, wie es sowjetischer kaum sein könnte. Beim Aussteigen hören wir Musik, die aus Lautsprechern dröhnt – es ist, wie ich später bemerke, lediglich eine über die Lautsprecher übertragene Radiosendung und nicht, wie früher, das politisch korrekte Motivationsprogramm kommunistischer Propaganda. Dafür sind überall sowjetische Symbole zu sehen. Eine Hauswand ist mit Sowjetsternen bemalt und wird zusätzlich von einem verdächtig arisch aussehenden »Kolchosnik« geziert, der mit ausgestrecktem Arm vor einem Mähdrescher steht. Daneben Sowjetsoldaten, die die Heimat beschützen. Eine andere Hauswand schmückt ein überdimensionaler Leninkopf, der auf weite Felder und eine Industrielandschaft im Hintergrund blickt. Der Dorfbrunnen wird von einer Mischung aus Sowjetsymbolen und etwas phantasievolleren Skulpturen von Fischen mit weit geöffneten Mäulern und nach oben gereckten Köpfen geschmückt. Ein Mosaik auf der Brunnenmauer stellt einen kleinen Jungen dar, der Korngarben einsammelt. Kurz und gut: Die äußere Erscheinung von Korbolicha ist vom kommunistischen Charme der frühen fünfziger Jahre geprägt. Dass der Wohlstand bis heute nicht ausgebrochen ist, sieht man auf den ersten Blick in den beiden *magasintschiki*, den kleinen Dorfläden, in denen außer den üblichen Süßigkeiten, Pepsi-Cola, Brot, Margarine und getrockneten Fischen nichts so recht in den Blick fallen will. Mit Heu beladene Pferdewagen fahren in der flirrenden Hitze über den Dorfplatz. Gelegentlich hält einer an, und der Kutscher pflegt ein Schwätzchen mit den Rentnern, die in der Nähe auf einer Mauer sitzen. Nein, von der Großstadt Barnaul ist hier wirklich nichts mehr zu spüren, und die Zeit scheint in diesem Dorf stehen geblieben zu sein. Ist das nun gut oder schlecht? Es könnte ja sein, dass nicht nur die guten, sondern vor allem auch die schlechten Entwicklungen der letzten Jahre an Korbolicha vorbeigegangen sind. Der Bürgermeister belehrt uns schnell eines Besseren. Sergei Bakunin, er trägt tatsächlich den Namen des berühmten russischen Anarchisten aus dem 19. Jahrhundert, ohne allerdings mit ihm verwandt zu sein, bringt es schon nach einer kurzen Unterhaltung auf den Punkt: »Wenn du morgens hier herkommst, dann hast du jeden Tag das Gefühl, du gehst an die Front!« Er lehnt sich zurück in den nicht gerade gemütlich aussehenden Stuhl hinter seinem Schreibtisch und rührt in seinem dampfenden Pulverkaffee. »Nein, du hast eigentlich keine Chance, dieses Dorf irgendwie hochzubringen, aber du versuchst es trotzdem jeden Tag. Und jeden Tag bricht eine Ladung von neuen Problemen über dich herein. Mal sind die Mähdrescher kaputt und du hast keine Ersatzteile an der Hand. Oder einer der Lastwagen ist mal wieder gerade dann zusammengebrochen, wenn du ihn am dringendsten benötigst. Was wir bräuchten ist Geld, um Investitionen vorzunehmen. Aber das gibt uns natürlich keiner. Und auf den Staat kannst du dich schon gar nicht verlassen!« Sergei kennt sich wirklich aus. Schon sein Vater war hier Kolchosvorsitzender. Er hat, wie Sohn Sergei sagt, die Kolchose mit harter Hand geführt, war aber anscheinend trotzdem beliebt. In der Ecke hinter Sergeis Schreibtisch steht ein Foto des Vaters. Tatsächlich ein ziemlich streng blickender Herr, die Brust voller Orden eines Kriegsveteranen. Die Kolchose gibt es immer noch. Sie wurde zwar in eine Genossenschaft umgewandelt, aber das hat in Wirklichkeit nichts geändert. Die Probleme sind die gleichen. Jedes Mitglied der Genossenschaft besitzt ein paar Anteile am Gesamtbetrieb, aber da sowieso niemand Geld hat, das er in die Kolchose einbringen könnte, und die Kolchose wegen mangelnder Rentabilität in der Regel keine Gehälter, sondern Naturalien wie Kartoffeln, Brot, Holz oder die nötigsten Baustoffe auszahlt, ist alles irgendwie wie früher. Sergei Bakunin ist ein hoch gewachsener, gut aussehender Mann mit kurz geschnittenem blondem Haar und ein paar zu viel Falten im hageren Gesicht. Er spricht ziemlich gut Deutsch, da er an der Uni in Barnaul Deutsch studiert und danach eine Weile als Deutschlehrer gearbeitet hat. Dann blieb auch dafür das Gehalt aus und er konzentrierte sich auf die Arbeit im Dorf, das ihn schließlich zum Bürgermeister wählte. Sergei ist Kettenraucher und trinkt keinen Tropfen Alkohol. Später deutet er an, dass das mit dem Alkohol nicht immer so war. Aber er habe die Wahl gehabt, entweder für immer oder gar nicht mehr aufzuhören. Mehr erzählt er dazu nicht, aber das ist auch nicht nötig. Anlass, sich zu betrinken, hätte er wohl auch heute noch genug. Denn die Schwierigkeiten dieses kleinen Dörfleins sind wirklich enorm. »Im letzten Winter hatten wir wochenlang 40 Grad minus und ein paar Meter hoch Schnee. Das war ein Winter der ganz harten Sorte. Wir mussten uns die Kohle bis zum letzten Kilogramm einteilen und es hat doch nicht gereicht. Nun kämpfe ich darum, dass wir wenigstens für den nächsten Winter genügend bekommen, bis jetzt allerdings vergeblich!« Natürlich gibt es in Sibirien Kohle genug. Und die sibirische Kohle ist gut, jedenfalls von der Qualität her viel besser als die aus Kasachstan. »Sie brennt besser und hält länger«, sagt Sergei, »aber sie ist viel teurer als die Kohle aus Kasachstan. Also nehmen wir die von dort!« Während er das erzählt, bekommt er einen bitteren Zug um den Mund. Russland ist eines der rohstoffreichsten Länder der Erde. Und trotzdem herrscht hier ein Mangel an russischer Kohle. Es fällt ihnen immer noch schwer, das zu begreifen. Natürlich ist die Logik des Marktes einfach: Wer kein Geld hat, kann nichts kaufen. Auch keine russische Kohle. Nur – sie fühlen sich vom eigenen Staat verlassen. »Früher hat er sich um alles gekümmert und das war viel zu viel und hat uns gelähmt. Heute kümmert er sich um überhaupt nichts mehr und das lähmt uns auch!«, sagt Sergei, zündet sich eine neue Zigarette an und gibt seiner Sekretärin ein paar Anweisungen. Irgendein Lastwagen ist wieder kaputtgegangen und kann eine dringend benötigte Fracht nicht abholen. »Trotzdem«, Sergei grinst verschmitzt, »meinem Vater ist es mal gelungen, den Staat und die Partei zu überlisten und davon zehren wir noch heute!« Und dann erzählt er, wie sein Vater als Kolchosvorsitzender unbedingt eine kleine Bierbrauerei aufbauen wollte. Ihm schwebte vor, dass das Dorf sich nicht ausschließlich auf die übliche landwirtschaftliche Arbeit und die entsprechenden Produkte verlassen sollte. Aber natürlich hatten die staatlichen Behörden kein Verständnis für sein Brauereivorhaben. Ein solches Projekt würde möglicherweise irgendwelche Pläne und Planungsvorgaben durcheinander bringen. Sergeis Vater bekam zwar eine Menge Ärger, aber die Bierbrauerei bauten sie am Ende doch. »Und heute?!«, Sergei blickt triumphierend in die Runde. »Heute ist die Brauerei das einzige, was uns wirklich Geld bringt. Zwar nicht viel, aber immerhin!« Und etwas wie Stolz auf seinen verstorbenen Vater klingt aus seiner Stimme. Sergei lädt uns ein, die kleine Brauerei zu besichtigen. Dorthin wollen wir sowieso, denn dort arbeitet Larissa, wie unsere Vorrecherchen ergeben haben. Und die wollen wir kennen lernen.

Im Hof der Brauerei liegt ein gewaltiges, rostiges Monstrum aus Metall. Es sieht aus wie der skelettierte Rumpf eines Dinosauriers. Die »Knochen« bestehen aus zahllosen Röhren, die sich wölben wie ein Brustkorb und in einem mächtigen Rückgrat zusammenlaufen. »Das ist die alte Kühlanlage, die wir ersetzt haben. Sie hat nicht mehr durchgehalten. Mit Mühe und Not haben wir das Geld für eine neue zusammengekratzt!«, meint Sergei. Drinnen stellt er uns Larissa vor. Sie arbeitet als Buchhalterin und Disponentin und ist eine hübsche, munter dreinblickende

Frau. Auch wenn die Umstände schwierig sind, versteht es Larissa, wie viele russische Frauen, sich attraktiv und modisch zurechtzumachen – selbst hier in Sibirien, weitab von Modejournalen oder modernen Geschäften. Ein Talent übrigens, das den allermeisten russischen Männern völlig abgeht, worüber selbst die geduldigsten russischen Frauen gelegentlich klagen. Vor allem dann, wenn der Herr der Schöpfung die mangelnde Aufmerksamkeit für seine eigene äußere Erscheinung durch ein umso höheres Maß an Wodkagenuss wettzumachen versucht. Eine leider nicht gerade seltene Kombination. Larissa arbeitet in einem kleinen Büro neben dem Eingang. Dort betreut sie die Kunden, die das Bier abholen, stellt Rechnungen aus und erkundigt sich nach den neuesten Nachrichten aus der Umgegend. Obwohl sie erst seit einem halben Jahr hier arbeitet, scheint sie bereits bekannt und beliebt zu sein. »Warum nicht«, sagt sie bescheiden, »ich bin gerne mit Menschen zusammen. Deshalb bin ich ja damals Lehrerin geworden.« Damals, das war vor zwei Jahrzehnten im benachbarten Kasachstan. Sie ist zwar Kind russischer Eltern, wurde aber vor 44 Jahren dort geboren. »Das war doch alles Sowjetunion, darüber machte sich doch niemand Gedanken damals!«

Ein Kunde unterbricht unser Gespräch. Sie geht mit ihm hinüber in die Lagerhalle, in der das frisch in Plastikflaschen abgefüllte Bier steht. Der Kunde, ein etwas mürrisch dreinblickender, grobschlächtiger Mann, betreibt irgendwo in der Nähe einen kleinen Kiosk und holt sich seine neue Lieferung ab, um sie dort zu verkaufen. Als Larissa ihm seine Bierladung zugewiesen hat, geht sie hinüber in die Produktionshalle. Zwölf Frauen arbeiten fast im Akkord. Die erste produziert die Flaschen an einem Automaten, der aus kleinen Plastikstäbchen unter leichter Erhitzung die großen Literflaschen aufbläht. Die wandern in einen Korb, der von Zeit zu Zeit zu den Abfüllerinnen hinübergeschoben wird, wenn sie Nachschub brauchen. Bier zapfen, die Flaschen verschließen, Etiketten kleben und die Flaschen in Sechserpacks zusammenfassen: Larissa wirft einen Blick auf die einzelnen Produktionsvorgänge, scherzt mit der einen oder anderen Abfüllerin und ist gerne bereit, mir auch noch ein Interview in der Produktionshalle zu geben, während sich ihre Kolleginnen in ihren weißen Kitteln darüber kichernd auslassen. In Deutschland wäre Larissa ganz gewiss eine qualifizierte Facharbeiterin oder, noch wahrscheinlicher, eine führende und gut bezahlte Angestellte. Hier ist zumindest das Letztere anders. Es ist bei weitem nicht selbstverständlich, dass Larissa am Monatsende Geld als Lohn bekommt. Genau genommen ist das sogar eher selten. Sie wird mit Gutscheinen oder direkt mit Naturalien bezahlt, je nachdem, was sie braucht oder was die Kolchose, zu der die Brauerei gehört, eben gerade zur Verfügung stellen kann. »Das Nötigste bekomme ich immer«, sagt Larissa, »Milch, Brot oder wenigstens das Mehl, um es zu backen, na ja, was man halt so braucht!« Nun ist sie doch ein wenig verlegen. »Aber wissen Sie«, und ihre Stimme wird zeitweise übertönt vom Stampfen und Zischen der Abfüllautomaten im Hintergrund, »wir haben schon Schlimmeres erlebt und sind froh, dass wir hier sind!« Was Larissa damit meint? Es ist ebenjene Geschichte vom Zusammenbruch der Sowjetunion und den Verhältnissen im neuen Staat Kasachstan, der sich, wie alle anderen Republiken der Sowjetunion von Zentralasien bis ins Baltikum, noch im Jahr 1991 nach dem gescheiterten Putsch im August gegen Michail Gorbatschow für unabhängig erklärte, ohne in irgendeiner Weise darauf vorbereitet zu sein. Wie in einer Reihe anderer Republiken kam es auch in Kasachstan fast sofort zu erheblichen nationalen und ethnischen Spannungen. Die von den Ereignissen völlig überraschte russischstämmige Bevölkerung wurde plötzlich als »Besatzer« und »Unterdrücker der kasachischen Kultur« wahrgenommen. Ein Vorwurf, der weniger den einzelnen Russen als vielmehr dem Moskauer Zentrum und der siebzig Jahre herrschenden kommunistischen Partei zu Recht gemacht werden kann. Larissa, ihr Mann Sascha und ihre beiden Kinder Aljoscha und Tanja waren dieser unerwarteten Entwicklung ausgeliefert, ohne sie in irgendeiner Weise beeinflussen zu können. Sie waren in Kasachstan plötzlich Bürger zweiter Klasse und bekamen das auch kräftig zu spüren. »Am schwierigsten war das mit der Arbeit«, meint Larissa, während ich wieder mit ihr im Büro sitze und sie einen Lieferschein für einen neuen Kunden ausstellt. »Die haben dort die Regelung erlassen, dass Kasachen bei der Besetzung eines Arbeitsplatzes bevorzugt werden müssen. Nur wenn die den Arbeitsplatz nicht besetzen konnten, hatten wir Russen eine Chance.« Da Larissa Grundschullehrerin war, wurde sie durch eine Kasachin ersetzt, zumal sie auch die kasachische Sprache nicht beherrscht, die nun neben Russisch zur Unterrichtssprache erhoben wurde. Larissa und ihre Familie waren plötzlich zwischen die Mühlsteine der Geschichte geraten, ohne dass sie auch nur im Geringsten damit gerechnet hatten. Und dann? »Wir haben es uns lange überlegt, aber als es auch für meinen Mann immer schwieriger wurde, entschlossen wir uns, nach Russland zu emigrieren.« Larissa beugt sich über ihre Unterlagen und schreibt an der Zahlenkolonne weiter. Vielleicht möchte sie nicht, dass ich ihr ins Gesicht schaue, während sie das sagt. Es klingt ja auch seltsam: Eine Russin muss mit ihrer Familie in die ursprüngliche Heimat Russland »emigrieren«. Und damit in ein Land, das selbst wirtschaftlich und in den neunziger Jahren auch durchweg politisch in großen Schwierigkeiten war und zum Teil noch ist. Und natürlich hat in Russland niemand auf »die Flüchtlinge« gewartet. Warum auch. Probleme gab und gibt es dort schon genug. Dennoch hatte Larissa Glück im Unglück. Von ihren vorangegangenen Besuchen in Russland kannte sie das knapp 30 Kilometer hinter der Grenze liegende Dorf Korbolicha. Und sie traf Sergei Bakunin. Sergei ist ein guter und aktiver Bürgermeister, der nicht viel von langwierigen bürokratischen Entscheidungswegen hält. Kurzerhand entschloss er sich, der Familie die eine Hälfte des ausgedienten alten Schulhauses von Korbolicha zuzuweisen – unter der Bedingung, dass sie es selbst instand setzen und auf ihre Bedürfnisse hin umbauen. Er versprach, dass die Kolchose so gut sie kann Hilfestellung leisten würde. So geschah es. Und weil Sergei ein kluger Mann ist, hat er wohl auch Larissas Begabungen schnell erkannt und sie nach ein paar Monaten in der Brauerei angestellt. Glückliches Ende einer Flucht aus Kasachstan?

Ohne ihren weißen Arbeitskittel und die Gummistiefel wirkt Larissa noch eleganter und modischer. Im grauen Kostüm geht sie über den Dorfplatz und biegt in einen kleinen Feldweg ein, der sie an den Rand des Dorfes führt. Vorbei an Hühner- und Schweineställen, aus denen es kräftig gackert und grunzt. »Das brauchen wir alle«, sagt sie, als wir gemeinsam einer stinkenden, dunkelbraunen Pfütze ausweichen. »Ohne Tiere und Garten kommt hier keiner durch. Das ist die billigste Art, sich zu versorgen, und man ist so nicht auf viel Geld angewiesen.« Was ich am meisten an Larissa bewundere, ist, dass sie sich trotz aller Schwierigkeiten den Lebensmut nicht hat nehmen lassen. »Was bleibt mir denn anderes übrig? Außerdem, wenn ich dauernd klagen würde, würde es davon doch auch nicht besser!« Wir sind an dem flachen Gebäude der ehemaligen Schule angekommen. Seltsam verloren stehen die Statuen einer jungen Pionierin und eines jungen Pioniers links und rechts des ehemaligen Haupteingangs der Schule, längst umwuchert von hohem Gras und Büschen. Dem jungen Pionier fehlt ein Arm, um seinen Hals ist eine Wäscheleine geschlungen, die zum nächsten Baum führt. Ein paar Socken und Unterhosen baumeln daran. Nein, das ist keine bewusste Ironie, wie Larissa später erklärt; es ist einfach praktisch. Die Schule bestand einst aus vier Klassenzimmern. Zwei davon bewohnen sie, ihr Mann Sascha und die beiden Kinder Aljoscha und Tanja, acht und zwölf Jahre alt. Das heißt, im Augenblick bewohnen sie nur eines, das andere ist noch nicht fertig renoviert. Aus dem Klassenzimmer, das sie gemeinsam bewohnen, haben sie durch ein paar geschickte Umbauten eine Küche, ein Ess- und zwei Schlafzimmer gemacht. Abgeteilt sind die Zimmer derzeit noch durch Möbel und Vorhänge. Zum Hochziehen von Wänden ist Sascha noch nicht gekommen.

Sascha hat in Kasachstan als Chemieingenieur gearbeitet, bis auch er seinen Arbeitsplatz verlor und durch einen Kasachen ersetzt wurde. »Das Wichtigste«, sagt er, »war der Ofen. Der musste als Erstes her!« Er deutet auf den typischen russischen Ofen, der Küche und Esszimmer unterteilt und so in beide Zimmer Wärme abgibt. Die nötigen Baustoffe dafür bekam er als Ersatz für sein Gehalt von der Kolchose, bei der er ebenfalls arbeitet. Sascha ist ein bescheidener und zurückhaltender Mann, mit großen handwerklichen Fähigkeiten, die es ihm ermöglichen, nach Feierabend fast alle Bau- und Installationsarbeiten in dem neuen Heim selbst machen zu können. Das ist ein Glück, denn Geld, um jemand für diese Arbeiten zu bezahlen, besitzen die beiden sowieso nicht. Vor der Schule hat ihnen der Bürgermeister ein paar hundert Quadratmeter Gelände überlassen, auf dem sie Gemüse anbauen und für den

Winter einwecken. Und nun, werden sie nun bleiben?, frage ich sie, als wir gemeinsam mit den Kindern um den Tisch beim Abendbrot sitzen. Sascha nickt, aber er wirkt dennoch etwas unschlüssig. Die beiden Kinder, die sich bis dahin ganz munter an der Unterhaltung beteiligt haben, schweigen. Larissa unterbricht die Stille. »Wir wissen es noch nicht«, sagt sie und schaut kurz in die Runde. »Schauen Sie, das hängt davon ab, ob hier in der Gegend alles stabil bleibt. Niemand weiß doch, was morgen kommt. Wir konnten uns auch nicht vorstellen, Kasachstan zu verlassen. Bis mir dort einer gesagt hat: »Wenn Ihr nicht macht, was wir wollen und nicht nach unserer Pfeife tanzt, dann verschwindet besser von hier, bevor wir euch den Weg zeigen.« Das Vertrauen in die Zukunft, so scheint es, haben sie ein für alle Mal verloren. Wer weiß, was morgen kommt? Und wenn es morgen doch noch schlimmer käme, wohin würden sie dann gehen? »Weiter nach Westen«, sagt Larissa, diesmal ohne zu zögern. Und meint damit hinter den Ural, nach Zentralrussland. Weit genug weg von der Grenze zu Kasachstan oder zu anderen Nachbarländern. Dort, wo die Chance, dass sie über Nacht wieder ungewollt in einem anderen Land leben, am geringsten ist. Das scheint das Trauma dieser Familie zu sein, das sie auf gar keinen Fall noch einmal erleben möchte. Noch fühlen sich die beiden Mittvierziger Larissa und Sascha stark genug, im Notfall noch weiter westwärts zu ziehen. Die beiden Kinder Aljoscha und Tanja jedoch schweigen immer noch. Nach einem halben Jahr hier haben sie nun die ersten Freundinnen und Freunde gefunden, wie mir Tanja vor dem Abendessen erzählt hat. Jetzt schon wieder gehen? – Ich kann mir vorstellen, was in ihren Köpfen vor sich geht, obwohl sie es nicht sagen. Natürlich erträumen sie sich, dass nun alles endlich so bleibt, wie es ist. Aber vielleicht wird das Leben nochmals jene Lektion für sie bereithalten, die sie schon einmal haben lernen müssen. Die Lektion, dass nichts wirklich stabil ist in dieser schwierigen Zeit. Auch wenn sie sich noch so sehr danach sehnen.

10.
Angriff aus dem Weltraum

Nikolai Stifonow ist ein aufrechter Mann. Das macht ihn für manche unbequem. Doch er hat sich vorgenommen, seine Augen nicht zu verschließen angesichts der ungeheuerlichen Geschehnisse um ihn herum. Für einen russischen Beamten ist das ungewöhnlich. Viele beherrschen eine andere Kunst erheblich besser: Sie sehen weg, wenn es unbequem wird. Bei den geringen Gehältern ist das vielleicht sogar verständlich. Schon gar, wenn die Vorgesetzten deutlich werden und darauf hinweisen, dass man sich hier im Interesse der Russischen Föderation nicht einzumischen habe. Dann schlagen die meisten die Hacken zusammen und denken bei sich, dass ein kleines Gehalt immer noch besser ist als gar keines. Wer will schon gegen die da oben vor Gericht ziehen? Man kennt ja die Erfahrungen, die so manch einer damit gemacht hat. Dieser Pasko in Wladiwostok zum Beispiel. Und was hat er davon gehabt? Na also. Aber trotzdem: Nikolai Stifonow hat vor ziemlich genau sechs Jahren beschlossen, sich von nichts und niemandem abschrecken zu lassen. Was er gesehen hat, ist einfach zu ungeheuerlich und hat zu viele Auswirkungen auf die Menschen in seiner Gegend im Altaier

Gebiet. Und vor allem: Es hört einfach nicht auf. Immer wieder kommt die bedrohliche Botschaft aus dem Weltraum zu ihnen herunter. Und zwar immer dann, wenn im weit entfernten Moskau laut und stolz Beifall geklatscht wird. Sie denken in diesen Augenblicken nostalgisch an die glorreichen vergangenen Zeiten. Nikolai hat längst genug davon. Und die Menschen in seiner Umgebung ebenfalls. Sie hassen den Weltraum, der ihnen aus ihrer Sicht nichts Gutes gebracht hat. Sind sie eigentlich noch bei Trost?, mag man sich fragen, oder sitzen sie einer sonderbaren Weltraumschimäre auf? Einer Art Wahnvorstellung, dass es jemand aus dem Weltraum auf sie abgesehen hat? Das waren jedenfalls meine ersten Gedanken, als ich davon hörte. Ich lernte aber schnell, dass diese angeblichen Wahnvorstellungen einen höchst realen Grund hatten.

Nikolai Stifonow lebt in einem Nachbardorf von Larissas neuer Heimat Korbolicha. Von Beruf ist er staatlicher Umweltinspektor. Das Gebiet, das er beaufsichtigt, heißt »Tretjakower Kreis«, benannt nach dem revolutionären sowjetischen Schriftsteller der 1920er Jahre, Sergei Tretjakow. Seit sechs Jahren ist Nikolai im Amt und seit dieser Zeit setzt er sich mit dem Problem aus dem Weltraum auseinander. Das Problem hat sogar einen Namen. Es heißt »Ju-30« und bezeichnet jene Zone, die von den russischen Raketen überflogen wird, nachdem sie etwa eineinhalbtausend Kilometer weiter westlich in dem kasachischen Weltraumbahnhof Baikonur abgeschossen werden. Baikonur gehörte natürlich früher ebenfalls zur Sowjetunion. Als sich Kasachstan 1991 für unabhängig erklärte, war Russland gezwungen, den Weltraumbahnhof von Kasachstan zu mieten. Das ist bis heute so. Das Leitzentrum für alle russischen Weltraumoperationen befindet sich im fernen Moskau in der Nähe des so genannten »Sternenstädtchens«, in dem die russischen Astronauten wohnen und auf ihre Einsätze im Weltraum vorbereitet werden. Die Bilder aus dem Leitzentrum namens ZUB sind sicher so gut wie jedem deutschen Fernsehzuschauer bekannt. Oft habe auch ich für die ARD den Start der Weltraumraketen oder die Andockmanöver der russischen Weltraumfähren an das russische Raumschiff MIR live aus dem Leitzentrum ZUB übertragen. Das letzte Mal am 22. März 2001, als der über 40 Tonnen schwere Koloss des Raumschiffs MIR gezielt zum Absturz gebracht wurde, in die Erdatmosphäre eintrat, ein Teil des Raumschiffes verglühte und der Rest südlich von Neuseeland im Meer versank. Ein Ereignis, das für kurze Zeit weltweit eine Art Absturzfieber auslöste, weil sich viele nicht sicher waren, ob es den Russen tatsächlich gelingen würde, die MIR zielgenau ins Meer stürzen zu lassen. Es gelang ihnen »natürlich«, wie die russischen Wissenschaftler sagten. Tatsächlich ist die Raumfahrt eine der wenigen echten Erfolgsgeschichten der Sowjetunion bzw. des heutigen Russlands, auch wenn sie dem Staat einen enorm hohen Preis an Forschungs-, Entwicklungs- und Produktionskosten abverlangt hat. Draufgezahlt haben natürlich die normalen Bürger des Landes, denn die für die Raumfahrt verwendeten Gelder wären dringend für die Entwicklung des normalen wirtschaftlichen Lebens benötigt worden. Doch eine Wahl hatten die Bürger sowieso nicht, denn der Sowjetstaat und später Russland haben die Raumforschung immer als nationales Prestigeprojekt gesehen. Selbstverständlich war die gesamte Raumfahrt stets Sache des Militärs und in den Details natürlich höchst geheim. Sie gehörte zum Instrumentarium des Kalten Krieges, bei dem sich die beiden Supermächte ihre jeweilige Überlegenheit beweisen wollten. Die russische Raumfahrt ist inzwischen wegen Geldmangels gemessen an früher in einem kläglichen Zustand. Dennoch werden nach wie vor Raketen vom Weltraumbahnhof Baikonur in Kasachstan abgeschossen. Die russische Raketentechnologie gilt immer noch als sehr zuverlässig. Viele Raketenflüge, die zum Beispiel Satelliten ins All befördern, sind inzwischen so genannte kommerzielle Flüge, die nicht vom russischen Staat, sondern von privaten oder halb privaten Auftraggebern finanziert werden. Jedes Mal, wenn eine solche Rakete abgeschossen wird und die Bilder im russischen, aber häufig auch im internationalen Fernsehen zu sehen sind, spüren Nikolai Stifonow und die Menschen in seiner Gegend im knapp dreieinhalbtausend Kilometer von Moskau entfernten Altaier Gebiet die Folgen. Welcher Art diese sind, davon erfährt die große Öffentlichkeit jedoch nichts, und es scheint auch niemanden zu interessieren.

In seinem robusten russischen Dienstjeep rumpeln Frank Aischmann, eigentlich ein »Raumfahrtfreak«, und ich gemeinsam mit Nikolai in Richtung der Zone »Ju-30«. Knapp zwei Stunden sind wir unterwegs, dann tritt der Umweltinspektor bei dem kleinen Dörflein Nowoaleskoje auf die Bremse. »Wir sind da!«, sagt er, dann holt er Kartenmaterial hervor und breitet es auf der Motorhaube des Jeeps aus. Quer über die gesamte Karte ist ein fetter Strich gezogen. »Der dicke Strich, das ist die Flugbahn aller Raketen, die drüben in Baikonur abgeschossen werden und in den Weltraum fliegen. Die Flugbahn verläuft genau über uns.« Er fährt mit dem Finger durch die Luft. Auf der Karte sind außerdem noch zwei große Ellipsen eingezeichnet. »Das sind die Gebiete RP 307 und RP 308. RP bedeutet *Raion Padenija*, das Absturzgebiet von Raketenteilen, die während des Fluges von den Raketen abgesprengt werden und dann auf uns herunterfallen. Laut Plan sind das die jeweils zweiten Brennstufen der Sojus- oder der Protonraketen.« Und in der Tat ist es so: Die planmäßig abgesprengten Raketenteile kommen über bewohntem Gebiet herunter. Der Triumph der russischen Raumfahrt regnet den Bürgern auf den Kopf. Gefährlich daran sind aber nicht nur die Raketenteile selbst. Gefährlicher noch sind die damit verbundenen Folgen. Der hochgiftige Treibstoff in den Raketentanks verbrennt nicht vollständig, ein Teil bleibt beim Absprengen zunächst in den Tanks, der darin enthaltene Raketentreibstoff aber zerstäubt dann ins Freie und verwandelt sich in Giftwolken, die allmählich über der Zone »Ju-30« herabrieseln. Man kann nie genau sagen, wo das Gift herunterkommt, da das wiederum von der Windrichtung am jeweiligen Tag abhängt. Sicher aber ist eines: Herunter kommt es auf jeden Fall. Die Folgen sehen wir im Dorfteich von Nowoaleskoje. Er ist von einer leuchtend roten, und in Ufernähe von einer gelblichen Substanz bedeckt. Inzwischen sind auch ein paar Dorfbewohner hinzugekommen. »Hier gibt's doch gar keine Chemiewerke in der Gegend, hier gibt's überhaupt keine Industrie, von wo also soll das Zeug herkommen, wenn nicht vom Himmel!«, ruft einer der Männer zornig in die Kamera. Sie kennen das hier schon. Denn diese Erscheinungen gibt es immer, wenn in Baikonur eine Rakete abgeschossen wurde. Natürlich kündigt ihnen niemand einen solchen Abschuss an. Eingaben, Briefe, offizielle dienstliche Meldungen, all das hat Nikolai Stifonow schon versucht. Getan hat sich nichts. Er wollte Schutzkleidung, Geräte, die es ihm ermöglichen, zu analysieren, was das für Substanzen sind, die hier herunterregnen und das Wasser verseuchen. Nichts davon hat er bekommen. Also versuchen er und ein paar Männer aus der Gegend, selbst Informationen zu sammeln. Über Raketenbrennstoffe zum Beispiel. Da die wichtigsten Daten natürlich geheim gehalten werden, durchstöbern sie die Lexika und Enzyklopädien, die für sie erreichbar sind.

So weit sind sie immerhin gekommen: Der äußerst giftige Raketenbrennstoff, der verwendet wird, heißt Heptyl und färbt sich im Wasser gelb. Bei über 20 Grad Wärme verwandelt sich die Farbe in intensives Rot. Also genauso rot, wie das Wasser vor uns im Dorfteich. Aber außer den Menschen hier und dem aufrechten Nikolai Stifonow hat seitens der Behörden niemand Interesse daran aufzuklären, um was für Stoffe es sich hier genau handelt. Die Raketenlobby am allerwenigsten. Man muss davon ausgehen, dass sie die Behörden mit was für Mitteln auch immer dazu bringt, all diese Vorkommnisse einfach zu ignorieren. Letztere kümmern sich ebenfalls nicht um jene Todesfälle, von denen Nikolai erzählt. Hier in der Gegend seien Traktorfahrer und Bauern auf dem Feld plötzlich tot zusammengebrochen. Ohne ersichtlichen Grund. Hängt das vielleicht auch mit dem giftigen Regen zusammen, der aus der Atmosphäre zu ihnen herunterrieselt? Natürlich haben sie ein Recht auf Aufklärung. Nur – sie bekommen sie nicht. Weil ich das alles kaum glauben kann, höre ich mich noch mal bei den Menschen aus dem Dorf um, die jetzt zahlreicher am Teich versammelt sind. »Nein«, sagen sie alle unisono, »außer Stifonow war hier noch keiner von irgendeiner staatlichen Behörde, der sich um die ganze Sache gekümmert hätte!«

Sinaida Petrowna ist Bürgermeisterin im nächsten Dorf. Bei ihr machen wir Halt. Sie empfängt uns im Bürgermeisteramt. Sinaida ist eine kräftige, etwas untersetzte Frau. In ihrer ruhigen, unaufgeregten Art erzählt sie von den Erfahrungen in ihrem kleinen Dorf. Praktisch alle Kinder hier hätten eine angegriffene Gesundheit. »An manchen Tagen haben sie alle auf einmal Kopf- und Halsschmerzen, fühlen sich schlapp und krank. Dann weiß ich, die haben drüben in Baikonur wieder eine Rakete abgeschossen.« Ihre Nachforschungen haben ergeben, dass es etwa zwei bis drei Tage dauert, bis das giftige Zeug nach dem Start vom Himmel rieselt und alle krank werden. Manchmal erfährt sie den Starttermin sogar im Voraus. Dann ruft sie alle im Dorf an und fordert die Menschen auf, im Haus zu bleiben und auf keinen Fall in den Wald oder gar auf das offene Feld zu gehen. »Was haben wir denen eigentlich getan? Wir wollen einfach nur ganz normal leben. Nicht mehr als das! Ich habe offene Briefe an den Gouverneur, an den früheren Präsidenten Jelzin und auch an den neuen Präsidenten Putin geschrieben. Antwort habe ich überhaupt keine erhalten.« Sogar in einer Moskauer Zeitung ist einmal von einem mutigen Journalisten eine kurze Reportage erschienen über das, was hier vorgeht. Sinaida holt eine Fotokopie des Artikels aus ihrer Schreibtischschublade. Leider hat auch das nichts genützt. Nach ihrer und Nikolai Stifonows Schätzung sind etwa 12 000 Menschen von den Auswirkungen der Raketenabschüsse betroffen. Für Moskau scheinen das immer noch zu wenig zu sein. Und was vermutlich das Wichtigste ist: Die Menschen hier leben rund dreieinhalbtausend Kilometer von Moskau entfernt. Das ist weit genug, um ihre Stimmen nicht zu hören.

Aber das ist immer noch nicht alles. Sinaida bietet uns ihre Begleitung an, denn ein paar hundert Meter vom Dorf entfernt liegen angeblich Raketenteile herum, die vom Himmel heruntergekommen sind. Das interessiert uns natürlich. In Stifonows Jeep fahren wir durch das Dorf. Am Ende der Dorfstraße kommen wir an der örtlichen Kolchose vorbei, wo Tomaten, Kartoffeln und Mais angebaut werden. Die Felder liegen alle unter freiem Himmel. Das bedeutet doch, denke ich mir, dass die Menschen das Gift nicht nur einatmen, sondern auch essen. Denn es dringt mit dem Regen in den Boden und von dort auch in die Pflanzen ein. Und wenn die landwirtschaftlichen Produkte, die man hier anbaut, nicht nur alleine in diesem Dorf verzehrt, sondern auch noch in der nächsten größeren Stadt verkauft werden, dann breiten sich die giftigen Rückstände nicht nur hier aus, sondern schädigen auch anderswo noch Menschen. Aber den Staat interessiert all dies in keiner Weise.

Stifonow lenkt auf Anweisung von Sinaida Petrowna seinen Jeep quer durch eine Wiese. Das Gras wuchert bis zu einem Meter hoch, Büsche versperren die Sicht. Doch die Bürgermeisterin weiß genau, wo sie hin will. Nach weiteren 50 Metern steigen wir aus. Ich sehe immer noch nichts. »Dort hinten liegen die Teile«, sagt Sinaida und deutet auf eine kleine Gruppe von Bäumen, die von Gras und Dornbüschen umwuchert sind. Erst auf den zweiten Blick sehe ich Metall darunter hervorglänzen – und dann bleibt mir wirklich die Sprache weg. Ein riesiger, zehn bis zwölf Meter langer Metallzylinder mit einem Durchmesser von rund zwei Metern liegt dort im Gebüsch. Einfach so, als gehörte er dort hin. Nikolai kennt sich nach all den Jahren gut aus und erklärt, um was es sich handelt: »Der zentrale Block der zweiten Stufe einer Sojusrakete ist hier heruntergekommen. Was ihr hier seht, ist der Tank, und zwar vollständig erhalten.« Der mächtige Metallzylinder ist an einigen Stellen eingedrückt, aber nirgendwo ist ein Stück herausgerissen oder von einer Explosion zerstört. Der Block scheint tatsächlich vollständig erhalten zu sein. Sinaida hat inzwischen von der Kolchose nebenan einen Traktor geordert, der statt mit Reifen mit Ketten ausgestattet ist. Der Traktorfahrer hat eine schwere Stahltrosse mitgebracht, die er an dem Raketentank befestigt und mithilfe derer er den Metallzylinder mit dem Traktor heraus auf das freie Feld zieht, damit er ganz sichtbar wird. Er sieht in der Tat sehr beeindruckend aus. Am hinteren Ende des Tanks hängen Drähte heraus, ein Teil der Armaturen ist verkohlt, das ist alles. Weitere Spuren sind nicht zu erkennen. »Vielleicht ist ein Teil des Tanks oder der Armaturen radioaktiv verstrahlt«, meint Nikolai, der bedauert, dass er keinen Geigerzähler hat. Niemand weiß es, und das ist für die Menschen hier zugleich das Schlimmste: Dass sie allesamt nur auf Spekulationen angewiesen sind und ihnen niemand genau sagt, mit was für Bedrohungen sie eigentlich noch zu rechnen haben. Sie fühlen sich als Bürger verachtet und gedemütigt. »Neues Russland? Was für ein neues Russland?«, sagt Sinaida bitter. »Die haben es früher mit uns so gemacht und sie machen es heute. Der einzige Unterschied ist, dass ihr jetzt hierher dürft. Aber das ist denen wohl inzwischen einfach schon egal!« Da hat Sinaida Petrowna Recht. Wir können hier tatsächlich ungehindert drehen und, um es vorwegzunehmen, auch später den Film für die *Tagesthemen* überspielen und in Deutschland senden. Aber an der Situation hier ändert das leider nichts. Es ist »denen« wohl tatsächlich egal. Natürlich würde es Geld kosten, die Raketentechnik auf ihre Umweltfreundlichkeit hin zu überprüfen. Oder die Raketenflugbahn zu ändern. Oder die Menschen umzusiedeln. Oder sie wenigstens angemessen medizinisch zu versorgen und sie zu entschädigen. Der Gipfel des Zynismus ist, dass Letzteres tatsächlich geschieht. Sie bekommen pro Person und pro Start ganze neun Rubel, das sind umgerechnet 67 Pfennig. Das allerdings nur dann, wenn es sich um einen so genannten kommerziellen Start handelt, also um einen Start, den ein Auftraggeber bezahlt. Wenn es sich um einen »im Dienste der Gesellschaft« handelt, also um einen, den der russische Staat in Auftrag gegeben hat, dann gibt es überhaupt keine Entschädigung. Mit anderen Worten: Sie sind dann nicht nur Bürger zweiter Klasse, sondern bei einem Start »im Dienste der Gesellschaft« werden sie als Bürger überhaupt übergangen.

Zum Abschluss lädt uns Sinaida Petrowna zu einer kleinen Mahlzeit in die örtliche Schule ein. Das aus den typisch sowjetischen Betonplatten zusammengefügte Gebäude am Rand des Dorfes ist in keinem guten Zustand. Überall blättert die Farbe ab. Der Beton zeigt tiefe Risse. Die Türen hängen schief in den Angeln. Die Schulmöbel in den Klassenzimmern sind arg ramponiert und müssten längst ersetzt werden. Am Eingang versucht der Sportlehrer zusammen mit einigen Schülern, einen neuen Estrich zu legen. Besonders professionell sieht das nicht aus, was sie dort aus Sand und schlechtem Zement zusammenpantschen. »Wir haben halt einfach kein Geld«, sagt Sinaida wie zur Entschuldigung und mir fällt der tapfere Bürgermeister Sergei Bakunin vom Dorf Korbolicha ein. »Wenn du morgens ins Rathaus gehst, dann hast du das Gefühl, du gehst an die Front!«, hatte er gesagt. Sinaida ist wohl nicht anders dran. Trotzdem erwartet uns in der Schulmensa ein echt russisches Mahl: »Soljanka«, also eine Suppe mit Gemüse und kleinen Fleischstückchen darin, danach *pelmeni*, serviert in einer meist recht fetten Soße, Brot und – natürlich – Wodka. Sinaida lässt es sich als Bürgermeisterin nicht nehmen, auf die deutschen Gäste einen reizenden Toast auszusprechen, in dem sie uns Gesundheit und ein langes Leben wünscht und sich von ganzem Herzen dafür bedankt, dass wir uns von Moskau auf den weiten Weg hierher gemacht haben, um über ihre Lage zu berichten. Trotz allen Ärgers über den Zynismus, dem die russischen Bürger seitens der staatlichen Führung ausgesetzt sind, weiß ich spätestens jetzt wieder, warum ich so viele Jahre so gerne aus Russland berichtet habe. Es ist die Gastfreundschaft und die warme Herzlichkeit dieser Menschen. Ob jemals die Zeit kommt, in der »ihr« Staat tatsächlich begreift, was er an ihnen hat? Und ob jemals die Zeit kommt, in der dieser Staat begreift, dass er für die Bürger da zu sein hat und nicht umgekehrt? Ich lasse es mir nicht nehmen, Sinaida beim Abschied zu umarmen und ihr einen dicken Kuss auf die Backe zu drücken. »Halten Sie durch!«, sage ich ihr ins Ohr. »*Konetschno* – aber natürlich!«, antwortet sie lächelnd. Ich glaube ihr.

11.
Tatarischer Sommer

Der große Sprung nach Westen über den Ural hinweg – er ist ganz leicht. Der einzige Haken: Wir besteigen das falsche Flugzeug. Das heißt, es ist natürlich das richtige, nur nicht die vorgesehene Version. An die Buchung des Charterflugzeugs erinnere ich mich noch gut. Sie fand knapp zwei Monate vor Beginn unserer Reise in einem der neuen Sankt Petersburger Restaurants statt. Igor Butz und ich hatten uns mit einem etwas zwielichtigen, nicht wirklich sympathischen Herrn verabredet. Sein Alter ließ sich schwer schätzen – irgendwo zwischen 30 und 40. Aber er hatte alles, was ein russischer *bisnesmen* braucht: Ein ständig klingelndes Handy, mit dem er per Ohrhörer und dem daran hängenden kleinen Mikrofon telefonierte. Eine kleine Herrentasche, die am Handgelenk baumelte. Die Haare auf einen knappen Zentimeter kurz geschnitten, was seine eher groben Gesichtszüge noch unterstrich. Sein ganzes »Outfit« wurde komplettiert durch einen recht eleganten Anzug und Schuhe mit leicht erhöhten Absätzen. Am meisten stach sein kräftig ausgeprägtes Selbstbewusstsein hervor. Sollten wir diesem Herrn wirklich bereits die Hälfte des Charterpreises im Voraus anvertrauen und zuversichtlich davon ausgehen, dass er uns in zwei Monaten pünktlich den Flug über den Ural ermöglicht? Ich war da nicht so sicher. Der Vertrag war in Ordnung, wie wir nach eingehender Prüfung feststellten. Den konnte man unterschreiben. Andererseits: Verträge sind in Russland das eine, die Wirklichkeit ist etwas anderes. Nicht immer, aber immer noch viel zu oft. Igor und ich schauten uns während des Gesprächs immer wieder an. Sollten wir wirklich? Nun ist es in Russland aber noch immer nicht so weit, dass es ein großes Angebot an Charterflugzeugen oder entsprechenden Agenturen gibt. Insofern war unsere Wahlmöglichkeit von vornherein höchst eingeschränkt. Kurz und gut: Wir gaben unserem Herzen einen Stoß, ich unterschrieb.

Zwei Monate später stellt sich heraus – das Flugzeug, eine Antonow 24, steht tatsächlich da. Aber wie gesagt, es ist die falsche, nämlich die Passagierversion. Das bedeutet, dass der Frachtraum lediglich für einige Koffer normaler Reisender ausgelegt ist. Wir aber haben ja unsere eineinhalb Tonnen Technik, Rucksäcke, Satellitenschüssel und kleinere Gepäckstücke dabei, die ein Lastwagen und ein Minibus an das Flugzeug herankarren. Aber wie immer in Russland findet sich nach der ersten entsetzten Reaktion aller Beteiligten doch noch eine Lösung. Wir beladen schlicht und einfach die Sitze im Passagierraum mit unserem Gepäck und nehmen im frei bleibenden hinteren Drittel des Flugzeugs Platz. Und wenn bei Start und Landung die ganze Fracht plötzlich durcheinander fliegt oder sonstwie in Bewegung gerät? Ich verdränge diesen Gedanken und überlasse derlei Sorgen dem Piloten. Der muss schließlich wissen, unter welchen Bedingungen er fliegen kann und unter welchen nicht. Ich gebe zu, dass mir der Termindruck im Genick sitzt. Unsere Sendungen sind seit Beginn der Reise minutiös vorausgeplant. Wir hatten, neben der glänzenden Organisation durch Igor, sowieso bislang großes Glück gehabt, dass bis jetzt fast alles wie am Schnürchen geklappt hat. Den Ausschlag dafür, dass ich den Gedanken an die etwas zweifelhafte Platzierung unseres Gepäcks schnell verdränge, gibt eine schlichte Tatsache: Ein anderes Flugzeug zu besorgen ist auf die Schnelle sowieso nicht möglich. Also nehmen wir eben das vorhandene und kümmern uns nicht weiter darum, wie unser Gepäck untergebracht ist. Und siehe da, nicht nur der Start vor, sondern auch die Landung weit hinter dem Ural auf dem Flughafen der tatarisch-russischen Stadt Kasan klappt wunderbar. Wieder einmal bestätigt sich die aus meiner Sicht für Russland nach wie vor gültige Weisheit: Wer sich zu viele Gedanken macht, kommt überhaupt nicht vom Fleck. Wer sich zu wenig Gedanken macht, allerdings auch nicht. Irgendwie müssen wir die goldene Mitte getroffen haben ...

Mit dem Flug über den Ural haben wir den europäischen Teil Russlands erreicht. In so gut wie jedem Geographiebuch steht, dass die Berge des Ural Europa von Asien trennen. Das ist natürlich rein geographisch richtig. Trotzdem hat diese Festlegung heute im russischen Alltag keine besondere Relevanz. Richtig ist, dass flächenmäßig der größere Teil Russlands östlich des Ural liegt. Und richtig ist auch, dass der westlich des Ural liegende Teil Russlands mit einem vergleichsweise gut ausgebauten Straßen- und vor allem Schienennetz verkehrsmäßig unendlich viel besser erschlossen ist. Wer einmal auf eine schematische Karte des russischen Schienen- oder des Straßennetzes geblickt hat, weiß, was ich meine. Aber egal ob »Asien« oder »Europa« – eine im Übrigen in Russland jahrhundertealte Debatte – Russlands politische Orientierung lag und liegt in Europa. So sieht das auch der neue russische Präsident

Putin. Zumindest erklärt er es oft genug. Ob die Annäherung und vielleicht sogar die Integration in die europäischen politischen und wirtschaftlichen Strukturen stattfindet, das wird unter anderem davon abhängen, ob es gelingt, so etwas wie politische Stabilität und ein zumindest relatives Maß an Kalkulierbarkeit zu entwickeln. Doch gleichgültig, wie und mit welcher Geschwindigkeit im Zeitalter der Globalisierung die weiteren politischen, wirtschaftlichen und kulturellen Entwicklungslinien verlaufen werden, was Russland immer bleiben wird, ist der größte Flächenstaat dieser Erde, der aus so vielen Völkern zusammengesetzt ist, wie kein zweiter in oder rund um Europa. Die Grundlagen dieses »Vielvölkerstaats« wurden vor knapp 500 Jahren in jener Stadt gelegt, auf deren Flughafen wir gelandet sind: In Kasan, der Hauptstadt der Republik Tatarstan.

Zum besseren Verständnis ein klein wenig Geschichte: Als Ergebnis der Mongolenstürme und der Eroberung wichtiger Teile des Gebiets des heutigen Russland durch die so genannte Goldenen Horde Dschingis Khans und seiner Nachfolger, war Kasan die Hauptstadt des einst mächtigen islamischen Khanats von Kasan an der mittleren Wolga. Sein Einflussgebiet reichte fast bis ins Wolgadelta, wo das Khanat von Astrachan den Zugang zum Kaspischen Meer beherrschte. Moskau entwickelte sich damals erst über mehrere Jahrhunderte hinweg von einem kleinen unbedeutenden Fürstentum zu einem mächtigeren Staat, der aber dennoch lange an das Khanat von Kasan Tribut zu entrichten hatte. Erst der allmähliche Zerfall der Goldenen Horde und ihre Aufsplitterung in immer kleinere Stammes- und Koalitionseinheiten ermöglichte es dem neben Peter dem Großen vielleicht bekanntesten russischen Zaren Iwan IV., auch »der Schreckliche« genannt, das Khanat von Kasan herauszufordern und am 2. Oktober 1552 schließlich sogar zu erobern. Das war aus verschiedenen Gründen ein sehr entscheidender Schritt. Der Kern des späteren russischen Staates, das Moskauer Fürstentum, hatte zwar bis dahin teils durch friedliche und mit eher diplomatischen Mitteln vorangetriebene Annexion, teils durch Gewalt Gebiete »gesammelt«, aber bis dahin noch nie ein komplettes Staatswesen geschluckt, das kulturell wie politisch und ethnisch ganz anderen Ursprungs war. Nach wie vor am eingängigsten beschreibt der Osteuropahistoriker Andreas Kappeler (»*Russland als Vielvölkerreich*«, München 1992) diesen Prozess. Die Eroberung des islamischen Khanats von Kasan ist, etwas vergröbert dargestellt, der Beginn Russlands als, wie man heute sagen würde, multiethnischer und multireligiöser Staat. Fortgesetzt wurde diese Entwicklung mit dem allmählichen Vormarsch nach Süden bis ans Schwarze und bis ans Kaspische Meer. Der nächste Schritt über mehrere Jahrhunderte hinweg war dann die Eroberung Sibiriens, das wir auf unserer Reise gerade verlassen haben. Es lohnt sich, diesen Teil der Geschichte Russlands zu verfolgen, um sich klar zu machen, auf welch komplizierte Weise dieser Staat zusammengesetzt ist. Es ist aus meiner Sicht nicht nur, aber doch auch ein Ergebnis des Kalten Krieges, dass der Großteil der Deutschen mit der allerdings sehr viel jüngeren Geschichte der blutigen Eroberung Nordamerikas erheblich vertrauter ist als mit der Geschichte Russlands. Spätestens seit dem Zusammenbruch der Sowjetunion ist uns Russland aber im guten Sinne viel näher gerückt und es wird Zeit, dass die Wissenslücke über seine Ursprünge, sofern vorhanden, geschlossen wird. Nicht zuletzt ist unsere Reise im Rahmen des »Russischen Tagebuchs« der bescheidene Versuch, ein wenig dazu beizutragen.

Als wir während der Fahrt vom Flughafen, vorbei an den im neuen Bauboom errichteten Wohnblöcken, Läden und Tankstellen, am Rande der Innenstadt ankommen, wird es in beeindruckender Weise sichtbar: Das Wahrzeichen Kasans, der Kreml, also die auf einem Hügel über einem künstlich angelegten Seitenarm der Wolga thronende Festungsanlage. Sie hat sich erst jetzt, in diesen Sommerwochen, noch einmal sehr entscheidend verändert. Der überaus listige und selbstbewusste Präsident der Republik Tatarstan, Mintimer Schaimijew, hat dort eben erst eine Moschee bauen lassen, deren vier Minarette sämtliche Gebäude, auch die Kathedrale der russisch-orthodoxen Kirche, um ein Mehrfaches überragen und zum neuen, weithin sichtbaren Wahrzeichen der Stadt geworden sind. Auch schon vorher stand seit mehreren hundert Jahren neben der russisch-orthodoxen Kirche im Kreml eine markante Moschee als Zeichen des friedlichen Zusammenlebens der tatarischen und der russischstämmigen Bevölkerung sowie der islamischen und der russisch-orthodoxen Religion. Die gewaltige Moschee unterstreicht allerdings das neue Selbstbewusstsein der Republik Tatarstan noch einmal deutlich. Rund die Hälfte der vier Millionen Einwohner der Republik besteht aus Tataren, etwa 40 Prozent sind Russen, der Rest der Bevölkerung setzt sich aus kleineren Gruppen zusammen wie den Tschuwaschen, einem kleinen Völkchen, das sich vor Jahrhunderten an der mittleren Wolga angesiedelt hatte. Selbst ein kleiner Anteil Ukrainer hat sich hier niedergelassen.

Die Eroberung Kasans durch Iwan den Schrecklichen hatte anfangs durchaus den Charakter eines Kreuzzuges gegen die Ungläubigen. Auch im 18. Jahrhundert kam es noch einmal zu einer Verfolgungswelle gegen jene Tataren, die sich nicht taufen lassen wollten. Im Zuge dessen wurden damals fast alle Moscheen zerstört und viele Tataren flohen nach Sibirien oder Mittelasien. Danach jedoch wählten die Zaren eine andere Strategie, die viel besser funktionierte: die Strategie der Integration. die Tataren wurden in die russische Gesellschaft, ja sogar in den russischen Adel aufgenommen. In der Handelsstadt entwickelte sich ein wohlhabendes tatarisch-russisches Bürgertum. Die Stadt blühte vor allem im 19. Jahrhundert auf. An der mittlerweile berühmten Kasaner Universität studierten Teile der russischen Elite wie etwa der später weltbekannte Schriftsteller Lew Tolstoi. Und noch einer studierte hier, der väterlicherseits tschuwaschischer Abstammung war und die Welt komplett veränderte: Wladimir Iljitsch Lenin. Noch heute steht in einem Innenhof bei der Kasaner Universität eine Statue des Schülers und Studenten Lenin. Es ist, nebenbei gesagt, die erste und einzige Statue Lenins – und wir haben während unserer Reise unendlich viele davon gesehen –, die auf mich einen halbwegs sympathischen Eindruck macht, auch wenn sie, wie alle anderen Statuen Lenins, die ich kenne, keine bedeutende künstlerische Arbeit ist.

Wie aber funktioniert das multikulturelle Zusammenleben in Tatarstan heute? Ich war zum ersten Mal Anfang der neunziger Jahre in Kasan. Verglichen zu der damals noch sowjetischen Anmutung der Stadt ist sie kaum wieder zu erkennen. Ein Bauboom hat Kasan erfasst, überall in der Innenstadt haben neue Restaurants, Clubs und Geschäfte aufgemacht, von denen man vor zehn Jahren noch nicht einmal zu träumen gewagt hätte. Der Grund dafür ist einfach. Tatarstan ist wegen seiner Erdöl- und Gasvorkommen eine reiche Republik, der nun ein sehr viel größerer Anteil der Erlöse aus den Bodenschätzen zukommt als zu sowjetischen Zeiten. Damals zog das Moskauer Zentrum den Löwenanteil »auf Nimmerwiedersehen« ab und verwendete die Erlöse nach eigenem Gutdünken. Deshalb war natürlich schon zu Beginn der neunziger Jahre und erst recht nach dem Zusammenbruch der Sowjetunion in Tatarstan die Versuchung groß, sich selbständig zu machen und sich aus der Russischen Förderation zu verabschieden. Es war jene Zeit, in der auch der damals neue Präsident Tschetscheniens, Dschochar Dudajew, ebendiesen Weg wählte – mit dem bekannten Ergebnis. Und es war jene Zeit, in der Boris Jelzin als Präsident Russlands den Republiken innerhalb und außerhalb der Russischen Föderation zurief: »Nehmt euch so viel Souveränität wie ihr kriegen könnt!« Unter »Souveränität« war durchaus »Unabhängigkeit« zu verstehen. Ein Satz, den er später am Beispiel Tschetscheniens bitter bereut haben dürfte. In Teilen des früheren Sowjetstaates brachen kleine und größere Bürgerkriege aus. Die Bestrebungen Tatarstans unter dem damals schon im Amt befindlichen Präsidenten Schaimijew hatten aber, wie in Tschetschenien, eine unmittelbar für den Bestand der Russischen Föderation selbst höchst bedrohliche Qualität. Es bestand die Gefahr, dass nicht nur die Sowjetunion, sondern nun auch die Russische Föderation selbst auseinander brechen würde, wenn diesen Sezessionsbestrebungen nachgegeben würde. Ähnliche Abspaltungsideen gab es in den frühen neunziger Jahren durchaus auch anderswo. Etwa im fernen Osten in der Provinz Primorje und deren Hauptstadt Wladiwostok. Selbst in Zentralsibirien spielte so manch einer mit dem Gedanken, sich aus der Föderation zu lösen. Die Motivation dahinter war immer die gleiche: Man ging davon aus, dass die jeweils vorhandenen Bodenschätze oder der wirtschaftlich offenbar vorteilhafte Standort für die Bevölkerung (und die örtlichen Machteliten) sehr viel schneller Wohlstand bringen würden, wenn man die Erträge selbst nutzen könnte, statt sie mit dem ins Schlingern geratenen Zentrum der Russischen Föderation teilen zu müssen. In

Tatarstan war das außerdem verbunden mit einem wieder erwachenden tatarischen Nationalismus, der sich, wenn er nicht eingedämmt werden würde, wie ein gefährliches Gift in der gesamten Föderation auszubreiten drohte. Ein Szenario wurde für kurze Zeit denkbar, demgegenüber die blutigen Ereignisse in Jugoslawien sich wie ein Kinderspiel auszunehmen schienen. Zäh zogen sich die Verhandlungen Moskaus mit der Republik Tatarstan hin. Der clevere Mintimer Schaimijew wusste sehr wohl, welchen gefährlichen und mächtigen Hebel er in der Hand hatte. Nationale Konflikte mitten im Herzen Russlands, schon gar bewaffnete, würden das Fortbestehen der Russischen Föderation als einem über Jahrhunderte gewachsenen Vielvölkerstaat unmittelbar gefährden. Schaimijew reizte seine Karten bis zum Letzten aus. Am Ende blieb Tatarstan doch Teil der Russischen Föderation, auch wenn die Republik den allgemeinen Föderationsvertrag nicht unterzeichnete, sondern auf einem eigenen bestand. Der Sprengsatz des Nationalismus, unterfüttert durch den latenten religiösen Konflikt zwischen der vorwiegend islamischen Republik und einem stark orthodox geprägten Gesamtstaat, zündete letztendlich nur im Kaukasus und löste die beiden Tschetschenienkriege aus, auf die wir bei der nächsten Station unserer Reise noch kommen werden.

Heute haben sich diese Konflikte in und um Tatarstan erfreulicherweise entschärft. In der Hauptstadt Kasan ist das überall spürbar. Aber wie ist es auf dem Land, wo das tatarische Selbstbewusstsein traditionell immer schon sehr stark war? Wir entschließen uns, dieser Frage in einem tatarischen Dorf nachzugehen.

Tatarische Dörfer unterscheiden sich tatsächlich von russischen. Russen hören das nicht gerne, aber es ist dennoch so: Sie sind schöner, gepflegter, farbenfroher und, es sei ganz offen gesagt, sie sind erheblich sauberer. Deshalb fällt es uns während der zweistündigen Fahrt von Kasan hinaus aufs Land auch nicht schwer, tatarische von russischen Dörfern zu unterscheiden. Die Holzhäuser und die hölzernen Zäune sind in kräftigem Gelb oder strahlendem Blau gestrichen. Der Stil der Hoftore unterscheidet sich von dem der russischen. Sie sind stets von einem kleinen Dach überwölbt, das von zwei kräftigen Pfählen getragen wird und einen leicht »asiatischen« Eindruck vermittelt. Die Zäune und Tore ziert ein sonnenartiges Holzrelief, das ich für mich immer »tatarisches Sonnenrad« nenne. Die tatarischen Dörfer strahlen stets etwas Optimistisches aus. Die russischen wirken dunkler und schwerer. Da es hier auf dem Land bis heute kaum Privatbauern gibt – also solche, die nicht in Kolchosen organisiert sind –, fahren wir an langen und großzügig angelegten Feldern vorbei, die nicht unterteilt sind. Riesige Mähdrescher bewegen sich langsam in mehreren Reihen über die Felder und bringen die Getreideernte ein. Der intensive Duft von frisch gemähtem Getreide liegt in der Luft. Wolken von Insekten sirren um die Strohballen, die von den Mähdreschern nach hinten ausgespien werden. Krähen durchsuchen die gemähten Felder nach Würmern und Heuschrecken. Es ist ein wunderbar klarer Augusttag, flirrende Hitze liegt über der Landschaft – ein echter tatarischer Sommer. Ich bin versucht, während der Fahrt ein wenig vor mich hin zu singen, beschließe aber dann, es meinen Mitreisenden doch zu ersparen. Ein paar Mal fahren wir an verfallenen orthodoxen Kirchen vorbei, die bis jetzt noch niemand restauriert oder wenigstens äußerlich halbwegs instand gesetzt hat. Ein trauriger Anblick. Er steht in merkwürdigem Gegensatz zu den makellosen tatarischen Moscheen in dem einen oder anderen Dorf, von deren Spitzen der goldene Halbmond im Sonnenlicht herabglänzt. Unser Ziel ist das kleine Dörflein Bereske, in dem die tatarische Familie Scharipow lebt. Mein russischer Kollege Alexander »Sascha« Schukow, mit dem ich schon rund zehn Jahre zusammenarbeite, hat die Familie für mich ausfindig gemacht und angefragt, ob sie wohl bereit wäre, sich von uns filmen und interviewen zu lassen. Sie haben zugestimmt.

Das Dörflein Bereske ist ein tatarisches Dorf, wie es typischer nicht sein könnte. Kein reiches, aber ein schön herausgeputztes Dorf mit all den tatarischen Insignien, die ich weiter oben beschrieben habe. Genauso sind Hanif und Nindan Scharipow Tataren, wie man sie sich vorstellt. Seit vielen Generationen lebt ihre Familie in Bereske in dem aus massiven Balken ineinander gefügten Haus. Davor ein kleiner Garten und die Banja, die ebenfalls aus massiven Holzbalken gebaute Sauna, die, wie fast überall in Russland, direkt neben dem Wohnhaus steht. So heiß und trocken, wie in Tatarstan die Sommer sind, so kalt werden die Winter. Dann heizen auch die Tataren die Banja gerne an und schleusen am »Banjatag« die gesamte Familie durch. Und natürlich ist das kleine Anwesen von einem hohen, blau und gelb gestrichenen Holzzaun umgeben. Das Prunkstück ist das große Tor mit den »tatarischen Sonnenrädern« darauf. Neben der Vorliebe für die Banja haben die Tataren mit den Russen eine andere Eigenschaft gemein: die Gastfreundschaft. Die beiden Scharipows empfangen uns gleich mit einem üppigen Mahl, bestehend aus der unvermeidlichen Soljanka, den *sakuski*, einer aus Gurken, Tomaten, Wurstscheiben und einer fettreichen Fleischsülze bestehenden Vorspeise. Danach sollen dann Reis und Fleisch folgen und als Abschluss natürlich die diversen Süßigkeiten zu der obligatorischen Tasse Tee. So jedenfalls war es gedacht. Die beiden wollen gar nicht begreifen, dass wir vor allem zum Filmen und Reden, mit anderen Worten, zum Arbeiten gekommen sind. Andererseits: Diese Gastfreundschaft auszuschlagen wäre nichts weniger als eine Beleidigung. Also schließen wir einen Kompromiss, den sie sofort als »typisch deutsch« empfinden, weil ich ihn mit dem einfachen Satz »Erst die Arbeit, dann das Vergnügen« zu erklären versuche. Amüsiert nehmen sie diese »deutsche« Weisheit zur Kenntnis. Wir einigen uns trotzdem darauf, und ich denke während der Dreharbeiten schon mit einem etwas unguten Gefühl an das schwere Essen, das uns danach auf jeden Fall erwartet. Aber wie gesagt, es auszuschlagen wäre eine Beleidigung, die man in Tatarstan wie auch anderswo in Russland niemand antun kann.

Als Erstes machen wir uns mit Hanif auf den Weg zur Moschee. Während wir gemeinsam die Dorfstraße in Richtung des Hügels gehen, auf dem die Moschee steht, wird Hanif immer wieder freundlich gegrüßt. Mit seinen 59 Jahren ist er schon eine Autorität im Dorf und genießt großes Vertrauen. Deshalb haben die Dorfbewohner ihn auch zum stellvertretenden Kolchosvorsitzenden gewählt, der heute allerdings »Genossenschaftsvorsitzender« heißt. Der Posten ist im Wesentlichen der gleiche, denn die Kolchose wurde auch hier einfach in eine Genossenschaft umgewandelt und ist somit »privatisiert«, aber am Grundprinzip hat sich kaum etwas verändert, außer, dass die Genossenschaft jetzt eben auf eine etwas andere Weise »allen« gehört als vorher. Niemand würde ernsthaft daran denken, seine Anteile zu veräußern und sich damit selbst der eigenen Existenz zu berauben. Auf dem Dorf geht man auch in Tatarstan nicht eigene Wege, sondern orientiert sich noch sehr viel mehr an den Zielen der Gemeinschaft, als das in größeren Städten oder gar in der Großstadt Kasan der Fall ist. Auf dem Weg zur vor ein paar Jahren neu erbauten Moschee erzählt Hanif, dass der Moscheebesuch zu Zeiten der Sowjetunion, um es vorsichtig auszudrücken, verpönt war.

Mal ganz abgesehen davon, dass es in ihrem Dorf selbst gar keine Moschee gab. Ihr Bau wurde erst mehrere Jahre nach dem Zusammenbruch der Sowjetunion begonnen. Das ganze Dorf arbeitete daran mit, die Materialien stellte die Genossenschaft, der Staat trug keine Kopeke dazu bei. Nicht, weil die tatarische Republik es nicht wollte, sondern weil zu diesem Zeitpunkt noch kein Geld für solche Dinge übrig war. Den Dorfbewohnern hat das aber, laut Hanif Scharipow, nichts ausgemacht: »Die Moschee, das ist doch unsere Sache, warum sollen wir denn erwarten, dass der Staat sich da beteiligt?« Das sagt er mit einer solchen Selbstverständlichkeit, die mir zwar in Russland oft begegnet ist, von der ich aber trotzdem immer wieder verblüfft bin, gerade wenn ich diese Haltung mit der in Deutschland vergleiche, wo die Anspruchshaltung gegenüber dem Staat enorm ist. Oft denke ich daran, dass uns in Deutschland auch jene positiven Gemeinschaftserlebnisse fehlen, die entstehen, wenn man gemeinsam ein Anliegen in Angriff nimmt und es dann auch mit vereinten Kräften durchführt. Die Moschee jedenfalls ist etwas, worauf die Menschen im Dorf gemeinsam stolz sind. Natürlich ist sie auch Symbol der Wiederauferstehung ihrer tatarischen Geschichte und Tradition, zu der selbstverständlich auch der islamische Glaube gehört. Hanif geht mit seinen Söhnen Lenar und Magomed jeden Freitag in die Moschee. Die Familie findet im islamischen Glauben Halt, obwohl Hanif zu sowjetischen Zeiten daran überhaupt kein Interesse hatte. Die Tataren erleben derzeit mit ihrem Glauben das Gleiche, wie die Russen mit der orthodoxen Kirche und die Burjaten mit dem Buddhismus – eine Wiederauferstehung der Religion und mit ihr die Befriedigung eines neu entstandenen Bedürfnisses nach geistiger und geistlicher Orientierung, das nach so vielen Jahren Kommunismus in den Wirren der neuen Zeit wieder zum Vorschein kommt.

Natürlich stelle ich Hanif die Frage nach der Gefahr eines islamischen Fundamentalismus in Tatarstan. »Das haben wir hier nicht!«, antwortet er. »Warum sollten wir auch? Was würden wir denn dadurch gewinnen? Die Gefahr ist doch viel größer, dass wir dadurch all das wieder verlieren könnten, was wir jetzt endlich etwas sicherer in den Händen haben. Nein, und gäbe es solche Strömungen bei uns im Dorf, es wären genügend Leute da, die das nicht zulassen würden. Ich gehöre auch dazu.« Bei allen Bedürfnissen nach geistiger Orientierung, Hanif sieht die Dinge ganz praktisch: »Trotz aller Schwierigkeit, es geht uns doch besser als zu sowjetischen Zeiten. Keiner von uns ist reich, aber wenn ich mir zum Beispiel ein Auto kaufen will und das Geld dazu beisammen habe, dann kann ich es mir morgen kaufen. Früher musste man ewig darauf warten, sofern man überhaupt eines bekam. Außerdem leben wir materiell heute wirklich etwas besser als vorher. Und vor allem haben wir mehr Freiheit als früher. Nein, bei uns weint kaum einer der alten Zeit nach!« Hanif sagt das ganz ruhig, aber umso überzeugender. War Tatarstan schon zu Zeiten der Sowjetunion weiter entwickelt als andere Regionen, so gehört die Republik heute sicher zu den Gebieten Russlands, in denen bereits Ansätze eines gewissen Wohlstands sichtbar werden – natürlich vor allem dank der Bodenschätze, die Tatarstan heute sehr viel direkter zugute kommen als früher. Das alles zusammen entzieht fundamentalistischen Tendenzen sicher am wirksamsten den Boden. Ein weiterer Faktor: Die Integration der tatarischen Tradition, zu der natürlich auch die tatarische Sprache gehört, die heute wieder an den Schulen gelehrt und in der unterrichtet wird. Selbst die Straßenschilder sind sowohl in russischer als auch tatarischer Sprache beschriftet. Das gleichberechtigte Nebeneinander der beiden Völker gehört zur Normalität. Niemand bräuchte deswegen einen Befreiungskampf vom Zaun zu brechen. Es gibt keinen Anlass dafür. Das wiederum lässt das gefährliche Gift des Nationalismus wirkungslos werden. Das Beispiel Tatarstan ist eine zumindest bis jetzt positive Variante des Umgangs miteinander im Vielvölkerstaat Russland, wenn man hier allerdings auch, im Gegensatz zum Kaukasus, auf eine jahrhundertelange, relativ friedliche Entwicklung des Zusammenlebens zurückblicken kann.

Wie um zu unterstreichen, was Hanif uns vorhin gesagt hat, führt uns sein Sohn Lenar, als wir wieder bei dem kleinen Anwesen der Familie ankommen, sein Auto vor, das in der Tat eine echte Rarirät ist: Es ist eines der ersten »Moskwitsch«-Exemplare aus den fünfziger Jahren, über das sich jedes Automobilmuseum freuen würde. Aber natürlich fährt das gute Stück noch, wenn auch nicht sonderlich schnell. Lenar studiert zwar in Kasan Betriebswirtschaft, aber sein Auto kennt er in- und auswendig, und er wäre sicher auch kein schlechter Kfz-Mechaniker.

Wir sind mit den Dreharbeiten so gut wie fertig, jetzt muss das Versprechen eingelöst werden, ganz egal, ob uns bei 30 Grad Hitze nach einem kräftigen Essen zumute ist oder nicht. Versprochen ist versprochen. Hanifs Frau Nindan wartet schon ungeduldig auf uns. Kaum betreten wir das Haus, nachdem wir an der Tür wie üblich die Schuhe ausgezogen haben, trägt Nindan auf, dass auf dem Tisch schon bald kein Platz mehr ist. Besonders beeindruckend: der auf eine große Platte getürmte Berg Fleischsülze, der bei jedem Schritt auf dem schwingenden Holzboden leicht erzittert. Ja, es ist wirklich eine Delikatesse. Und der Stolz einer jeden tatarischen (und russischen) Hausfrau, davon so viel wie möglich auf den Tisch zu bringen. Und dennoch: Mir ist jetzt einfach nicht danach zumute. Aber wenn ich mir überlege, was ich unter welchen Umständen auf dieser Reise schon alles gegessen habe, dann müsste ich auch das irgendwie hinbekommen. Zugegeben, mein Blick hellt sich auf, als Hanif etwas verschämt eine Wodkaflasche auf den Tisch des islamischen Haushalts bringt. Wenigstens ist der unter diesen Umständen bitter notwendige Verdauungstrunk somit gesichert. Und die Aussicht auf einen eingetrübten Kopf in der Sommerhitze hinterher wohl auch. Der Wodka signalisiert im Übrigen, dass die Gefahr des islamischen Fundamentalismus in diesem Haus tatsächlich nicht unmittelbar virulent ist. Selbstverständlich trinken wir unter kräftigem Verzehr des Berges Fleischsülze, der zu meiner persönlichen Verzweiflung einfach nicht kleiner werden will, auf den Frieden, die Freundschaft sämtlicher Völker untereinander, die Zukunft unserer Kinder und die große Tradition des tatarischen Volkes. Kurz vor der Erwähnung Dschingis Khans findet dieser Teil der Trinksprüche aber doch ein Ende. Schließlich fällt mir doch noch eine Frage ein, sozusagen als Test, wie weit das tatarisch-russische Zusammenleben schon gediehen ist. Wie wäre es denn, wenn Nindans und Hanifs Sohn Lenar eine Russin statt einer Tatarin nach Hause bringen und heiraten würde? Lenar beugt seinen Kopf ganz dicht über die wackelige Fleischsülze auf seinem Teller, Hanif wiegt sorgfältig den Kopf hin und her, schließlich bleibt es Nindan überlassen, die heikle Frage im Namen der Familie zu beantworten: »Also«, sagt sie, »wir sind uns einig, dass es schon eine Tatarin sein sollte. Sie kennt unsere Tradition einfach besser!« Ich blicke hinüber zu Lenar. Doch dessen Kopf bleibt dicht über der immer noch leicht zitternden Fleischsülze. Ob der junge Mann neben seinem (russischen) »Moskwitsch« nicht doch auch in Kasan eine heimliche russische Freundin hat? Aber weder die bebende Fleischsülze auf seinem, noch die Portion auf meinem Teller gibt Antwort. Ihr Anblick erinnert mich daran, dass die Sülze dringend aufgegessen werden muss, wenn das Ganze nicht doch noch in einer Beleidigung der Hausfrau enden soll. Ich nehme den Mund noch einmal ganz voll mit der breiigen Masse, bedecke meinen Teller sofort danach in einer blitzartigen Bewegung mit der Serviette, damit Nindan keine Chance zum Nachlegen hat, platziere sehr bestimmt das Besteck darüber und spüle mit Wodka nach. Das ist geschafft. Danach wird es leichter. Als wir schließlich bei den Süßigkeiten und der Tasse Tee mit einer obenauf schwimmenden Zitronenscheibe angelangt sind, habe ich das sichere Gefühl, eine Schlacht gegen sämtliche asketisch-fundamentalistischen Kräfte dieser Welt gewonnen zu haben. Hitze hin, Sommer her, darauf trinken wir noch einen. Leicht beschwingt und sehr zufrieden verabschieden wir uns schließlich von der reizenden tatarischen Familie Scharipow, nicht ohne dass mein Kollege Frank Aischmann, ein echter Oldtimerfreak, draußen noch einmal anerkennende Bemerkungen über den alten »Moskwitsch« von Lenar fallen lässt.

Unser Ausflug aufs Land hat sich in vielerlei Hinsicht wirklich gelohnt. Tatarstan scheint mir auf dem richtigen Weg zu sein. Ein Eindruck, der sich später auch in Kasan bestätigt, wenn auch mit zwei Einschränkungen: Die tatarische Demokratie ist mit der westlichen nicht unmittelbar zu vergleichen. Der alte Fuchs und Präsident Mintimer Schaimijew herrscht natürlich in höchst autoritärem Stil in seinem frisch renovierten, prächtigen Regierungspalast im Kasaner Kreml. Und natürlich ist er ein populärer Präsident, denn den meisten Tataren gefällt es, dass da einer das Heft in der Hand hat und das auch zeigt. Und genauso natürlich hat er soeben eine dritte Amtszeit zugestanden bekommen, obwohl eigentlich qua Verfassung nur zwei erlaubt sind. Es findet sich aber niemand, der seinen trickreichen Argumenten für so ein Zugeständnis laut widersprechen würde. Warum auch? Bis jetzt hat Schaimijew aus seiner und vieler Tataren Sicht Tatarstan nicht geschadet – im Gegenteil. Selbst der russische Präsident Putin schaut gelegentlich bei Schaimijew vorbei. Sicher einerseits, um dem mächtigen Provinzfürsten, ganz nach russischer Tradition, seine Wertschätzung zu zeigen. Und sicher, ebenfalls ganz nach russischer Tradition, um Schaimijew deutlich zu machen, dass er es besser nicht übertreibt, wenn er sich nicht größeren Ärger einhandeln will. Folterwerkzeuge wie zum Beispiel höchst komplexe zusätzliche Steuer- oder Gebührenerhöhungen gibt es eine ganze Menge. Oder unangenehme Nachforschungen, im Zweifelsfall unterstützt mit geheimdienstlicher Information, über Steuerhinterziehungen aller Art. Irgendwelche Ungereimtheiten lassen sich immer finden. Als letztes Mittel bliebe noch die schleichende oder offene Entmachtung solcher Provinzfürsten. All diese Folterwerkzeuge kann der russische Präsident, Demokratie hin oder her, bei so einem Besuch schon mal vorzeigen. Aber das hiesige Demokratieverständnis ist eben nur der eine Punkt, der meinen positiven Eindruck von Tatarstan trübt. Im Zweifelsfall sind Schaimijew und Putin immer in der Lage, sich in der nachgerade internationalen russisch-tatarischen Sprache der Macht zu unterhalten, die von dem jeweiligen Partner blitzartig verstanden wird. Die zweite Einschränkung betrifft einen kulinarischen Aspekt: Es gibt in Tatarstan entschieden zu viel Fleischsülze.

12.
Alte Liebe Sankt Petersburg

Die Newa blinkt und glitzert in der Morgensonne. Ein Tragflächenboot zieht rasch unter der Dreifaltigkeitsbrücke hindurch, die sich in flachen, sanften Schwüngen über die Newa spannt. Es war die Lieblingsbrücke des letzten russischen Zaren Nikolaus II., die er sehen konnte, wenn er aus dem Winterpalast, der heutigen Eremitage, von den oberen Gemächern über den Fluss blickte. Die goldene Kuppel der Isaakskathedrale funkelt verheißungsvoll aus dem Stadtzentrum zu mir herüber, der ich an der noch kühlen, dicken Mauer der Peter-Paul-Festung lehne. Dort, wo Sankt Petersburg entstand. Dicht neben der Kathedrale sticht die goldene Spitze der Admiralität, des ehemaligen zaristischen Marineministeriums, in den noch leicht geröteten Morgenhimmel. Die schon warmen Sonnenstrahlen haben den weißlichen Schleier des ersten Sommernebels, der den nahenden Herbst ankündigt, bereits fast ganz vertrieben. Ich bin auf dieser spannenden Reise endlich in jener Stadt angelangt, in die ich mich schon ganz zu Beginn meiner Russlandjahre verliebt habe. Wer Sankt Petersburg schon mal besucht hat, und das haben erfreulicherweise in den letzten Jahren immer mehr Touristen getan, vor allem deutsche, wird mich sofort verstehen. Ganz besonders, wenn der Besuch im Juni – wegen der faszinierenden »Weißen Nächte« die beste Reisezeit –, Juli oder August stattfand. Wetterfeste Melancholiker werden Sankt Petersburg auch im Winter genießen, wenn die Newa und die vielen Kanäle des »Venedig des Nordens« zugefroren sind. Ich persönlich liebe sogar die nach allgemeinem Empfinden weniger schönen Übergangszeiten, weil ich es ergreifend finde, wenn die Eisschollen, vom Ladogasee kommend, die Newa hinuntertreiben und sich mit knarrenden Geräuschen übereinander schieben. In den Flussbiegungen stauen sie sich zu bizarren Landschaften auf, die irgendwann ganz erstarren oder sich, im Frühjahr, allmählich wieder auflösen.

Was soll man von Sankt Petersburg und seiner Vergangenheit erzählen? Die wirklich dramatische Geschichte dieser Stadt, die alles durchlebt und die, vor allem, am Ende alles überlebt hat, was sich ein Mensch je vorzustellen vermag, ist mittlerweile in unzähligen Büchern beschrieben. Allein ihre Gründung 1703 in den Sümpfen der Newa durch den ebenso depressiven wie mit Energie geladenen, jähzornig-brutalen wie kreativ-visionären Zaren Peter I., den Großen genannt, hat nach neueren Schätzungen rund 100 000 Menschen das Leben gekostet. Man hätte ihn statt den »Großen« durchaus auch den »Blutigen« nennen können. Und danach? Sankt Petersburg bildete die Kulisse für Hofintrigen und Zarenmorde, große Lieben und tragische Duelle. Einige der faszinierendsten Dichter Russlands hauchten hier ihr Leben aus. Der berühmteste ist natürlich Alexander Sergejewitsch Puschkin, der nach einem Duell am 8. Februar 1837 an einer Kugel des französischen Diplomaten d'Anthes verblutete. Der Kontrahent war Puschkins Ehefrau Natalja Gontscharowa an die Röcke gegangen.

Der dämonische, aber von einem nicht geringen Teil der besseren Petersburger Damenwelt als erotisch sehr anziehend empfundene Pope Rasputin wurde wegen seines verhängnisvollen Einflusses auf die letzte Zarin Alexandra Fjodorowna und dadurch auch auf ihren Mann Nikolai II. ermordet unters Eis der Newa geschoben. Anarchisten und Bolschewisten, karrieresüchtige Gardeoffiziere, verknöcherte Adlige, unfähige, bigotte oder versoffene, halb oder ganz verrückte Zarinnen und Zaren, desillusionierte, aus dem völlig sinnlosen Fleischwolf des Ersten Weltkrieges zurückkehrende Soldaten und bettelarme Proletarier trieben hier die Weltgeschichte, oder wenigstens die Geschichte Russlands, seltsam vereint in jene Sackgasse, die das Land danach beinahe ein ganzes Jahrhundert gekostet hat.

Eins der grausigsten Kapitel haben wir Deutsche zu der Geschichte Sankt Petersburgs, das damals Leningrad hieß, beigetragen. Die Belagerung der Stadt durch die vom deutschen Faschismus vorangetriebene, wenn nicht größtenteils sogar beflügelte Wehrmacht hat, je nach Schätzung, zwischen 600 000 und einer Million Petersburger das Leben gekostet. Wer sich einmal in einem russischen Filmarchiv alte Dokumentarstreifen von der Belagerung angesehen hat, von jenem Danteschen Inferno, das sich damals in dieser Stadt abgespielt hat, den lassen diese Bilder nie mehr los, schon gar nicht, wenn er Deutscher ist.

Was also von der so bewegten Vergangenheit Sankt Petersburgs erzählen? – Vielleicht nur noch eine persönliche Bemerkung dazu. Mir hat von Anfang an der Gedanke gefallen, dass die Bolschewisten, allen voran Lenin und Stalin, diese Stadt nie geliebt, sondern, kaum waren sie an der Macht, diskriminiert und missachtet haben. Schnell zogen sie sich nach Moskau zurück und errichteten sehr bald nach dem »romantischen Frühling« der Revolution ihr finsteres und mörderisches Regime. Sie schlossen mit Gewalt das »Fenster nach Europa«, das Peter I., ebenfalls mit viel Blut und Gewalt, zu öffnen versucht hatte.

Und heute? Heute hält jeder Petersburger viel auf sich, gerade weil er nicht in Moskau wohnt. Und wenn es ihn unglücklicherweise doch dorthin verschlagen haben sollte, weil das Leben, das Geld und das boomende *bisnes* es erforderlich machten, dann sehnt er sich ständig in das ruhigere und, wie er ebenfalls sagen würde, »gebildetere« Sankt Petersburg zurück. Die »nördliche Hauptstadt«, das ist sogar offizieller russischer Sprachgebrauch, hält sich nach wie vor für die Kulturhauptstadt Russlands, und die atemberaubenden Museen wie die Eremitage oder das Russische Museum und das Marinski-Theater liefern eine Menge Argumente dafür. Selbst die vielfältige und nach wie vor höchst lebendige Musik- und Clubszene gibt ihr in dieser Hinsicht Recht. Und doch verbirgt sich hinter diesem Beharren, kultureller Mittelpunkt Russlands zu sein, auch eine Kränkung. Die nämlich, dass die Kultur im heutigen russischen Alltagsleben, äußerst milde ausgedrückt, bestenfalls eine untergeordnete Rolle spielt. Von den beiden Hauptstädten ist Moskau die »Boomtown« der letzten Jahre geworden, mit allen erfreulichen und unerfreulichen Erscheinungen, die das mit sich brachte. Erst die allerjüngste Entwicklung, nämlich die, dass der neue russische Präsident ein waschechter Petersburger ist, gibt wieder Anlass zu der Hoffnung, dass das geliebte »Pieter«, wie es von seinen Bewohnern genannt wird, vielleicht doch bald den Anschluss findet und sich nicht gekränkt ausschließlich auf den Beinamen der »heimlichen« Hauptstadt, der »Kulturhauptstadt« Russlands zurückziehen muss.

Damit komme ich nun endlich zu der Erklärung, warum ich, von meiner sehr persönlichen Liebe zu dieser Stadt mal abgesehen, Sankt Petersburg als eine Reiseetappe ausgewählt habe. Der natürlichste Grund ist der, dass der Weg vom östlichsten Punkt Russlands zum westlichsten, nämlich Kaliningrad, schon allein von der Reiseroute her nur über die zweite Hauptstadt Sankt Petersburg führen kann. Wenn nicht alle Anzeichen trügen, wird »Pieter« auch im politischen Leben unter Präsident Putin wieder eine größere Rolle spielen. Fast alle Schlüsselpositionen im Kabinett und im Kreml hat Putin mit engen und engsten Freunden aus Sankt Petersburg besetzt und hat damit der »Moskauer politischen Mafia«, zumindest bis jetzt, kräftig eins ausgewischt. In den politischen Korridoren der Macht in Moskau geht schon der Scherz um, dass man vor überraschenden Neubesetzungen nun keine Angst mehr haben müsse. Warum? »Weil in Sankt Petersburg keiner mehr übrig ist!« Ausländische Regierungschefs haben den Wettlauf zu Staatsbesuchen nach Petersburg schon angetreten. Der erste Sieger war Tony Blair, der sich mit Frau Cherie und den Putins stolz in der Zarenloge des Marinski-Theaters zeigte. Und das zu einem Zeitpunkt, als Putin noch nicht einmal gewählter Präsident Russlands war. Etwas durchsichtig war dieses Blairsche Manöver schon. Gerhard Schröder hat im Frühjahr 2001 die inzwischen mehr oder weniger regelmäßigen deutsch-russischen Regierungskonsultationen in Petersburg abgehalten und gemeinsam mit Putin den »Petersburger Dialog« ins Leben gerufen. Ein Forum, das in Zukunft häufiger tagen soll und auf dem wichtige Punkte der Beziehungen zwischen Deutschland und Russland zum Teil mehr, zum Teil weniger formell besprochen werden sollen. Bis jetzt besitzt dieses Forum allerdings eher Vorzeigecharakter, als dass es konkrete Ergebnisse erzielt hat. Deutsch muss Putin dazu bekanntlich nicht lernen, denn das spricht er aus seiner Zeit als KGB-Agent in Deutschland ausgezeichnet (und hat das im Herbst 2001 mit seiner Rede im deutschen Bundestag in Berlin auch öffentlich hinreichend demonstriert). Ein weiterer Grund, es ist der vorletzte, für meinen Besuch in Sankt Petersburg während dieser Reise ist, dass ich mir die Ruine des Konstantinow-Palastes anschauen will, den Putin seit ein paar Wochen zu seiner *morskaja residenzija*, seiner Residenz am finnischen Meerbusen, ausbauen lässt. Zum 300-jährigen Gründungsjubiläum von Sankt Petersburg im Jahr 2003 soll er fertig sein und wird ab dann bestimmt Schauplatz vieler Staatsempfänge werden.

Der Weg hinaus zum früheren Konstantinow-Palast, benannt nach einem Sprößling der Zarenfamilie, ist leicht zu finden. Er führt vom Stadtzentrum aus nach Westen, immer am finnischen Meerbusen entlang in Richtung Peterhof. Das ist ein kleiner Ort, benannt nach dem gleichnamigen Palast, den Peter I. als seine Sommerresidenz gründete und der in seinem jetzigen, hervorragend restaurierten Zustand aus meiner Sicht durchaus mit dem französischen Versailles mithalten kann.

Auch mit diesem, fast direkt an der Ostsee liegenden Palast namens Peterhof verbinden sich viele Geschichten, die ich aber nicht alle hier erzählen will, sondern nur auf eines verweise: Ein Besuch in Sankt Petersburg, ohne den »Peterhof« mit seinen weitläufigen Parkanlagen gesehen zu haben, grenzt an ein nicht milde zu bestrafendes Verbrechen. Man kann diese Fahrt übrigens auch vom Ufer vor der Eremitage aus mit einem Tragflächenboot bis direkt an die Landungsbrücke vor dem Peterhof unternehmen, allerdings verpasst man dann ebenjenen Konstantinow-Palast, den ich mir kurz anschauen will, bevor ich mich zurück in Petersburg an der Peter-Paul-Festung mit einem Soldaten treffe, der den letzten und vielleicht wichtigsten Grund darstellt, warum ich Petersburg als Reiseetappe ausgewählt habe.

Den Weg zu dem Örtchen Peterhof per Auto zurückzulegen, lohnt sich. Noch in Petersburg geht es vorbei an zahlreichen kleinen Kanälen und an den, von außen gesehen jedenfalls, recht schmucken Häusern. Hinter den Fassaden verbirgt sich allerdings häufig das Gegenteil. Rund 500 000 der 4,2 Millionen Petersburger leben nämlich noch in so genannten *kommunalki*. Das sind Wohnungen in alten, herrschaftlichen Bürgerhäusern, die nach der Revolution vom kommunistischen Staat beschlagnahmt und unterkunftslosen Familien zugeteilt wurden. Wie immer man dazu steht, die Absicht damals war jedenfalls, die Wohnungsnot zu lindern. Das Drama heute ist, dass immer noch viele Tausend Petersburger Familien, zum Teil mit mehreren Personen in einzelnen Zimmern zusammengepfercht, in solchen Wohnungen hausen. Die Gebäude sind innen meist in erbarmungswürdigem Zustand, manche Heizungen funktionieren nicht oder sehr schlecht. Fünf und mehr Familien teilen sich nach wie vor eine Toilette, eine Küche und ein Badezimmer. Man braucht nicht viel Phantasie, um sich vorzustellen, zu welchen Komplikationen im Zusammenleben das in diesen »Zwangs-WGs« führt, wie mein Radiokollege Frank Aischmann die *kommunalki* zu Recht genannt hat. Ich habe selbst, nicht während dieser Reise, sondern aus einem anderen Anlass zuvor, schon einmal in einer solchen »Zwangs-WG« gedreht. Es war ein Alptraum und ich fühlte mich stark an Maxim Gorkis *Nachtasyl* erinnert. In einer Sieben-Zimmer-Wohnung waren fünf Familien untergebracht. Darunter zwei schwere Alkoholiker. Fast alle waren arbeitslos. Gips bröselte von den fleckigen Wänden. In der kleinen, aber dafür über vier Meter hohen Küche drückten sich dunkle Gestalten herum. Aus der Toilette daneben drang ein fürchterlicher Geruch. Wie ich in diese Wohnung geriet? Ich drehte einen Film über Sankt Petersburger Straßenkinder. Eines der Kinder, ein kleines, zwölfjähriges Mädchen, wollte mir zeigen, warum sie mit ihrer Clique lieber draußen auf den Straßen lebte, als in dieser Wohnung zusammen mit ihrer alkoholkranken Mutter. Ich habe sie sofort verstanden. Die katastrophalen Zustände in den *kommunalki* und die Straßenkinder sind neben der überbordenden Kriminalität in der Stadt die dunkle Seite von Sankt Petersburg. Von der Kriminalität wird der normale Tourist übrigens kaum etwas spüren. Sie spielt sich innerhalb der Mafia ab, in der einzelne Gruppierungen sich teils blutige Machtkämpfe liefern. Einer der heiß umkämpften Punkte ist dabei der Zugriff zum Hafen wegen der per Schiff legal wie illegal eingeführten Güter. Dem nicht allzu glänzend beleumundeten gegenwärtigen Gouverneur Jakowlew ist es bislang nicht gelungen, die Stadt von ihrem florierenden Ruf als Umschlagplatz für Schmuggelware zu befreien. Manch einer munkelt, dass er selbst vielleicht allzu sehr mit gewissen Kreisen verbandelt sei und entsprechende Interessen haben könnte. Richtig nachweisen konnte ihm bislang allerdings niemand etwas.

Wir befinden uns auf dem Weg aus der Stadt heraus und schon bald sieht man, wenn man etwas langsamer fährt, außerhalb der Stadt links und rechts, hinter Bäumen und Büschen verborgen, zahlreiche ebenso verwunschene wie heruntergekommene alte Paläste, die vor der Revolution jenen Adelsfamilien gehörten, denen es beliebte, sich stets in der Nähe der Zaren aufzuhalten. Was man da entlang des Weges sieht, ist die »steinerne Schleimspur des Hofstaats«, wie es einmal ein russischer Fremdenführer mir gegenüber mit einem etwas schiefen Bild auszudrücken versucht hat. Ich habe dennoch verstanden, was er meinte.

Kurz vor dem Örtchen Peterhof geht es rechts in eine bis jetzt noch unscheinbare Einfahrt hinein, und nach ein paar hundert Metern taucht die Ruine eines in der Tat höchst beeindruckenden Palastes auf. Zwei mächtige Seitenflügel und ein hoch aufragender Zentralbau stehen, der Ostsee zugewandt, auf einer kleinen Erhebung. Der im 18. Jahrhundert erbaute Palast besticht durch seine stilistische Einheitlichkeit und ist von späteren Umbauten im Sinne des nicht nur von Kunsthistorikern gefürchteten Stalinschen Empire verschont geblieben. Das mag, wie schon erwähnt, auf Stalins Verachtung Petersburg und seinen historischen Beigaben gegenüber und auf die Abgelegenheit des Palastes zurückzuführen sein. Aber auch die Marine, die zuletzt im Palast hauste, hat es zwar geschafft, ihn innen durch zahlreiche Malereien und einen geradezu verachtungsvollen Umgang mit der historischen Bausubstanz kräftig zu verschandeln; trotzdem ist es auch ihr letztlich nicht gelungen, den Palast bis auf die Grundfesten zu ruinieren. Das ist beachtlich und spricht für das massive Bauwerk. Der Palast hat eine bewegte Geschichte. Zurück geht diese Geschichte auf den Ehrgeiz von Peter dem Großen. Er beschloss im Jahre 1710, einen Palast erbauen zu lassen, der architektonisch und kulturell mit den Palästen des übrigen Europa mithalten können sollte. Um den Palast herum war ein großzügiges Parkensemble geplant. Der Zar verpflichtete europäische Architekten wie den Italiener Bartolomeo Rastrelli, dessen Sohn später den Winterpalast in Sankt Petersburg entscheidend gestalten sollte. Der Palast brannte mehrfach ab, wurde aber immer wieder neu aufgebaut. Ende des 18. Jahrhunderts gelangte er in den Besitz von Konstantin, dem Sohn des Zaren Pawel I. Daher trägt er noch heute den Namen Konstantinow-Palast. Weitgehend zerstört wurde er durch die deutsche Wehrmacht bei der Belagerung von Sankt Petersburg. Notdürftig wieder aufgebaut versank er bald in seinen kläglichen heutigen Zustand. Nun aber soll es besser werden, zumal ihn die UNESCO zum Weltkulturerbe ernannt hat.

Noch habe ich die Gelegenheit, ein wenig durch den verwilderten Park zu streifen, doch das ist nicht mehr lange möglich. Die Verwaltung des russischen Präsidenten und damit auch sein Sicherheitsdienst haben ihn beim Schreiben dieser Zeilen bereits in Beschlag genommen und beaufsichtigen die Bauarbeiten und die Arbeit der Restauratoren. Ich kann mir bei meiner Besichtigung noch nicht recht vorstellen, wie es gelingen soll, den Palast in nur eineinhalb Jahren derartig zu renovieren, dass er zum Empfang hoher Staatsgäste geeignet ist.

Andererseits habe ich zumindest in Moskau zahlreiche Beispiele gesehen, wo binnen kürzester Zeit auch historische Gebäude entweder restauriert oder völlig aus dem Nichts wieder entstanden sind, wenn der starke Arm des Moskauer Bürgermeisters Luschkow oder gar des Präsidenten selbst (und das Geld der freundlich, aber bestimmt gebetenen Sponsoren) es wollte. Zum nicht besonders großen Erstaunen des Publikums verband sich beispielsweise mit der Restaurierung des Moskauer Kreml auch eine handfeste und viele Millionen Dollar schwere Schmiergeldaffäre, die sich auf den Liegenschaftsverwalter des Kreml, also des Präsidenten, und auf die Präsidentenfamilie Jelzin erstreckte. Es wird niemand, der mit Russland ein wenig vertraut ist, wundern, dass die Ermittlungen nicht wirklich klare Ergebnisse zutage brachten. Um es genauer zu sagen, sie verliefen im Sande der Moskwa, die nach wie vor in stoischer Ruhe am Kreml vorbeifließt. Ich denke, es waren einfach zu viel Geld und zu viele zu prominente Persönlichkeiten im Spiel, als dass eine echte Chance auf konkrete Ermittlungsergebnisse bestanden hätte. Etwas unangenehmer als üblich entwickelte sich diese spezielle Affäre für kurze Zeit allerdings doch. Der Liegenschaftsverwalter des Kreml namens Borodin wurde nämlich auf Antrag der Schweizer Staatsanwaltschaft bei einem halb privaten Besuch in New York verhaftet und hatte mehrere Monate lang Gelegenheit, aus dem Fenster des Untersuchungsgefängnisses ausgerechnet auf die berühmte Freiheitsstatue zu blicken. Da amerikanische Untersuchungsgefängnisse im Vergleich zu den russischen einem freundlichen Ferienaufenthalt gleichkommen, hat Herr Borodin auch das überlebt und befindet sich bereits wieder in einer offiziellen Funktion. Er ist Sekretär der Union zwischen Weißrussland und Russland und hat deshalb Gelegenheit, sich häufig mit einem ebenso, nein, mit einem noch unerfreulicheren Zeitgenossen zu treffen – mit Herrn Lukaschenko, dem Präsidenten Weißrusslands, den man mit Fug und Recht als Psychopathen und »letzten Diktator Europas« bezeichnen darf. Trotzdem bin ich, zumindest bis auf weiteres, der Überzeugung, dass Putin bei der Wiederherstellung seiner künftigen »Meeresresidenz« darauf achten wird, dass es zu einer solchen Affäre nicht kommt. Oder jedenfalls, dass sie nicht gar so öffentlich wird.

Während ich so durch den wunderbaren und sich bis zum Ufer der Ostsee erstreckenden Park des Konstantinow-Palastes streife, frage ich den einen oder anderen Spaziergänger, was er oder sie denn davon hält, dass sich Putin hier bald eine Residenz errichten lässt. Zustimmung fand dies bei allen. Tenor: »Das gammelte doch alles ganz schrecklich vor sich hin. Jetzt passiert hier endlich mal was. Außerdem kriegen wir ja dann vielleicht Gelegenheit, den einen oder anderen Staatsgast selbst zu sehen!« Eine ältere Dame fragt mich in diesem Zusammenhang mit großem Ernst, ob es denn sein könne, dass dann auch die eine oder andere ausländische Königin wieder hier vorbeikäme.

»Wissen Sie, ich bin auf meine alten Tage immer noch Monarchistin!« Ich gebe meiner Überzeugung Ausdruck, dass ich mir wirklich nicht vorstellen kann, dass die wichtigen Königinnen der Welt diesen reputierlichen Palast, so er denn fertig wird, bei einem Besuch in Sankt Petersburg werden auslassen können. Die Dame lächelt mich dankbar an. Dann schaue ich auf die Uhr. Ich muss zurück zur Peter-Paul-Festung. Denn dort bin ich mit Alexei Vitoll verabredet. Ein Mann, der gerade seinen dritten Kriegseinsatz hinter sich hat. Den Einsatz in Tschetschenien.

13.
Heimkehr aus Tschetschenien

Alexei Vitoll, 34 Jahre alt, ist ein Offizier, wie man sich einen beispielhaften jungen Offizier, egal in welcher Armee, vorstellt. Gekleidet in seine grüne Arbeitsuniform, frisch geputzte und auf Hochglanz polierte Schnürstiefel, das Barett mit dem Wappen seiner Kompanie über dem kurz geschnittenen braunen Haar korrekt in die Stirn gezogen, so kommt er geraden Schrittes auf mich zu. Sein Händedruck ist kräftig, er lächelt, aber auch das ebenso freundlich wie korrekt. Keine Frage, Alexei Vitoll, Dienstgrad Major, ist ein vorbildliches Exemplar seiner Zunft. Vielleicht, so hoffe ich, gibt es bei diesem korrekten Soldaten aber doch noch eine weniger förmliche Seite, die es mir ermöglicht, etwas persönlicher an ihn heranzukommen. Wir setzen uns auf eine Bank am Newa-Ufer. Nebenan der kleine Sandstrand vor den klobigen Mauern der Peter-Paul-Festung. Dies ist ein beliebter Treffpunkt der Petersburger. Ich habe bewusst diesen Ort zur Verabredung ausgewählt, weil ich eine informelle Umgebung für unser Gespräch wollte. Und weil ich mir erhoffe, dass wir beide außerhalb der Kaserne im Freien etwas offener miteinander reden können, als das mitten unter seinen Kompaniekameraden oder in einem separaten Sprechzimmer möglich wäre. Immerhin, er ist wenigstens gekommen. Eingefädelt hat diesen Kontakt Igor Maximenko, ein Petersburger Journalistenkollege, mit dem wir im Moskauer ARD-Büro schon lange zusammenarbeiten. Er hat mit Alexei für das Petersburger Fernsehen in Tschetschenien gedreht und ihn einige Tage bei seinem Dienst dort begleitet. Ich kenne den jungen Offizier also schon von dem Filmmaterial und aus Igors Erzählungen. Igor hat ihn richtig beschrieben. Alexei strömt neben aller Korrektheit auch eine gewisse persönliche Wärme aus. Auf meine Bitte erzählt er mir von seinem Dienst in Tschetschenien. Er gehört zu einer Elitetruppe des Innenministeriums, zu den so genannten OMON, die neben der Armee und den Truppen des Geheimdienstes FSB in Tschetschenien eingesetzt werden. Die Einsatzzeit beträgt immer drei Monate, danach dürfen die Männer wieder für eine gewisse Zeit nach Hause. Wenn die Ablösung nicht klappt, dauert es länger. Alexei hat Glück gehabt, verletzt wurde er in Tschtschenien bislang nicht. Dreimal war er eingesetzt, die Dienstzeit dauerte jedes Mal ziemlich genau drei Monate. Danach wartete auf dem Bahnsteig im Bahnhof von Sankt Petersburg jedes Mal seine junge Frau Anja auf den Zug mit den Tschetschenien-Heimkehrern. Größere Kontingente werden mit einer dafür abgestellten Blaskapelle empfangen. Mein Kollege Igor filmte seine letzte Rückkehr. Er dokumentierte, wie Alexei aus dem Zug stieg und Anja auf ihn zustürzte, als sie ihn entdeckte. Minutenlang hielten sie einander fest umschlungen. Anja konnte ihre Lippen nicht von den seinen lösen. Es war anrührend, die beiden jungen Leute zu beobachten, wie sie einander wieder allmählich ins Leben zurückriefen. Danach gingen sie beide langsam, die Arme umeinander gelegt, in Richtung Ausgang des Bahnhofs. Alexeis unförmiger und voll gepackter Tornister störte immer wieder bei den Umarmungen. Sehnsucht nach Leben, das signalisierten sie. Denn Alexei kam aus dem Krieg. Wie denn dieses Gefühl gewesen sei, als er aus dem Zugwaggon ausstieg und Anja, sie ist ebenfalls bei den Truppen des Innenministeriums angestellt, nach drei Monaten in Tschetschenien wiedersah, frage ich ihn. »Es war wie ein Schock«, sagt Alexei. »Ich habe es in dem Moment gar nicht richtig begriffen, dass das wirklich passiert. Dass ich zurück bin und sie da ist. Es war wie ein Schock.« Ich schaue mir Alexei noch ein wenig genauer an. Er ist ein sympathischer Mann. Aus seinen hellen blauen Augen erstrahlt ein klarer Blick. Als ich mir seine leicht verschossene Uniform etwas näher betrachte, stelle ich fest, dass es gar nicht so einfach ist, sie korrekt in Form zu halten. An vielen kleinen Stellen ist der wohl auch vom vielfachen Waschen dünn gewordene Stoff aufgebrochen und mit zahlreichen kleinen Stichen wieder zusammengenäht. Meistens hat Alexei einen grünen Faden dazu verwendet, er hat aber wohl nicht immer einen gefunden. Gelegentlich kommt ein weißer oder brauner zum Vorschein. Die Stiefel sind bei genauerem Hinsehen zwar immer noch sauber geputzt und gewienert, aber auch schon ziemlich ausgetreten und wirken zwei Nummern zu groß. Dennoch, in der Kombination, in der Alexei all das zusammen trägt, macht es für die russische Armee immer noch einen relativ korrekten Eindruck. Nein, leicht hätten sie es nicht gerade und man wünschte sich natürlich eine bessere Ausstattung und mehr Sold, aber es gehe gerade so. Grund zu klagen habe er nicht, meint Alexei. Wieder eine korrekte Antwort, aber eben auch eine, in der schon durchscheint, dass er durchaus persönlich betroffen ist und spürt, was ich meine. Trotzdem, ich bin noch nicht dort, wo ich hin will. Ich probiere es andersherum. Ich erzähle ihm, dass ich sowohl aus dem ersten, als auch aus dem zweiten

Tschetschenienkrieg für das deutsche Fernsehen berichtet habe und aus eigenem, gelegentlich etwas riskantem Erleben zu wissen glaube, was dort in Wirklichkeit vor sich geht. Er schaut mich interessiert an. Er hat unter anderem an dem völlig zerstörten und wegen der harten Kämpfe in beiden Kriegen gefürchteten Minutkaplatz im Zentrum der tschetschenischen Hauptstadt Grosny an einem Kontrollposten Dienst getan. Ich beschreibe ihm die Örtlichkeiten genau, woran er bemerkt, dass ich den Minutkaplatz auch in seinem letzten Zustand kenne, nämlich durch die russischen Raketenwerfer und Bomben völlig zerstört. Es ist nach wie vor eine meiner deprimierendsten Erinnerungen, denn ich habe das Stadtzentrum von Grosny noch vor dem ersten Krieg gesehen, als es zwar schon heruntergekommen, aber insgesamt noch intakt war. Die Erinnerung daran kommt mir heute wie eine ferne, längst nicht mehr reale Vision vor.

Ja, natürlich habe er die Bilder des zerstörten Grosny im Kopf, sagt Alexei. »Und«, frage ich, »wie wirkt diese Umgebung auf Sie, wenn Sie dort Dienst tun? Bringt Sie das nicht ins Nachdenken darüber, dass man mit Methoden aus dem Zweiten Weltkrieg keine komplizierten politischen und ethnischen Probleme lösen kann?« »Doch«, antwortet er, »natürlich denke ich darüber nach. Aber was bleibt uns denn übrig? Was sollen wir denn sonst tun, wenn die mit schweren Waffen gegen uns vorgehen? Unsere Aufgabe ist es, für Ordnung zu sorgen und gegen Banditen und Terroristen zu kämpfen. Das ist unsere Aufgabe. Ich bin Soldat. Diese Aufgabe habe ich zu erfüllen. Und das mache ich dann eben.« Also wieder kein Durchkommen. Von Igor, der ihn ja ein paar Tage in Tschetschenien begleitet hat, weiß ich, dass Alexei seinem Eindruck nach nicht zu den ganz harten Burschen, den Killern und Plünderern gehört. Also versuche ich es noch einmal anders und erzähle ihm, was ich von Augenzeugen weiß. Ich erzähle, wie ich mich während der ersten Kriegsmonate des zweiten Tschetschenienkrieges im Dezember 1999 in einem Auto an den russischen Posten vorbei hinein ins Kriegsgebiet habe schmuggeln lassen, um bis in das tschetschenische Dorf Alchan-Jurt vorzudringen, das von der russischen Artillerie und russischen Panzern beschossen wurde, ohne dass die Zivilbevölkerung eine Möglichkeit bekam, das Dorf vorher zu verlassen. Das haben mir die Dorfbewohner bei den heimlichen Dreharbeiten dort sehr detailliert vor laufender Kamera erzählt. Die zerstörten Wohnhäuser konnte ich mit eigenen Augen sehen, die Kamera hat sie festgehalten. Oder später die Aussagen von verletzten Frauen, die ich in einem Krankenhaus von Inguschetien, der Nachbarrepublik von Tschetschenien, interviewt habe. Sie waren aus Tschetschenien geflohen und erzählten bis ins Detail, wie sie selbst sahen, dass andere Frauen von russischen Soldaten ermordet wurden. Eine von ihnen hat nur überlebt, weil sie sich tot stellte, nachdem sie angeschossen wurde. »Wenn so etwas passiert, dann muss es selbstverständlich verfolgt werden«, meint Alexei ruhig.

Aber wenn es das nicht wird? Oder wenn es in der Weise verfolgt wird, wie in dem bislang einzigen halbwegs öffentlichen Prozess gegen einen bekannten russischen Offizier, der eine achtzehnjährige Tschetschenin zuerst vergewaltigt und dann erwürgt haben soll, der einfach kein Ende findet? Aus der Sicht der vor Gericht klagenden tschetschenischen Eltern fällt die Vergewaltigung plötzlich unter den Tisch, die Ermordung verwandelt sich in eine Art Notwehr, da die Frau, so behauptet der Offizier, eine Heckenschützin gewesen sei. Oder wenn der Offizier selbst nach dem Anlaufen des Prozesses erst mal einer ausführlichen psychiatrischen Untersuchung unterworfen wird, die die Verhandlung um Monate verschleppt? Und wenn zu all dem vor dem Gerichtsgebäude eine Fraktion der russischen Faschisten von der Partei der Russischen Nationalen Einheit RNE üble rassistische Demonstrationen und Hetzreden halten kann? Sagt das alles zusammen nicht aus, dass hier mit zweierlei Maß gemessen wird?

»Laufende Verfahren möchte ich nicht kommentieren!«, reagiert Andrei. Nein, ich komme einfach nicht an ihn heran, denke ich mir und schaue hinaus auf die glitzernde Newa und die Eremitage am gegenüberliegenden Ufer. Dort geht das Leben einfach weiter. Die voll besetzte Straßenbahn fährt holpernd über die Brücke und biegt vor dem Marsfeld, dem früheren zaristischen Exerzierplatz, nach rechts ab.

Schon vor 150 Jahren haben die russischen Zaren versucht, den Kaukasus und Tschetschenien zu »befrieden«. Damals errichteten sie jenes große Fort Grosny, auf Deutsch »das Schreckliche«. Der russische General Jermolow versuchte mit beispielloser Grausamkeit und einer Politik der verbrannten Erde, den Kaukasus und die Tschetschenen zu unterwerfen. Es ist letztlich nicht auf Dauer gelungen. Der große Schriftsteller Lew Tolstoi beschreibt in seiner Erzählung *Hadschi-Murat* diesen blutigen Konflikt so lebendig, dass man manche Stellen aus der Erzählung, sprachlich und begrifflich etwas modernisiert, wie eine aktuelle Kriegsbeschreibung lesen könnte. Der Konflikt zwischen Russen und Tschetschenen ist eine lange und blutige Geschichte. Wirklich gelöst wurde er nie. Und wirklich gelernt scheinen die Russen bis heute daraus nichts zu haben. Ein paar Jahrzehnte war relative Ruhe, als Stalin einen großen Teil der tschetschenischen Bevölkerung nach Zentralasien deportieren ließ, angeblich wegen drohender Kollaboration mit der auf den Kaukasus zu rückenden deutschen Wehrmacht. Bis zu 200 000 Tschetschenen kamen bei den Transporten in den Viehwaggons und nach dem Absetzen in der freien, eisigen Steppe Zentralasiens um. Aber auch diese unmenschliche, den Charakter eines gezielten Genozids tragende Aktion, hat auf Dauer diesen Konflikt nicht beruhigt. Gewiss ist es schwierig, dafür eine Lösung zu finden. Zumal es natürlich radikale und von Extremisten von außen geförderte islamistische und nationalistische Gruppen gibt, mit denen wirklich nicht zu verhandeln ist. Der Tschetschene Schamil Bassajew ist einer von ihnen. Oder der Jordanier Chattab, der wegen seiner beispiellosen Brutalität und Mordlust im Kaukasus traurige Berühmtheit erlangt hat. Das ist alles richtig. Dennoch muss eine politische Lösung gefunden werden und eine militärische Methode, die der Genfer Konvention zum Schutz der Zivilbevölkerung ausreichend Rechnung trägt. Denn diese gilt natürlich auch für Russland.

Ich habe mich in zwei ausführlichen Interviews mit dem russischen Präsidenten Putin darüber unterhalten können. Nach dem zweiten, rund 45 Minuten langen Interview – es fand bereits nach dieser Reise quer durch Russland statt – hatte ich auf seine Einladung hin Gelegenheit, mit ihm und seiner Frau Ludmilla in der Residenz des Präsidenten in Sotschi am Schwarzen Meer noch eine Zeit lang zusammenzusitzen. In diesem zusätzlichen Gespräch, das ohne Kamera stattfand, betonte er, dass es mit dem tschetschenischen Präsidenten Maschadow durchaus Kontakte gegeben habe. Aus Putins Sicht aber sei er politisch und militärisch zu schwach, um überhaupt eine tragende Rolle als Verhandlungspartner spielen zu können. Dem muss man natürlich entgegenhalten, dass zu dieser Schwächung die Russen sehr entscheidend beigetragen haben und jetzt selbst wieder einmal in die kaukasische Falle geraten sind: Militärisch finden sie schon über zwei Jahre keine Lösung, und politisch lässt sich wegen fehlender oder zu schwacher

Verhandlungspartner ebenfalls nichts bewegen. Eine Situation, unter der vor allem eine Gruppe leidet – die tschetschenische Bevölkerung in der zerstörten Provinz. Aber auch jene, die unter den teilweise furchtbaren und auf Dauer menschenunwürdigen Bedingungen der Flüchtlingslager in den angrenzenden Gebieten leben. Aber derzeit scheinen sich alle darauf geeinigt zu haben, das Leid der Menschen dort für nicht bedeutend zu halten. Russische Politiker ebenso wie der Rest der Welt.

Bei einer Frage komme ich an Alexei überraschenderweise dann doch noch etwas näher heran. Es geschieht, als ich seine Arbeit am Kontrollposten anspreche. So gut wie jeder Tschetschene am oder im Kriegsgebiet erzählt, dass die russischen Posten Wegzoll für das Durchlassen der Personen nehmen, die den Kontrollposten passieren wollen. Man kann es auch anders ausdrücken: Diese Soldaten rauben die Bevölkerung auf etwas elegantere Weise aus als jene, die sich direkt auf Raubzüge begeben und plündern. »Ja, dass manche Posten« Geld nehmen, stimmt«, sagt Alexei Vitoll, Major der OMON. »Ich bedaure das. Es ist eine Schande für uns und wir müssen das abstellen!«

Als hätten sie sich abgesprochen, hat mir das der russische Präsident Putin in dem Gespräch nach dem Interview ebenfalls zugestanden, als ich ihn fragte, ob er denn von diesen Dingen wisse. »Ja, ich weiß davon und wir müssen dagegen vorgehen!«, meinte er. Das Dumme ist nur, dass nichts in der Richtung geschieht. In die Presse dringen dergleichen Machenschaften nicht mehr, weil Tschetschenien inzwischen hermetisch für Journalisten abgeriegelt ist. Was dort wirklich vor sich geht, lässt sich außerhalb der offiziellen Kanäle und, wegen des gesunkenen Interesses auch der internationalen Öffentlichkeit, praktisch nicht feststellen. Etwas hilflos sitzen Alexei und ich inzwischen nebeneinander auf der Bank am Newa-Ufer, während neben uns auf dem kleinen Sandstrand der Peter-Paul-Festung Kinder Ball spielen und Sandburgen bauen. Auf dem Fluss zieht wieder ein Tragflächenboot vorbei und nimmt Kurs auf die Anlegestelle an der Eremitage. Nein, ich kann wirklich nicht sagen, dass Alexei mir unsympathisch ist. Er hat in allem überlegt und aus seiner Sicht logisch und konsistent geantwortet. Vielleicht so, wie es ein deutscher oder britischer, ein französischer oder amerikanischer Offizier in der gleichen Lage ebenfalls täte. Und doch kämpft er für eine meiner Meinung nach falsche Sache: die Eroberung Tschetscheniens auf Kosten der Zivilbevölkerung. Und das verweist wiederum auf die Unfähigkeit oder den Unwillen der russischen Führung, einen Lösungsweg zu finden, der einer zivilen europäischen Gesellschaft würdig ist. Diese Schritte müssen erst noch gemacht werden auf dem Weg nach Europa.

Alexei und ich drücken uns beim Aufstehen von der Bank die Hände. Nun geht er zum Dienst zurück und trifft am Abend Anja. Jene hübsche junge Frau, die ihn auf dem Bahnhof bei seiner Rückkehr aus Tschetschenien kaum aus ihren Armen lassen konnte. Ach ja, nach seiner Angst gefragt, hatte er noch gesagt: »Die Angst kommt immer erst hinterher, wenn du das Ereignis, die militärische Auseinandersetzung, den Feuerüberfall längst hinter dir hast.« Vielleicht jetzt, an diesem schönen Sommertag, der heute am frühen Morgen durch den sich rasch auflösenden Nebel schon den nahenden Herbst ankündigte? Alexei geht gemächlich am Ufer entlang, als er sich von mir entfernt. Langsamer als vorher, und mir scheint, dass sein Schritt etwas von seiner Forschheit verloren hat. Aber vielleicht ist das nur ein Gefühl. Ein Gefühl von mir, nicht von ihm. Oder empfindet er das Gleiche? Das Tragflächenboot am Ufer gegenüber hat Touristen aufgenommen, legt ab und nimmt Kurs auf den Finnischen Meerbusen. Alexei ist schon hinter der nächsten Flussbiegung verschwunden, als die ersten langen, von dem Boot ausgelösten Grundwellen vor meiner Bank ans Ufer klatschen. Ich bleibe noch eine Weile sitzen und gehe später langsam in mein Hotel zurück, während drüben die goldene Kuppel der Isaakskathedrale im weichen Nachmittagslicht allmählich ihren funkelnden Glanz verliert.

14.

Schmuggler, Bernstein und eine versinkende Flotte

Russland fliegend verlassen und trotzdem nach Russland fliegen – geht das? Natürlich geht das. Das heißt, es geht natürlich nur dann, wenn das Flugzeug abhebt. Und das tut es nur, wenn nichts dazwischenkommt. Das kann aber schon mal passieren. Wie jetzt gerade auf dem Flughafen Pulkowo von Sankt Petersburg. Unsere kleine AN 24, diesmal sogar in der Version, für die wir vor Monaten den Vertrag unterschrieben hatten, ist beladen mit unseren eineinhalb Tonnen Gepäck, nur die breite Heckklappe ist noch nicht geschlossen. Unser Pilot kommt aus der Kanzel zu uns nach draußen. »Ihr braucht noch nicht einzusteigen, wir können sowieso nicht starten!« Wieder einmal bekomme ich einen Schreck. Ausgerechnet vor der letzten Etappe, dem letzten »Sprung« in Richtung Russlands westlichstem Punkt, der russischen Enklave Kaliningrad, dem früheren Königsberg. »Wieso, was ist los?!«, frage ich ziemlich ungeduldig. »Der Flughafen ist gesperrt. Es darf keiner starten und landen außer dem russischen Präsidenten. Und der ist im Anflug. Also müssen wir warten, bis er gelandet, ausgestiegen und weggefahren ist. Und das kann dauern!«. Der Pilot sieht das ganz locker, denn er weiß, dass sich da sowieso nichts machen lässt. Präsident ist Präsident. Da steht alles still. Dafür sorgt schon sein Sicherheitsdienst. Den kenne ich allerdings. Das sind die Jungs von der ganz harten Sorte. Mit denen ist nicht nur nicht zu verhandeln, mit denen ist nicht einmal zu reden. Die schauen geradewegs durch einen hindurch. Und sollten sie auch nur den leisesten Ansatz von Widerrede oder gar Widerstand zu spüren glauben, wünscht man sich ganz schnell, am besten gar nicht da zu sein. »Ob wir heute überhaupt noch fliegen, kann ich nicht garantieren. Die Überflug-Genehmigungen von Estland und Litauen sind stark reglementiert. Wer zu den angegebenen Zeiten nicht kommt, muss sie neu beantragen. Bei uns Russen schauen die ganz besonders drauf«, sagt er mit einem etwas schiefen Grinsen. Er will damit sagen, dass die Russen weder in dem einen noch in dem anderen Land besonders beliebt sind, um es milde auszudrücken. Kein Wunder, sind diese Länder durch ihre erzwungene Mitgliedschaft in der ruhmreichen Sowjetunion auf die Russen heute doch eher schlecht zu sprechen. Es sieht also nicht gut aus. Aber einmal musste es uns ja treffen. Und wenn es kurz vor Schluss ist.

Draußen vor dem Flugzeug haben wir Begleitung bekommen. Ein junger Mann vom Sicherheitsdienst hat sich zu uns gesellt und hat ein Auge auf uns. Das Überraschende ist: er ist sehr freundlich und richtig nett. Mein Kollege Frank Aischmann, der neben seiner Vorliebe für russische und sowjetische Oldtimer und Raketen auch eine für alte Flugzeuge pflegt, verwickelt ihn sofort in ein Gespräch über die verschiedenen Flugzeugtypen, die vom Präsidenten heute und die von den kommunistischen Parteichefs und Generalsekretären früher genutzt wurden. Bei dieser Gelegenheit erfährt er auch, wie die Piloten und Fluglotsen die verschiedenen russischen Flugzeugtypen benennen, um die komplizierten technischen Bezeichungen nicht dauernd durchsagen zu müssen. Die Iljuschin 86 heißt »Aubergine«, die Iljuschin 62 ist »Fantomas«, die Tupolew 154 nennt sich »Aurora«, und die kleine, kompakte Jak 40 läuft im Funkverkehr unter »Fliege«. Also wieder etwas gelernt. Und noch etwas erfahren wir: Etwa 45 Minuten vor dem Präsidenten landet üblicherweise eine Maschine des Sicherheitsdienstes, von deren Personal nochmals alles sicherheitstechnisch überprüft wird, zusätzlich zu den vorangegangenen Vorkehrungen der örtlichen »Organe«. Erst dann fliegt die Präsidentenmaschine ein. Warum der Präsident ausgerechnet heute nach Sankt Petersburg kommt? Es ist nur eine Zwischenstation für ihn. Er will weiter in die nördliche Provinz Karelien, um dort auf der Präsidentendatscha seinen Sommerurlaub zu verbringen. Als Journalist denke ich mir natürlich sofort: Gut so, dann kann er in Moskau nichts Überraschendes anstellen, was den allerletzten Abschnitt meiner Reise gefährden würde. Andererseits: Gerade dadurch, dass er ausgerechnet heute kommt, gefährdet er zumindest unseren Abflug. Und von dem Flugzeug des Sicherheitsdienstes ist am Himmel noch nichts zu sehen. Wir stehen noch eine halbe Stunde neben unserer Antonow 24 (deren Spitznamen Kollege Aischmann nicht in Erfahrung gebracht hat!), als plötzlich der Pilot hastig aus der Kanzel heraus auf uns zukommt: »Schnell, alles einsteigen, wir können sofort abfliegen!« Hals über Kopf stürzen wir über die geöffnete Heckklappe ins Flugzeug, kaum ist sie hochgekurbelt – ganz recht, das geschieht noch von Hand –, werden die Motoren der beiden Propeller angelassen und weitere fünf Minuten später rollen wir schon ans obere Ende der Startbahn. Des Rätsels Lösung erfahren wir aus der Pilotenkanzel. Der Präsident hat wohl noch zu tun und fliegt erst sehr viel später in Sankt Petersburg ein. Danke, Herr Präsident! Jetzt wünsche sogar ich Ihnen einen angenehmen und ruhigen Sommerurlaub, zumal Karelien mit zu den landschaftlich schönsten Provinzen Russlands gehört: Tiefe Wälder, ruhige Seen und Flüsse, noch bewohnte, aber auch viele verfallende Dörfer. Über allem die Ruhe des Nordens, wo die Uhren zumindest erheblich langsamer gehen als in Moskau oder Petersburg.

Es ist also möglich: Aus Russland wegzufliegen, um wieder in Russland zu landen. Aber – abgesehen von den russischen Inseln im nördlichen Eismeer oder im Pazifik – möglich ist das nur in Bezug auf Kaliningrad. Die Vorgeschichte Kaliningrads ist in Deutschland zumindest bei der älteren Generation nur zu bekannt. Das frühere Königsberg war bis zum Ende des Zweiten Weltkriegs die Hauptstadt der deutschen Provinz Ostpreußen. Zu 90 Prozent wurde Königsberg im Zuge der Kriegshandlungen und der Besetzung durch die Sowjetarmee zerstört. Ostpreußen wurde nach dem Krieg aufgeteilt: Zwei Drittel gingen an Polen, das Gebiet um Königsberg samt Königsberg selbst an die Sowjetunion. 1946 erhielt die Stadt den Namen Kaliningrad, benannt nach dem willfährigen Steigbügelhalter Stalins. Mit Russland selbst besitzt das Kaliningrader Gebiet keine gemeinsame Grenze. Es ist von Polen und Litauen umgeben und natürlich von der Ostsee. Von den grauenvollen Flüchtlingsdramen gegen Kriegsende und von der Zwangsaussiedlung der deutschen Bevölkerung soll hier nicht die Rede sein. Sie sind bekannt und haben bei den Betroffenen viele Jahrzehnte lang tiefe Narben hinterlassen. Flucht und Vertreibung sind immer schrecklich, egal, wen es trifft. Auch wenn wir nie vergessen sollten, dass dem im Fall von Ostpreußen der vom unsäglichen »Tausendjährigen Reich« des deutschen Faschismus angezettelte Krieg und die gezielte, millionenfache Vernichtung »slawischen Untermenschentums« vorausging. Es ist vielen Deutschen selbst im Laufe von Jahrzehnten nach dem Krieg nicht leicht gefallen, diesen Zusammenhang zu sehen. Andere wollten ihn einfach nicht sehen. Heute scheint es mir, dass die Zeit doch viele Wunden wenn nicht vollständig heilen, so doch vernarben lassen konnte. Das gilt im Übrigen für beide Seiten und wir sollten dies als Chance nutzen.

Nach drei Stunden Flug landen wir auf dem kleinen Flughafen von Kaliningrad. Der Kopf brummt noch etwas nach von dem lauten Dröhnen der Motoren, doch kaum ist die Heckklappe heruntergekurbelt, dringt angenehm feuchte Ostseeluft in unsere Antonow. Endlich wieder am Meer, wo unsere Reise vor drei Wochen begonnen hat! Allerdings war es ein ganz anderes Meer dort, gegenüber von Alaska, und es war damals, so lange scheint es mir schon zurückzuliegen, erheblich kühler. »Dreißig Grad hatten wir heute Mittag«, erzählt uns der Zollbeamte, der zusammen mit zwei Kollegen ans Flugzeug tritt. Ein heißer Sommertag im Kaliningrader Gebiet also und ich freue mich schon auf das Bad in der Ostsee, zu dem wir hoffentlich trotz der Arbeit auch noch kommen werden. Das Flugzeug ist schnell entladen, da wir inzwischen schon eine so große Routine im Be- und Entladen entwickelt haben, dass jeder nahezu blind weiß, mit welchem Handgriff welches Gepäckstück auf welchen kleinen Laster muss, um es je nach Bedarf möglichst schnell wieder zu finden. Der russische Zoll ist ebenfalls friedlich, da wir wieder einmal unseren russischen Kollegen Sascha Schukow vorausgeschickt haben, der die Beamten auf unser Kommen »vorbereitet« hat. Und schon rumpeln wir mit den beiden kleinen Lastern und dem Minibus, den Sascha vorher organisiert hat,

Richtung Stadt. Vorbei an kleinen idyllischen Dörfern, satten Wiesen und zauberhaften Baumalleen, die die Landstraße säumen. Das soll Russland sein? Nein, das ist es natürlich nicht. Überall ist die ganz andere Geschichte Königsbergs und seiner Umgebung immer noch zu sehen und zu spüren. Der Baustil der Häuser hat nichts, aber auch gar nichts mit Russland zu tun. Er ist noch immer fast durchgehend »deutsch«. Kaum Holzhäuser, schon gar keine russischen, viele Gebäude ähneln eher deutschen Bauernhöfen. In manchen Dörfern, die wir passieren, ist sogar noch die kleine Kirche erhalten, wenn auch ziemlich heruntergekommen. Bei einigen prägt die – allerdings reichlich mitgenommene – Kirchturmspitze wie vor 50 und mehr Jahren die Silhouette der Landschaft. Wir passieren am Straßenrand sowjetische Kriegerdenkmäler in ihrem bekannt protzig-trotzigen Stil mit ihren wild entschlossen blickenden Sowjetsoldaten, die irgendwie unpassend in der lieblichen, saftig-grünen Landschaft herumstehen. Der überall sichtbare Verfall und die sanfte Milde dieses Landstrichs verleihen allem eine eher melancholische Atmosphäre. Nicht anders ist es in der Stadt Kaliningrad selbst. »Deutsche« Häuserzeilen säumen die in die Stadt führenden Straßen, die größtenteils einen neuen Asphalt gut gebrauchen könnten. Immer wieder holpern wir über längere kopfsteingepflasterte Strecken, bestimmt noch aus Kriegs- oder gar Vorkriegszeiten, die unseren Minibus kräftig durchrütteln.

Im Zentrum steht er schließlich vor uns, der berühmte Dom von Königsberg. Mithilfe der deutschen »ZEIT Stiftung« und dem sehr persönlichen Engagement der Herausgeberin der Wochenzeitung *Die Zeit*, Marion Gräfin Dönhoff, wurde er mit einem schmucken neuen Dach und einer neuen Turmspitze versehen. Einer der berühmtesten deutschen Philosophen, Immanuel Kant, hat in Königsberg gewirkt und ist hier begraben. Dem Dom gegenüber steht immer noch dunkel drohend der grauenvolle Betonklotz des *dom sowetow*, des »Hauses der Sowjets«. Wer immer dieses Gebäude entworfen und seine bauliche Umsetzung verbrochen hat, sollte mit lebenslangem Dauerbesuch sämtlicher Architekturmuseen dieser Welt bestraft werden. Das »Haus der Sowjets« wurde nie fertig gestellt, und es verdient nur ein einziges Schicksal: die umgehende Sprengung. Aber weder die Stadt noch ausländische Investoren wollten selbst für die Sprengung auch nur eine Kopeke einsetzen. Und so steht es immer noch Furcht erregend im Stadtzentrum und beschreibt die tragische Geschichte Königsbergs ein weiteres Mal. »Unsere Leute«, sagt mir ein russischer Kollege betroffen, »kriegen ja doch irgendwie alles kaputt. Selbst diese eigentlich schöne Stadt haben sie ruiniert. Aber dieses Ding da ist so gebaut, dass man es wohl nie mehr kaputtkriegt. Und das ist das Kaputteste!« Wie auch immer, es ist wirklich schade um diese niedergehende Stadt, die auch der eigenen Bevölkerung keine Perspektive oder wenigstens ausreichend Arbeit und Brot geben kann. Der Gouverneur des »Kaliningrader Gebiets«, der erst vor wenigen Wochen abgewählt und durch einen neuen, einen ehemaligen Marineadmiral, ersetzt wurde, stand zu Recht in dem Ruf, mehr ein brutaler *mafiosnik* als ein ordentlicher Gouverneur zu sein, der zum Ruin Kaliningrads seinen Teil beigetragen hat. Niedergang, das ist zumindest derzeit das zutreffendste Stichwort. Draußen im Ostseehafen vor Kaliningrad liegt die vor sich hin rostende »Baltische Flotte« Russlands. Von den Moskauer Militärs wird sie als »strategisch wichtige Waffe« und als »Vorposten Russlands im Westen« gepriesen, aber wer sich die rostigen oder mühsam übertünchten eisernen Ungetüme anschaut, dem kann diese »strategisch wichtige Waffe« nicht allzu sehr imponieren. Wenn schon ein militärischer Laie wie ich diesen Eindruck hat, dann wird es den echten Spezialisten nicht anders gehen. Die russische Marine weiß das im Übrigen natürlich selbst. Beim alljährlichen »Tag der Flotte« hat sie es in diesem Jahr zum ersten Mal nicht mehr geschafft, wenigstens ein paar Kriegsschiffe auslaufen und vor dem Publikum paradieren zu lassen, weil das Geld für den Schiffsdiesel fehlte. Also machte man es umgekehrt: Der kommandierende Flottenstab fuhr an den dümpelnden Kriegsschiffen vorbei, statt andersrum. Es findet sich für russische Militärs immer eine gesichtswahrende Lösung, um einem Problem nicht öffentlich ins Auge blicken zu müssen. Bezeichnend für den Geist der baltischen Flottenführung ist, dass sie zu diesem alljährlichen Feiertag keinen anderen als den von gelegentlich sonderbaren geistigen Wirrungen und Phantasien geprägten Rechtsradikalen Wladimir Wolfowitsch Schirinowski als einzigen bekannteren Politiker eingeladen hatte. Der redete prompt allerlei Unsinn wie von der wünschenswerten Stationierung von Massenvernichtungswaffen in Kaliningrad und dem Bau einer mächtigen Autobahn von Moskau bis direkt hierher, sodass man in »höchstens zwölf Stunden« die Strecke per Auto hinter sich bringen kann, um in dem von »gewaltigen neuen Ferienprogrammen« geprägten Kaliningrader Gebiet empfangen zu werden: »*wsjo budet choroscho!*, alles wird ganz prima!«, tönte er und rauschte anschließend wieder ab Richtung Moskau. Der Zynismus seiner flotten Sprüche wird den normalen Kaliningradern und vor allem den polnischen und litauischen Nachbarn noch lange in den Ohren geklungen haben. Doch die Realität sieht natürlich ganz anders aus.

Am nächsten Morgen machen wir uns auf Richtung polnische Grenze zum Übergang Mamonowo. Dort kann man beobachten, was aus der so genannten »Sonderwirtschaftszone Kaliningrad« bislang geworden ist. Der Sinn der Einrichtung dieser »Sonderwirtschaftszone« bestand eigentlich darin, durch niedrige Steuer- und Zollsätze insbesondere ausländische Investoren anzulocken und damit Arbeitsplätze zu schaffen. Bislang hat sich nur der deutsche Autobauer BMW zur Errichtung eines neuen Werkes bereit gefunden, in dem er speziell für den russischen Markt aus den importierten Teilen Autos zusammensetzen lässt. Das ist immerhin etwas, aber natürlich nur ein Tropfen auf den heißen Stein. Das mafiose Regime des früheren Gouverneurs, die undurchschaubare Bürokratie und der ebenso undurchsichtige Zoll hat alle anderen großen Investoren bislang abgeschreckt. Also ist der Großteil der Bevölkerung im Kaliningrader Gebiet arbeitslos und viele verdienen ihr Geld mit Schmuggel, wofür die »Sonderwirtschaftszone« eigentlich nicht gedacht war – oder doch? Wie das aussieht, kann man umso besser betrachten, je näher man dem Grenzübergang Mamonowo kommt.

Lange Autoschlangen vor dem Schlagbaum, links und rechts der Straße kleine und größere Kioske, in denen alle gängigen Zigarettenmarken und alkoholischen Getränke wegen der niedrigen Steuersätze spottbillig zu haben sind. An Tankstellen gibt es günstiges Benzin, mit dem die Autos und sämtliche mitgebrachten Kanister randvoll abgefüllt und über die Grenze nach Polen »überführt« werden. Den Vogel schießen die echten Profis auf eine Weise ab, die selbst mich, der ich doch schon einiges gesehen habe, überrascht hat. In den Wiesen links und rechts der Straße bieten sie ihre Dienste an, und die sehen so aus: Nacheinander werden an den Autos der »Kundschaft« die Reifen abmontiert, in die Wiese gebracht und pro Reifen mit 50 Zigarettenpackungen unter dem Reifenmantel voll gestopft, der danach wieder aufgeblasen wird. So ausgestattet, fahren die Autos buchstäblich auf Zigaretten hinüber nach Polen, wo die Reifenladung auf Märkten gewinnträchtig verkauft wird. »Wenn du es schaffst, damit am Tag zweimal über die Grenze zu kommen, verdienst du etwa 50 Dollar. Das ist für uns ein ganz ordentlicher Tagessatz!«, sagt mir einer, der gerade seine Reifen mit Zigaretten ausstaffieren lässt. »Was sollen wir denn anderes tun?«, antwortet eine junge Frau, die sich zusammen mit ihrer Freundin neben einem der Kioske auf einer Bank in der Sonne ausruht. »Arbeit gibt's keine, die Fabriken stehen still und auch sonst gibt's nichts. Also leben wir eben von der Grenze. Wovon sonst? Mit den Leuten hier aus der Gegend ist es doch so: Die eine Hälfte bereitet die Schmuggelei vor und die andere Hälfte fährt hinüber nach Polen, um das Zeug dort möglichst teuer loszuwerden.« So einfach ist das also. Fast schon überflüssig zu sagen, dass das ganze Geschäft natürlich nur funktionieren kann, weil die Zollbeamten an ihm ausreichend beteiligt sind. So hat jeder etwas davon, nur das Kaliningrader Gebiet als Ganzes natürlich nicht. Auf bloßem Schmuggel lassen sich dauerhaft keine wirklich stabilen Arbeitsplätze aufbauen. Das Problem wird dann noch drängender, wenn die Nachbarn Litauen und Polen eines Tages als vollwertige Mitglieder in die EU aufgenommen werden. Dann verwandelt sich Kaliningrad in eine russische Exklave innerhalb der EU, die diese Schmuggelwirtschaft nicht tolerieren kann. »Wissen Sie, was das Beste wäre?«, sagt eine weitere Dame an einem der Kioske, »das Beste wäre, ihr Deutschen würdet Kaliningrad einfach zurückkaufen und es übernehmen, dann ginge es uns allen wieder besser!« Diese Töne machen mich allerdings dann doch ziemlich sprachlos und ich beschließe, die Rückfahrt anzutreten. Die Menschen hier durch Unfähigkeit und mafiose Wirtschaft so weit zu bringen, dass sie sich halb ernst, halb scherzhaft schon

Deutschland zum Kauf anpreisen, ist verantwortungslos und auf Dauer politisch gefährlich. Putin und die russische Regierung werden sich samt dem neuen Gouverneur unbedingt etwas einfallen lassen müssen und das möglichst schnell.

In Kaliningrad gibt es noch eine andere, ebenfalls illegale Einnahmequelle. Kaliningrad gilt nämlich als »Bernsteinparadies« und wird auch die »Bernsteinküste Russlands« genannt. Was sich dahinter verbirgt, lässt sich auf einem Feld in der Nähe des Flughafens beobachten. Das Feld sieht aus wie eine Mondlandschaft, es ist von Kratern übersät. Doch die Krater sind in Wirklichkeit von Menschen ausgehobene Gruben. Wer immer kann und keine andere Einkommensquelle hat, versucht hier nach Bernstein zu graben und steckt sein Claim, also sein kleines Revier, ab. Schicht für Schicht tragen die Bernsteinsucher die Erde ab. Nach etwa fünf Metern stoßen sie, wenn sie Glück haben, auf eine blaue Lehmschicht. In dieser Lehmschicht liegt der Bernstein verborgen. Es gilt sorgfältig zu graben, um ihn nicht beim Einstechen in die Lehmschicht zu zerstören. »Was du dafür kriegst, hängt natürlich von der Größe und von der Qualität des Bernsteins ab«, sagt ein Mann um die fünfzig, der dort zusammen mit ein paar anderen eine Grube aushebt und schon bis zur blauen Lehmschicht vorgestoßen ist. Dann holt er aus einer kleinen Plastikschachtel ein etwa zehn Zentimeter langes und fünf Zentimeter breites, noch stark verschmutztes Stück Bernstein heraus. »Für dieses Stück kannst du, wenn du gut handelst, etwa einen Dollar bekommen. Wer es noch selbst bearbeiten und dann weiterverkaufen kann, kriegt natürlich mehr.« In einem guten Monat und mit etwas Glück kann so ein Bernsteinsucher 600 bis 700 Dollar verdienen. Für normale Kaliningrader ein ganz hübsches Sümmchen.

Zumal es komplett an der Steuerbehörde vorbeigeht. Wie überhaupt die gesamte Ausgrabungsaktion natürlich illegal ist.

Der Polizist Nikolai Tiplokow ist für dieses Revier zuständig und soll eigentlich für Recht und Ordnung sorgen. Er schaut gelegentlich bei den Bernsteinsuchern vorbei: »Eigentlich müsste ich die hier alle wegjagen, aber was würde das bringen? Die suchen doch auch nur Arbeit. Natürlich ist es eine Schande für unseren Staat, was hier vor sich geht. Hier arbeiten übrigens alle Schichten unserer Gesellschaft.« Nikolai Tiplokow hat sich entschlossen, hier niemanden fortzujagen, sondern er schaut lieber gelegentlich vorbei, um das Geschehen wenigstens auf diese Weise im Griff zu haben. Nikolai ist in meinen Augen ein guter Polizist. Dass er damit nicht im Sinne des Gesetzes handelt, weiß er. Er hat begriffen, dass das Gesetz seinen Sinn verliert, wenn es verhindert, dass die Menschen sich ernähren und wenigstens etwas Geld verdienen können. Es gibt im Übrigen schlimmere Vergehen, als Bernstein auszugraben. Rund 90 Prozent des gewonnenen Bernsteins werden ins Ausland geschmuggelt, der Rest von den (ebenfalls meist illegal arbeitenden) Bernsteinschleifern in der Gegend bearbeitet und im Sommer in den Badeorten an kleinen Ständen, die entlang der Uferpromenaden aufgebaut sind, an die Touristen verkauft. Die Mehrzahl der Touristen kommt übrigens aus Deutschland. Auch in unserem Hotel im Zentrum von Kaliningrad lässt sich das beobachten. Sie gehören fast alle der älteren Generation an, und viele von ihnen stammen direkt oder indirekt aus dem früheren Königsberg. Mir gegenüber am Frühstückstisch in unserem Hotel erklärt morgens ein Großvater seinem fünfzehnjährigen Enkel, dass die Wurzeln ihrer Familie in Ostpreußen liegen. Er ist hergekommen, um seinem Enkel die Gegend hier zu zeigen und ihn mit einem Stück tragischer Familiengeschichte vertraut zu machen. Aber so, wie er es seinem Enkel erzählt, habe ich den Eindruck, dass dahinter nicht oder jedenfalls nicht mehr das Verlangen steht, dieses Land unbedingt zurückhaben zu wollen. Als ich ihn über den Tisch hinweg darauf anspreche, meint er: »Ach wissen Sie, vor 20 Jahren habe ich noch so gedacht, aber inzwischen ist wirklich viel Zeit vergangen. Und wenn ich mich so umschaue, manches ist wieder zu erkennen, aber vieles auch wieder nicht. Es wohnen ganz andere Menschen hier. Ich habe vor allem meine Jugend hier verbracht, ein wenig davon wollte ich meinem Enkel wenigstens einmal im Leben zeigen.« Was er sagt, klingt abgeklärt, wenn auch mit einem kräftigen Schuss Nostalgie versetzt, was ihm sicher niemand übel nehmen kann. Dann stehen die beiden auf und gehen zu der Reisegruppe, die bereits im Foyer des Hotels wartet und sich anschickt, den Reisebus zu besteigen, der auf dem Parkplatz draußen wartet. Den heutigen Tag wollen sie am Ostseestrand verbringen, wo bereits die Stände der Händler mit dem zu Schmuck verarbeiteten Bernstein auf sie warten. Die jetzt schon kräftig wärmende Sonne verspricht noch einmal einen heißen Sommertag.

Auch wir brechen auf, denn wir haben vor, die letzte Liveschaltung in das *ARD-Morgenmagazin* vom Ufer der Ostsee zu machen. Der Zeitunterschied zu Deutschland ist inzwischen auf eine einzige Stunde »Vorsprung« zusammengeschrumpft. Wir fahren mit unserem kleinen Konvoi von zwei Lastwagen und einem Minibus hinaus zu einem der kleinen Seebäder und bauen die Satellitenschüssel an der Uferpromenade auf. Die ersten Frühsportler sind schon unterwegs und joggen an der ziemlich heruntergekommenen Uferpromenade entlang. Eine Rentnerin und ihre Freundin machen sich zum Morgenbad in der Ostsee bereit. Nach ein paar Gymnastikübungen auf dem Sandstrand waten sie in die See und werfen sich schließlich munter schnatternd ins Wasser, um ein paar Minuten zu schwimmen. Auf dem Rückweg kommen sie bei mir vorbei, der ich mich gerade am Strand mit meinem Kameramann Sergei Sergejew und Toningenieur Mischa Falin auf die Liveschalte vorbereite. »Das hält jung, ihr müsst das auch machen, wenn ihr gesund bleiben wollt!«, rufen sie uns zu. »Kommt gleich!«, rufe ich zurück und freue mich schon auf das Bad in der Ostsee. Zuerst aber gilt es noch die Liveübertragung zu bewältigen. Als ich gefragt werde, was denn mein Fazit dieser nun langsam zu Ende gehenden Reise sei, habe ich, ich gebe es zu, keine fertige Antwort parat. Zu viele Eindrücke, zu viele Bilder, zu viele Schicksale zu vieler Menschen sind in meinem Kopf. Auf einen Nenner ist das alles so schnell nicht zu bringen. Schon gar nicht in zwei oder drei Minuten, was für das Fernsehen heutzutage schon eine ganze Menge Zeit ist. Ich belasse es zunächst bei Formulierungen wie der »faszinierenden Vielfalt« und den nach wie vor so unendlich großen Schwierigkeiten, in denen dieses Land immer noch steckt. Mancherorts in einigen Regionen ist so etwas wie eine Aufbruchsstimmung spürbar, an vielen Orten aber immer noch Apathie und Resignation. Die Schlussbemerkungen möchte ich mir aber sowieso aufheben für die wirklich letzte Sendung dieser Reise – den Beitrag für die *Tagesthemen* zurück in Moskau auf dem Roten Platz. Vielleicht gelingt es mir, zu diesem Zeitpunkt schon ein klein wenig mehr Abstand zu den so starken Eindrücken dieser Reise zu gewinnen. Ich hoffe es jedenfalls.

Dann schließlich nehmen wir das ersehnte Bad in den kühlen, aber nicht kalten Wellen der Ostsee. Mit den Kollegen, die zu so morgendlicher Stunde schon zu einer solchen Erfrischung bereit sind, stürze ich mich mit einem gemeinsamen Aufschrei in dieses milde Meer, an dessen Ufern sich schon so viel europäische Geschichte abgespielt hat. Geschichte, deren zum Teil gewaltsam vorangetriebene »Fügung« auch Russland zu einem Uferstreifen samt Hinterland verholfen hat, mit dem es in den letzten zehn Jahren, abgesehen von der anhaltenden Besetzung und den militärischen Glaubenssätzen, bislang nicht viel anzufangen wusste. Ein Gebiet, das es verkommen ließ. Es wurde mit einem dichten Gestrüpp mafioser Strukturen sowie einem gehörigen Anteil staatlicher Kriminalität überzogen. Es ist zu einem »Schaufenster« für Europa geworden, aber leider nicht zu einem positiven. Die »Sonderwirtschaftszone« verwandelte sich in ein Schmuggelparadies, ohne dass dem in absehbarer Zeit ein Riegel vorzuschieben wäre. »Russland erstickt an seiner eigenen Größe« ist eine Formulierung, die manch ein Analytiker gerne in die Diskussion einbringt. Vielleicht stimmt das sogar. Aber richtig ist auch, dass die Erklärung für die Misere in Kaliningrad eine für Russland gängige und ziemlich banale ist: Eine kleine Anzahl regionaler Machthaber hat zusammen mit dem ausbrechenden Wolfskapitalismus enormen Spielraum bekommen, und der seinerseits korrupte Staat besitzt kein verlässliches Regulativ, um den daraus resultierenden Machenschaften zu begegnen. Ein paar wenige sind auch hier reich geworden, und die Mehrheit ist verarmt – bis jetzt ohne Aussicht auf Besserung.

Nach Lawrentija im äußersten Nordosten Russlands, dort, wo unsere Reise gegenüber von Alaska begann, blickt niemand. Es ist zu weit entfernt und viel zu schwer zu erreichen. Kaliningrad aber liegt nun wirklich in Europa, schon gar, wenn sich die EU eines Tages um Polen und die baltischen Staaten erweitern wird. Je zugänglicher das frühere Königsberg aber wird, desto deutlicher wird sichtbar, wie ernst oder eben nicht ernst es die russische Regierung und auch der russische Staat mit der Achtung und Versorgung seiner Bürger meint. Bis jetzt ist, um es vorsichtig zu sagen, davon nicht viel zu sehen.

Nach dem wirklich sehr erfrischenden Bad in der Ostsee und einem abschließenden Foto packen wir zum letzten Mal ein und machen uns auf den Weg zum Flughafen. Allmählich fällt auch von mir die Anspannung dieser Reise ab und erste Anzeichen einer heraufziehenden Erschöpfung beginnen sich bemerkbar zu machen. Als die Motoren unserer Antonow 24 anspringen und ihr Geräusch sich nach dem Abheben in ein eintöniges, dröhnendes Singen verwandelt, schlafe ich, eingeklemmt zwischen Reserverad und Notsitz, nach ein paar Minuten ein. Wir sind zurück auf dem Weg ins Zentrum der russischen Macht. Zurück auf dem Weg nach Moskau.

15.
Ankunft in Moskau

Von der Landung auf dem Moskauer Flughafen Wnukowo bekomme ich kaum etwas mit. Zu oft bin ich in den letzten Jahren hier schon gelandet, als dass ich mir vorgenommen hätte, sie aufmerksam zu verfolgen. Als die Motoren unserer Antonow abgestellt werden, herrscht für einen Moment eine merkwürdige Stille im Rumpf des Flugzeugs. Es geht uns allen gleich: Etwas ungläubig nehmen wir zur Kenntnis, dass wir dort wieder angelangt sind, wo wir vor vier Wochen aufgebrochen sind. Wir haben alle schon viel von Russland gesehen. Aber niemand von uns, auch nicht meine russischen Kollegen, haben jemals zuvor eine solch dichte und vielfältige Erfahrung von unseren zahlreichen Reisen durch dieses riesige Land mitgebracht. Wir haben in nur drei Wochen so unendlich viel erlebt: Eine Reise von Meer zu Meer, über so viele Zeitzonen und Kulturen, Flüsse und Steppen hinweg. So viele Begegnungen mit so unterschiedlichen Menschen und Schicksalen. Russland hat uns reich beschenkt und hat uns zugleich gelehrt, in welchem Zustand es wirklich ist – egal, was uns die Moskauer Politiker, Experten und Machthaber in ihren Pressekonferenzen oder Hintergrundgesprächen erzählen. Von seiner

Anziehung hat Russland für mich auch durch diese Reise nichts verloren. Es sind und waren immer die einfachen Bürger dieses Landes, die mich angezogen haben. Das hat sich nicht verändert. Ihre Offenheit und Gastfreundschaft, ihre Leidensfähigkeit und zugleich ihre Phantasie, mit der sie ihren schwierigen Lebensumständen ein kleines oder großes Stück Leben abtrotzen, haben mich immer schon beeindruckt. Warum auch sonst hätte ich knapp acht Jahre meines Lebens hier verbringen sollen? – Doch auch die andere Seite dieses unberechenbaren Landes macht sich sofort unangenehm bemerkbar, als die Heckklappe unseres Flugzeugs heruntergelassen ist und ich auf dem Rollfeld einen kleinen Schnappschuss mit dem Fotoapparat davon machen will, wie wir zum definitiv letzten Mal unsere eineinhalb Tonnen nun doch schon recht mitgenommen aussehendes Gepäck ausladen. Ich habe die Aufnahme noch nicht gemacht, als mich mit ebenso arroganter wie bestimmter Geste ein Sicherheitsmann an der Schulter fasst und ein lautes »*njet!!*« von sich gibt. Das sei alles verboten und ich solle den Fotoapparat sofort wegstecken. Warum? Es sei wegen der Sicherheit, auf dem Flughafen sei fotografieren nicht erlaubt. Eine nähere Erklärung gibt es natürlich nicht. Auch mein Argument, es handele sich doch nur um ein Touristenfoto, verfängt natürlich nicht. Der Fotoapparat muss sofort verschwinden, Ende der Durchsage. Richtig. Moskau hat uns wieder. Und damit auch die andere Seite der russischen Wirklichkeit: Die Macht der Apparate und der kleinen Unterlinge, denen irgendjemand unglücklicherweise ein Amt oder eine vermeintlich staatspolitisch wichtige Aufgabe gegeben hat. Das lassen sie dann alle anderen kräftig spüren. Eine sowjetisch-russische Krankheit, die ich, je nach Tagesform, entweder für absolut unheilbar halte oder als landsmannschaftliche Eigenart zur Kenntnis nehme. Darin sind die

Russen uns Deutschen nicht ganz unähnlich. Nur, dass dieser Geist bei uns, zumindest im Vergleich, doch sehr im Schwinden begriffen ist. Begegnen kann man ihm freilich auch in Deutschland immer noch häufig genug.

Auf der Fahrt über den neu gebauten Autobahnring vom Flughafen ins Stadtzentrum nehme ich mit einer gewissen Verwunderung all die neuen Bauten zur Kenntnis, die ich zwar alle schon kenne, die mir aber mit einem Mal wie das frisch erbaute Zentrum der entwickelten menschlichen Zivilisation vorkommen. Vor allem dann, wenn ich sie mit den Bildern und Erinnerungen von Lawrentija vergleiche, die mir nach wie vor nicht aus dem Kopf gehen. Wir biegen vom Autobahnring ein auf den Kutusowski Prospekt, meine Lieblingseinfahrt ins Moskauer Zentrum. Vorbei am Siegespark, der an den Zweiten Weltkrieg erinnert, ausgestattet mit einem für meinen Geschmack nicht besonders gelungenen Kunstwerk, einem Obelisken, der entworfen und realisiert wurde von Surab Zereteli. Auf einer kleinen Landzunge in der Moskwa hat er schon ein riesiges Denkmal des Zaren Peters I. verbrochen, das in seiner ungeheuerlichen Geschmacklosigkeit nur schwer zu überbieten ist. Von den Moskauern wird es inzwischen nur noch mit Nichtachtung gestraft. Vor ein paar Jahren schlugen die Emotionen noch so hoch, dass einige ernsthaft erwogen, es schlicht in die Luft zu sprengen. Der Sprengstoff wurde jedoch noch rechtzeitig entdeckt. Surab Zeritelli ist der gefürchtete Lieblingskünstler des Bürgermeisters Juri Luschkow, also wird er »gefördert«.

Der Popularität des ansonsten umtriebigen Moskauer Bürgermeisters hat sein zweifelhafter Kunstgeschmack freilich keinen Abbruch getan. Auch wenn seine Geschäfte in manchen Bereichen undurchsichtig sind und die Gerüchte, dass Gelder der Stadt auch in dunklere Kanäle fließen, einfach nicht verstummen wollen. Sicher ist jedenfalls, dass ohne Luschkow nichts Größeres in der Stadt läuft. Der kleine untersetzte Macher führt sie wie ein autoritärer Provinzfürst. Dabei kommen unterm Strich allerdings immer noch so viel Bauwerke und Straßen heraus, dass er sich seine Popularität bewahren konnte. Nur einmal wurden ihm von Mächtigeren die Flügel gestutzt. In der Schlussphase des Jelzin-Regimes schien er deutlichen Ehrgeiz zu noch höheren Ämtern, vielleicht sogar zum Präsidentenamt Russlands zu entwickeln. Gemeinsam mit dem ehemaligen Außenminister und kurzzeitigen Ministerpräsidenten Primakow gründete er eine Partei, um sich eine eigene politische Basis bei den Wählern zu verschaffen. Das ist ihm nicht gut bekommen. In dem russischen Fernsehkanal ORT wurde eine beispiellose Schmutzkampagne gegen ihn entfesselt, die ihn am Ende wieder auf jene Rolle reduzierte, die ihm die Mächtigen im Kreml zugedacht hatten: auf die des Moskauer Bürgermeisters. Heute hat er seine Lektion gelernt. Bis auf weiteres ist er politisch lammfromm, unterstützt nach Kräften den derzeitigen Präsidenten Putin und geht seinen Geschäften als umtriebiger Bürgermeister nach. So hält einer den andern in der Hauptstadt in Schach.

Dieses Moskau hat uns nun wieder und damit auch der Teil des »russischen Staatstheaters«, dem wir immerhin für drei spannende Wochen entkommen sind. Der Kutusowski Prospekt führt auf das »Weiße Haus« zu, den Sitz der russischen Regierung. Links und rechts der Straße entstehen in den letzten Jahren immer wieder neue Geschäfte mit den neuesten Kollektionen aus den Modemetropolen der Welt, italienischen Designerküchen und Sportartikeln. Würde man nur hier leben und arbeiten, hätte man den Eindruck, all das, was wir die letzten drei Wochen in Russland gesehen haben, existiere überhaupt nicht und wenn, dann nur in einem anderen, fernen und unbekannten Land. So manch ein westlicher Experte und nicht wenige Touristen, deren Zahl nach den unruhigen neunziger Jahren wieder zu steigen scheint, reagieren verblüfft auf die sich stark verändernde Stadt und nicht selten mit Vorwürfen gegenüber den Journalisten. Wenn man sich dieses Moskau anschaue, dann merke man deutlich, wie sehr viele Journalisten übertreiben und das Positive an Russland ausblenden würden. Ich lasse mich auf solche Debatten längst nicht mehr ein, dafür kenne ich sie einfach zu gut. Das einzige Mittel, solchen Argumenten zu begegnen, ist, sich wie im »Russischen Tagebuch« auf Reisen zu begeben und das wirkliche Russland zu zeigen, das trotz allen föderativen Brimboriums letztlich vom Kreml aus regiert wird. Der neue russische Präsident Putin hat mit seinem erklärten Ansatz, die »Vertikale der Macht« zu stärken, daran auch keinen Zweifel gelassen. Doch wie sich das alles auf die Menschen auswirkt, das erfährt man nicht in Moskau, sondern draußen im eigentlichen Russland, das in Lawrentija gegenüber von Alaska beginnt und in Kaliningrad endet. Wer wirklich neugierig ist, kann aber schon in den Außenbezirken Moskaus jenes Russland kennen lernen, das mit dem glitzernden Zentrum mit seinen zahllosen Kasinos, Restaurants und zum Teil abenteuerlichen Nachtklubs, wo unter anderem auch das Geld der Mafia gewaschen wird, nichts mehr zu tun hat.

Kurz vor dem in schönstem Stalin-Empire erbauten Hotel »Ukraina« biegen wir nach rechts ab in den heimatlichen Hof, in dem das ARD-Studio liegt und in dem ich wohne, wie viele meiner Vorgänger von Fritz Pleitgen über Klaus Bednarz bis Gerd Ruge. Bei allen übrigens, auch wenn sie schon lange nicht mehr als ständige Korrespondenten in Russland arbeiten, ist noch heute eines ganz deutlich zu spüren: Sie hegen bei aller Kritik zugleich auch eine tiefe Verbundenheit mit diesem Land. Ein Land, an dem man nicht nur als Bürger, sondern gelegentlich auch als ausländischer Korrespondent verzweifelt, dem man sich andererseits aber auch nicht oder jedenfalls nur sehr schwer entziehen kann, wenn man einmal eine Weile dort gelebt hat. In meiner Wohnung angekommen, nehme ich erst einmal ein ausgiebiges Bad. Dann greife ich zum Telefon und verabrede mich für einen der kommenden Abende mit russischen Freunden. »Wenn du zurückkommst, musst du uns unbedingt erzählen, was du erlebt hast. Keiner von uns hat je eine solche Reise durch unser Land machen können. Und bring bloß Bilder mit!«

So geschieht es. Ein paar Tage später sitzen wir zu zehnt in einer kleinen russischen Wohnung in dem Moskauer Stadtviertel Sokolniki an einem langen Tisch, auf dem sich die Speisen türmen. Wir trinken gemeinsam auf die Reise und ich beginne davon zu erzählen, wie wir aufbrachen. Ich erzähle von den Walfängern und den Buddhisten, von der Transsib und von Grigori Pasko. Natürlich singen wir später schon etwas beschwingt vom armenischen Kognak und russischem Wodka russische Lieder. An diesem Abend vergesse ich, dass mein Abschied von Russland bald bevorsteht. Schon lange weiß ich, dass er mir sehr schwer fallen wird. Doch am Ende treibt einen Journalisten die Neugier immer weiter. Im Sommer 2002 werde ich in die Leitung des ARD-Hauptstadtstudios in Berlin übernehmen. Doch schon heute weiß ich, dass mich dort so manchen Abend die Erinnerung an und vielleicht sogar die Sehnsucht nach Russland umtreiben wird. Dann werde ich zum Telefon greifen und einfach mal in Moskau anrufen. »Hallo«, werde ich sagen und fragen, wie es geht. Und ich werde wissen, welche Antwort ich als Erstes bekomme: »Bei uns ist alles ›normalno‹. Und bei dir?« Diese Antwort wird mich nicht beruhigen. Denn nach all meinen Jahren dort weiß ich: »alles normal!« kann in Russland wirklich alles bedeuten.

Epilog
Terror aus Afghanistan oder ein russisches Trauma

Die schöne und am Ende auch ein wenig melancholische Sommerreise durch Russland war vorbei. Die Erinnerungen daran ließen mich jedoch wochenlang einfach nicht los. Und so freute ich mich besonders auf die Aufgabe, die ich nach unserer Rückkehr noch vor mir hatte. Aus der gesamten Reise sollte nämlich ein 60-minütiger Film entstehen, den die ARD, der WDR und einige andere dritte Programme nacheinander senden wollten. Damit sollten auch jene Zuschauer auf ihre Kosten kommen, denen es nicht gelungen war, alle oder wenigstens die meisten Folgen des »Russischen Tagebuchs« zu sehen. Also machte ich mich im Moskauer ARD-Studio daran, das gesamte Filmmaterial noch einmal zu sichten, um mit meinem Cutter Ruslan daraus einen einstündigen Film zu machen. Eine schöne Aufgabe auch deshalb, weil ich dabei noch die eine oder andere zusätzliche Geschichte und bislang noch nicht gezeigte Bilder verwenden konnte.

Nach der ersten Sichtung des Filmmaterials in Moskau musste ich vor dem eigentlichen Schnitt noch einen Termin in Deutschland wahrnehmen. Als Vorsitzender einer Jury sollte ich gemeinsam mit den anderen Jurymitgliedern aus einer Vielzahl von eingereichten Filmen den Gewinner eines europäischen Fernsehpreises ermitteln. Der Preis war für Fernsehproduktionen gedacht, die sich besondere journalistische und künstlerische Verdienste um das Zusammenleben unterschiedlicher Kulturen in Europa erworben hatten. Sie sollten sich außerdem durch einen kritischen Blick auf offenen oder versteckten Rassismus in Europa hervorgetan haben – Anliegen also, die auch mir wichtig sind.

Am 11. September 2001 saßen wir Jurymitglieder aus verschiedenen Ländern Europas in einem Konferenzraum in dem schönen Städtchen Weinheim bei Heidelberg, um zwei Tage lang die eingereichten Filme zu sichten und über sie zu beraten. Doch es kam ganz anders. Mitten in der Sitzung empfing ich auf dem Display meines vor mir liegenden Handys eine SMS-Nachricht meiner älteren Tochter Natascha, die als Jazzmusikerin in Kapstadt in Südafrika lebt. Sie hatte durch Zufall gerade den amerikanischen Nachrichtensender CNN eingeschaltet und sah im Fernsehen, wie die beiden Passagierflugzeuge in das World Trade Center in New York krachten. »Watch TV they bomb New York!!!«, schickte sie mir als Mitteilung. Ich blickte ungläubig auf das winzige Display meines Handys. Die Nachricht stand noch immer da. Ich ging in das Nebenzimmer des Konferenzraums, schaltete ein Fernsehgerät ein und sah die ersten Eilmeldungen und Bilder nun auch in der ARD. Kurz danach begann die erste, viele Stunden lange Sondersendung, moderiert von Ulrich Wickert. Wie vermutlich alle Fernsehzuschauer weltweit saß auch ich in diesen Minuten wie erstarrt vor dem Bildschirm. War dies tatsächlich die Wirklichkeit? Und was hatte das alles zu bedeuten?

Vierundzwanzig Stunden später landete ich mit der Aeroflot-Linienmaschine von Düsseldorf auf dem internationalen Flughafen Scheremetewo II in Moskau. Ein paar Tage später bereiteten wir uns im ARD-Studio auf einen langen und zum Teil auch sehr gefährlichen Einsatz in Afghanistan vor. Denn der Norden Afghanistans gehörte neben Russland und den Staaten der GUS zu unserem Berichtsgebiet, seit die fundamentalistischen Taliban den Süden des Landes erobert hatten und der nördliche Teil nur noch über die Nachbarrepublik Tadschikistan zugänglich war.

Auch die russische Öffentlichkeit war von den Ereignissen des 11. September wie vom Donner gerührt. Denn Afghanistan war früher für die Sowjetunion und ist noch heute für die Russen ein schweres Trauma: Was Vietnam für die USA bedeutete, das war Afghanistan für die damalige Sowjetunion. Rund 15 000 ihrer Soldaten kamen dort infolge des Einmarsches 1979 während der knapp zehnjährigen Besetzung Afghanistans um. In den bald berüchtigten Zinksärgen verließen ihre Soldaten das Land am Hindukusch als Opfer der Überfälle der Mudschaheddin, der islamischen Kämpfer, die damals im Zuge des Kalten Krieges von den Amerikanern militärisch und logistisch unterstützt wurden. Obwohl die sowjetische Armee und der KGB jahrelang zu verhindern suchten, dass Informationen über die Ereignisse in Afghanistan nach außen drangen, gelang ihnen das auf Dauer natürlich nicht. Mit Michail Gorbatschows Perestroika und Glasnost wurde die sowjetische Invasion Gegenstand der immer offeneren und kritischeren gesellschaftlichen Diskussion. Gorbatschow beendete zwar die Besetzung Afghanistans, aber die Niederlage dort trug letztlich mit zum Ende der Sowjetunion bei. Vor diesem Hintergrund ist verständlich, dass viele Russen noch heute das Gefühl haben, dass aus Afghanistan nichts Gutes kommt.

Dieses Gefühl ist aber nicht nur durch das Trauma des

verlorenen Kriegs begründet. Vor allem zwei Gefahren gingen Ende der neunziger Jahre auch aus russischer Sicht von dieser Region aus. In der Anarchie des afghanischen Bürgerkrieges entwickelte sich bekanntlich besonders der südliche Teil des Landes unter der Herrschaft der Taliban zu einem Zufluchts- und Ausbildungsort für islamistische Fundamentalisten und Terroristen. Ihr Einfluss drohte immer stärker in die benachbarten Länder Zentralasiens auszustrahlen. Im Sommer 1999 und im Jahr danach drangen aus Afghanistan kommende islamistische Kommandos über das unwegsame und praktisch nicht zu überwachende Gebirge in Kirgisien und Tadschikistan ein. Ich war damals im Zuge dieser Ereignisse auf einer Reportagereise bei einer kleinen Einheit kirgisischer Grenztruppen in über 2000 Meter Höhe, die solchen islamistischen Kommandos den Weg zu versperren versuchte. Das eigentliche Ziel solcher Gruppen, so wurde spekuliert, war Usbekistan, wo sie im fruchtbaren Ferganatal vermutlich einen islamischen Gottesstaat errichten und das Polizeistaatsregime des Präsidenten Karimow destabilisieren wollten, der die islamische Opposition mit allen legalen und illegalen Mitteln unterdrückte. Wenn aber die zentralasiatischen Staaten – sie alle sind Mitglieder der Gemeinschaft Unabhängiger Staaten (GUS) unter der Führung Russlands – noch instabiler werden würden, als sie es sowieso schon all die Jahre nach dem Zusammenbruch der Sowjetunion waren, dann bedeutete dies auch eine Bedrohung für Russland.

Eine zweite Gefahr, derer man sich in Russland ebenfalls immer stärker bewusst wurde, war die Opium- bzw. Heroinproduktion in Afghanistan. Selbst im damaligen Gebiet der so genannten Nordallianz habe ich riesige Opiumfelder gesehen, die Teil der Kriegsökonomie waren bzw. den einfachen Bauern in diesem zerstörten Land als einzige Einnahmequelle dienten. Von Afghanistan aus wurde und wird das Opium noch immer über die zentralasiatischen Republiken nach Russland und von dort weiter nach Europa geschmuggelt. Wenn es nicht schon in Afghanistan mittels bestimmter, nicht sehr komplizierter chemischer Prozesse in Heroin umgewandelt wurde, dann geschah das irgendwo unterwegs.

Die Weltöffentlichkeit schenkte jahrelang all diesen in Afghanistan schwelenden Problemen keine größere Aufmerksamkeit. Auch nicht der Tatsache, dass der amerikanische CIA und der pakistanische Geheimdienst ISI die Bewegung der Taliban, der »Koranschüler«, mit ins Leben gerufen und nachhaltig unterstützt und sogar eine Figur wie Osama bin Laden gefördert hatten. Die Russen wussten das wohl, wollten aber wegen ihrer eigenen Erfahrungen um keinen Preis noch einmal in das »afghanische Trauma« verwickelt werden. Um aus ihrer Sicht das Schlimmste zu verhindern, unterstützten sie in der zweiten Hälfte der neunziger Jahre die »Nordallianz« militärisch über die Nachbarrepublik Tadschikistan, die trotz aller Unabhängigkeit im Grunde nichts anderes ist als ein russisches Protektorat. Der militärische Nachschub reichte aber nur dazu, dass die Nordallianz ihren Widerstand gerade noch aufrechterhalten konnte. Mit dem 11. September 2001 änderte sich, wie so vieles, auch die diesbezügliche russische Politik.

Wie für die Amerikaner und Westeuropäer bedeutete jener 11. September auch für den russischen Präsidenten Putin eine Zeitenwende. Er spielte seine politischen Karten im Zuge der Ereignisse sehr geschickt und schloss sich umgehend der »Allianz gegen den internationalen Terrorismus« an. Das muss niemand verwundern. Die Amerikaner nahmen ihm mit der modernsten Luftwaffe der Menschheitsgeschichte in Afghanistan eine Aufgabe ab, zu der er sich aus vielen guten – finanziellen wie politischen – Gründen niemals hätte durchringen können. Putin wog mit seinen politischen und militärischen Stäben wohl folgende Alternative ab: Lassen wir die Amerikaner in dem traditionell sowjetisch-russischen »Einflussgebiet Zentralasien« agieren und das Talibanproblem in Afghanistan »lösen« oder verweigern wir unsere Zusammenarbeit politisch wie praktisch und gehen somit das Risiko schwerer internationaler Spannungen ein, da zu vermuten ist, dass die Amerikaner trotzdem militärisch eingreifen? Putin hat sich bekanntlich für die erste Variante entschieden und dabei noch etwas anderes erreicht. Er erhielt ex post auch die Legitimation für den Krieg in Tschetschenien, den er ja von Anfang an ausschließlich als »Kampf gegen den Terrorismus« propagiert hat, auch wenn die Realität in der praktischen Führung des Krieges dort zumindest zum Teil eine andere war. Damit wir uns nicht falsch verstehen: Es stimmt, dass in Tschetschenien auch von Afghanistan aus unterstützte Terrorgruppen agieren oder agiert haben, mit denen keine Verhandlungen geführt werden können, da sie für solche gar nicht offen sind. Aber eine Politik der eisernen Faust auch gegen die tschetschenische Zivilbevölkerung, die deren Vernichtung nicht nur in Kauf nimmt, sondern zumindest zum Teil auch als Mittel des Kriegsterrors einsetzt – und das war meines Erachtens der Fall –, verliert ihre Legitimation. Mit der Beteiligung an der »Allianz gegen den internationalen Terrorismus« schlug Putin mit der einen Klappe sogar noch eine weitere Fliege: Die internationale Aufmerksamkeit für diesen Krieg und die Unterdrückung der Berichterstattung darüber ging in mehr oder weniger stillem Einverständnis gegen null. Das war und ist kein gutes Zeichen. Wenn Russland auf seinem Weg nach Europa, und auf diesem Weg befindet es sich hoffentlich, eines braucht und brauchen wird, dann die ständige Erinnerung daran, dass die Menschenrechte zu wahren und bei der Lösung von inneren Konflikten zuerst alle verfügbaren friedlichen Mittel auszuschöpfen sind. Oder sind wir in Europa bereits so weit, unter bestimmten Umständen diese Grundsätze zur Disposition zu stellen? Manche glauben, Anzeichen für eine derartige Bereitschaft zu erkennen. Das ist freilich eine Diskussion, die den Rahmen dieses Buches sprengen würde. Geführt werden muss sie trotzdem. Sie ist dringender denn je. Wenn sich aber eines seit dem Zusammenbruch der Sowjetunion und seit dem Ende des Kalten Krieges geändert hat, dann das: Wir sind uns, wie mir scheint, so gut wie alle darüber im Klaren, dass diese zweifellos schwierige Diskussion immer nur mit und nicht gegen Russland geführt werden kann. Wenn das alle Beteiligten begreifen und danach handeln, dann steckt in dieser notwendigen Auseinandersetzung eine der ganz großen politischen Chancen dieses neuen Jahrhunderts. Jedenfalls dann, wenn niemand daran gelegen ist, die desaströsen Fehler des letzten Jahrhunderts noch einmal zu wiederholen. Danach sieht es derzeit nicht aus. Für Russland wie für Europa ist zu hoffen, dass das so bleibt.

Danksagung

Was ich in diesem Buch zu beschreiben versuche, ist nicht nur eine Reise. Es ist an manchen Stellen auch der Versuch einer Einschätzung der Jahre, die ich in Russland habe verbringen dürfen. Bei allen, die mir dies ermöglicht haben, möchte ich mich an dieser Stelle bedanken. Zuallererst bei dem heutigen Intendanten des WDR, Fritz Pleitgen, der, damals noch Chefredakteur des WDR, gemeinsam mit meinem Freund und Kollegen Nikolaus Brender, damals Auslandschef des WDR, auf die nicht ganz gewöhnliche Idee kam, mich aus dem südlichen Afrika, wo ich innerhalb der ARD für den SWR arbeitete, nun für den WDR nach Moskau zu entsenden. Beide haben mir danach kollegial wie freundschaftlich beigestanden, auch wenn die Zeiten in den folgenden Jahren nicht immer leicht waren.

In Moskau nahm mich am 23. Juni 1991 der damalige Studioleiter Gerd Ruge in Empfang. Ich war, was die damals noch existierende Sowjetunion angeht, ein echtes Greenhorn. Gerd Ruge hatte das auszubaden. Mit viel Verständnis, Geduld und, in der Folge, mit einer bis heute fortdauernden, freundschaftlichen Verbindung, hat er mich zu lehren versucht, was denn unter der Sowjetunion und unter

Russland vielleicht verstanden werden kann. Wenn ich also heute etwas mehr darüber weiß, dann verdanke ich es vor allem ihm und seiner Frau Irma. Ich habe es im Übrigen zu schätzen gewusst, dass ich mit Gerd Ruge gemeinsam den in der ARD gesendeten Film *Panzer in Moskau* machen durfte, der jene dramatischen Ereignisse um den ersten Putsch in Moskau 1991 zehn Jahre später noch einmal in Erinnerung rief und versuchte, eine kleine Bilanz zu ziehen. Es war jenes Ereignis, mit dem meine Arbeit in Moskau begann.

Dank gebührt auch meinem Kollegen Udo Lilieschkies und meiner Kollegin Anja Bröker aus dem ARD-Studio Moskau, ohne deren großartige und nicht selbstverständliche Bereitschaft, die Lücke zu schließen, ich die Sommerreise nicht hätte vorbereiten und schließlich auch durchführen können. Ich hoffe, dass ich mich eines Tages revanchieren darf.

Besonders herzlicher Dank gilt all meinen russischen Kolleginnen und Kollegen im ARD-Studio Moskau und meinen Sankt Petersburger Freunden und Kollegen, darunter Igor N. und Igor M., Alexander »Sascha« Schukow, dem »schönsten Mann von Pieter«, und seiner reizenden Frau Natascha, nicht zu vergessen dem Kameramann Maxim Terasjugin, der jeden, der mit ihm arbeitet, mit wunderbaren und zum Teil atemberaubenden Bildern beschenkt. Darunter auch mich. Sie alle begleiten mich seit mehr als zehn Jahren mit ihrer Arbeit, mit ihrer Geduld und Zuneigung und so manche auch mit ihrer ganz persönlichen Freundschaft. Wir haben viel zusammen erlebt und auch einige nicht ganz ungefährliche Situationen miteinander überstanden. Ich werde diese Jahre mit ihnen allen nicht vergessen – immer in der Gewissheit, dass wir nicht nur per Telefon oder E-Mail, sondern gelegentlich auch von Angesicht zu Angesicht in Russland, in Deutschland oder irgendwo anders zusammensitzen und uns an unsere gemeinsame Zeit erinnern und unsere gemeinsame Zukunft feiern werden. Sie alle haben mir ihr Land zu einem Stück Heimat gemacht. Für einen eher heimatlosen Korrespondenten ist das vielleicht das größte Geschenk.

Dank »last but not least« meiner Familie, die meine »russischen Jahre« unter zum Teil sehr schwierigen Umständen miterlebt und gelegentlich miterlitten hat. Nein, es war nicht einfach. Heute wissen wir, dass uns alle diese Jahre in jeder denkbaren Hinsicht sehr entscheidend geprägt haben. Wie auch immer – sie sind und bleiben Teil unserer Lebensgeschichte, eingebunden in wahrlich historische Entscheidungen. Auch insofern sind sie unvergesslich.

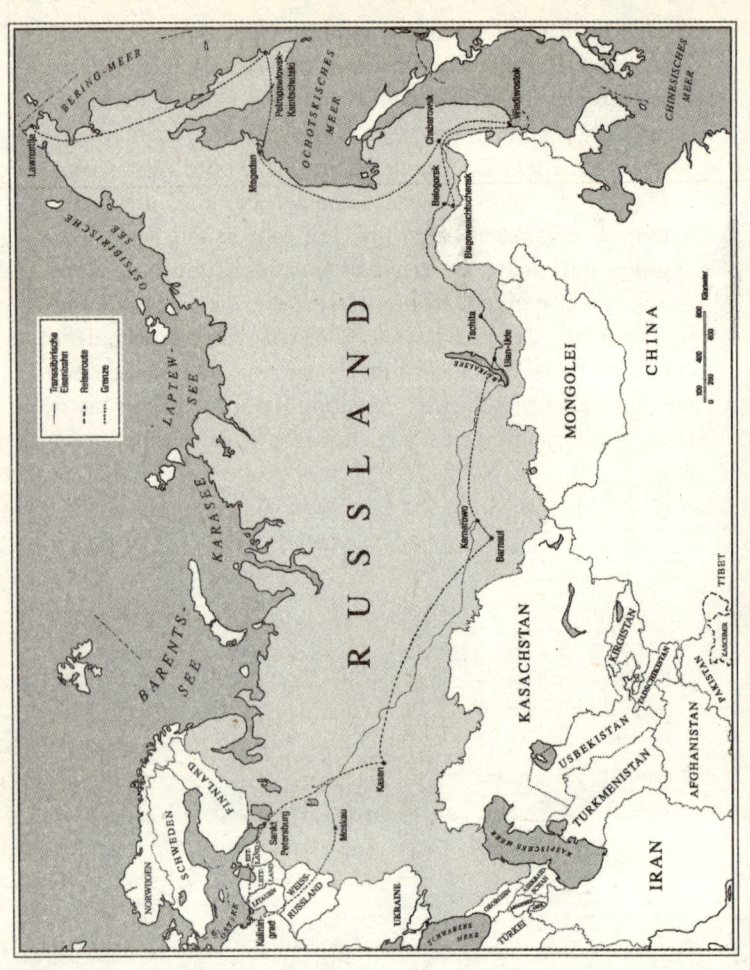